みんなの ドイツ語

1日15分で
基礎から中級まで
わかる

荻原耕平／畠山 寛

音声無料
ダウンロード

白水社

───── 音声ダウンロード ─────

 🔊 のついた箇所のドイツ語音声を用意いたしました。
以下の弊社ホームページからダウンロードすることができます。
https://www.hakusuisha.co.jp/book/b584613.html

音源吹き込み　　Ute Schmidt
装画　　　　　　高田美穂子
本文イラスト　　わたなべまき
ブックデザイン　森 裕昌（森デザイン室）

　この本はドイツ語を学ぶすべてのみなさんを対象にした文法の参考書です。中学生から、大学生はもちろん、もう学校を卒業した方々もふくめて。ABC からはじまり、基礎から中級まで幅広い内容を扱っています。どのような年齢の学習者にも使ってもらえるように、できるかぎりわかりやすく解説することを心がけました。

　著者である私たちは学校でドイツ語を教えています。本書には教室での試行錯誤が反映されています。文法項目をどのように配列すべきか？　各項目でのスムーズな流れは？　総論から始めるべきか、各論から始めるべきか？　そしてひとつひとつを、どのように説明すればよいのか？　これらのすべてについて何度も時間をかけて話し合いました。教室で出会うさまざまな顔を思い浮かべながら。その意味で、本書は文字による参考書ではありますが、ページの上の教室であることも意識しています。

　構成は見やすくシンプルであることを心がけました。各課は15分で学習できる分量です。各課の確認問題で基本的な知識の定着をはかります。「基礎編」「展開編」ではセクションの最後に練習問題のコーナーを設けました。これによりつながりのある箇所をまとめて復習できます。解説を読み、問題を解いたらそれで終わりではありません。本書はひととおりドイツ語を学習したあとでも、文法書として必要な項目を確認するためのリファレンス機能もあわせもっています。手の届くところに置いて、くりかえしページをめくっていただければうれしいです。

　ドイツ語のチェックと音声の収録は Ute Schmidt さんにお願いしました。すべての例文をネイティブスピーカーの音声で聞くことができます。発音やリスニングの練習に役立ててください。さらに Schmidt さんからは、折に触れてアドバイスや提案をいただきました。心よりお礼を申し上げます。

　前置きはこれで十分です。だれでも、いつでも、どのページからでもこの本を活用してください。ドイツ語に関心のあるみなさんのお役に立つことができれば、これ以上のよろこびはありません。

2021 年 7 月　著者

目次

はじめに　003

発音編

アルファベット	012
発音の３大原則	013
母音	013
子音	014
外来語	016
コラム あいさつ	017

基礎編

動詞①

人称代名詞と親称／敬称	020
動詞 sein「…です／…にいる」	021
sein の現在人称変化①	022
sein の現在人称変化②	023
一般動詞	024
規則動詞の現在人称変化①	025
規則動詞の現在人称変化②	026
動詞 haben「…をもっている」	027
haben の現在人称変化①	028
haben の現在人称変化②	029
人称変化で注意が必要な動詞	030
＊練習問題	031
コラム -n 型動詞	032

語順

平叙文	033
決定疑問文	034
＊練習問題	035

名詞の性と格

文法上の性	036
定冠詞と不定冠詞	037
名詞の格	038
定冠詞・不定冠詞の１格	040
定冠詞・不定冠詞の４格	041
定冠詞・不定冠詞の３格	042
定冠詞・不定冠詞の２格	043
４格の名詞／代名詞といっしょに使う動詞	044

	3格の名詞／代名詞といっしょに使う動詞	045
	＊練習問題	046
	コラム 男性形と女性形	047
複数形	複数形	048
	数えられない名詞	049
	基数	050
	＊練習問題	051
定冠詞類	定冠詞類① dieser（この…）	052
	定冠詞類② welcher（どの…？）/ aller（すべての…）/ jeder（どの…も）	053
	＊練習問題	054
	コラム 述語としての１格	054
	コラム Das ist ...「これは…です」	055
不定冠詞類	不定冠詞類	056
	所有冠詞① mein（私の…）	057
	所有冠詞② dein（君の…）	058
	所有冠詞③ sein（彼の…）/ ihr（彼女の…）/ sein（それの…）	059
	所有冠詞④ unser（私たちの…）/ euer（君たちの…）/ ihr（彼ら・それらの…）	060
	所有冠詞⑤ Ihr（あなたの…／あなた方の…）	061
	否定冠詞 kein	062
	＊練習問題	063
補足疑問文	補足疑問文／疑問詞 was（何）	064
	wer（誰が）/ wann（いつ）/ warum（なぜ）	065
	wo（どこ）/ wohin（どこへ）/ woher（どこから）	066
	wie（どのように）	067
	＊練習問題	068
	コラム 自分について話す	069
人称代名詞	人称代名詞	070
	１人称の人称代名詞	071
	２人称の人称代名詞	072
	３人称の人称代名詞	073
	名詞と人称代名詞	074
	＊練習問題	075
	コラム 男性弱変化名詞	076

再帰代名詞	再帰代名詞	077
	再帰動詞	078
	＊練習問題	079

動詞②	現在形で母音が変化する動詞	080
	＊練習問題	082
	コラム gehen / kommen / fahren	083

命令文	命令文	084
	du に対する命令文	085
	sein の命令形／ひとを誘う表現	086
	＊練習問題	087

前置詞	前置詞の格支配	088
	3格支配の前置詞①	089
	3格支配の前置詞②	090
	4格支配の前置詞	091
	3格・4格支配の前置詞①	092
	3格・4格支配の前置詞② in	093
	3格・4格支配の前置詞③ an / neben	094
	3格・4格支配の前置詞④ auf / über / unter	095
	3格・4格支配の前置詞⑤ vor / hinter / zwischen	096
	2格支配の前置詞	097
	前置詞と定冠詞の融合形	098
	前置詞を用いたイディオム／前置詞を用いた時間表現	099
	前置詞を用いた「行き先」の表現	100
	コラム 曜日・月・季節／定冠詞つきの地名・国名	101
	＊練習問題	102

話法の助動詞	話法の助動詞	104
	können「…できる」	105
	wollen「…するつもり」	106
	müssen「…しなければならない」	107
	sollen「…すべきだ」	108
	dürfen「…してもよい」	109
	mögen「…かもしれない」	110
	möchte「…したい」	111
	未来・推量の助動詞 werden「…だろう」	112
	＊練習問題	113
	コラム 現在進行形について	114

分離動詞と非分離動詞

	動詞の前つづり	115
	分離動詞	116
	非分離動詞	117
	＊練習問題	118

非人称の es と不定代名詞 man

	非人称の es	120
	不定代名詞 man	121
	＊練習問題	122
	コラム 時間の言い方	123

否定文	否定文のつくりかた	124
	否定疑問文	126
	＊練習問題	127
	コラム 否定を表す副詞／名詞の性について	128

展 開 編

接続詞	並列接続詞	130
	und / aber	131
	oder / denn	132
	従属接続詞と副文	133
	「時」を表す接続詞 als / während / bevor / nachdem / bis	134
	「理由」を表す接続詞 weil / da	135
	wenn / obwohl	136
	名詞節をつくる接続詞 dass / ob	137
	疑問詞は従属接続詞としても使える	138
	＊練習問題	139
	コラム kennen と wissen	140

形容詞	形容詞の３つの用法	141
	付加語的用法①〈定冠詞（類）＋形容詞＋名詞〉	142
	付加語的用法②〈不定冠詞（類）＋形容詞＋名詞〉	143
	付加語的用法③〈無冠詞＋形容詞＋名詞〉	144
	序数	145
	＊練習問題	146
	コラム 年号の読み方／ Was für (ein) ... ?	148

比較表現	形容詞・副詞の比較表現	149

	比較級	150
	コラム 比較級を用いた表現	151
	最上級	152
	＊練習問題	154

過去形	過去形	155
	過去形のつかいかた／sein と haben の過去形	156
	話法の助動詞の過去形	157
	＊練習問題	158
	コラム 絶対比較級・絶対最上級	159

現在完了形	現在完了形／過去分詞のつくりかた	160
	コラム 動詞の 3 基本形	161
	haben を使う現在完了形（haben 支配の動詞）	162
	sein を使う現在完了形（sein 支配の動詞）	163
	＊練習問題	164

受動文	受動文	166
	受動文の過去／状態受動	167
	＊練習問題	168
	コラム ワク構造	169
	コラム 短縮語	170

zu 不定詞	zu 不定詞①	171
	zu 不定詞② 名詞的用法「…すること」	172
	zu 不定詞③ 付加語的用法／副詞的用法	173
	zu 不定詞④ sein/haben ＋ zu 不定詞	174
	＊練習問題	175

関係代名詞文	定関係代名詞と関係代名詞文	176
	関係代名詞文のつくりかた	177
	1 格の関係代名詞	178
	4 格の関係代名詞	179
	3 格の関係代名詞	180
	2 格の関係代名詞	181
	前置詞＋関係代名詞	182
	不定関係代名詞の was と wer	183
	＊練習問題	184
	コラム 前置詞句・副詞（句）の語順（テカモロ）	186

接続法第2式　接続法第2式　187
非現実話法①「もし…なら、…なのに／だろう」　188
非現実話法②　189
ていねいな依頼「…していただけますか？」　190
＊練習問題　191
コラム 接続法第2式（wenn の省略／als ob ...）　192

中級編

副詞的4格　194
所有の3格　195
指示代名詞　196
定冠詞類の名詞的用法　197
不定冠詞・不定冠詞類の名詞的用法　198
相関的な接続詞　199
da(r)＋前置詞　200
wo(r)＋前置詞　201
コラム「もっとも…なひとり／ひとつ」　201
形容詞の名詞化①　202
形容詞の名詞化②　204
現在分詞の用法　205
過去分詞の用法　206
コラム 未来受動分詞／人称代名詞の2格　207
使役の助動詞 lassen と知覚動詞　208
話法の助動詞の現在完了形　209
受動文の現在完了形／自動詞の受動　210
さまざまな受動表現　211
過去完了形　212
関係副詞 wo / woher / wohin　213
接続法第1式（間接話法）　214
間接話法　215
コラム 要求話法　216

巻末資料
確認問題・練習問題の解答　217
おもな不規則動詞　224
索引　230

発音編

1 アルファベット 🔊001

・ドイツ語のアルファベットは、右下の4つの文字以外は英語と同じです。ただしその発音は異なります。ここではカタカナでドイツ語の発音を書いてあります。

A a [アー]		**Q q** [クー]	
B b [ベー]		**R r** [エア]	
C c [ツェー]		**S s** [エス]	
D d [デー]		**T t** [テー]	
E e [エー]		**U u** [ウー]	
F f [エフ]		**V v** [ファオ]	
G g [ゲー]		**W w** [ヴェー]	
H h [ハー]		**X x** [イクス]	
I i [イー]		**Y y** [ユプスィロン]	
J j [ヨット]		**Z z** [ツェット]	
K k [カー]			

L l [エル]　**Ä ä** [エー]　日本語の［エ］とほとんど同じ発音です。

M m [エム]　**Ö ö** [エー]　口を［オ］の形に丸めて、［エー］と発音します。

N n [エン]　**Ü ü** [ユー]　口を［ウ］の形に丸くすぼめて、［イー］と発音します。

O o [オー]　**ß** [エスツェット]

P p [ペー]

・「¨」は「ウムラウト」といい、Ä/ä は「アーウムラウト」、Ö/ö は「オーウムラウト」、Ü/ü は「ウーウムラウト」と呼びます。

・ß（エスツェット）はギリシャ文字の β（ベータ）と似ていますが、まったく別の文字です。

2 発音の3大原則 🔊002

1) 単語の読み方 → 原則としてローマ字読みで OK

Onkel [オンケル] おじさん　　　Tante [タンテ] おばさん

danken [ダンケン] 感謝する　　　finden [フィンデン] 見つける

> カナ発音はあくまで便宜的なものです。ネイティブスピーカーの音声を聞いてください。

2) アクセント → 原則として最初の母音を強く読む

Ende [**エン**デ] 終わり　　　　　Mantel [**マン**テル] コート

fallen [**ファ**レン] 落ちる　　　　trinken [ト**リ**ンケン] 飲む

> ドイツ語の名詞はすべて大文字で書き始めます。☞36頁

3) アクセントのある母音の長短

後ろに子音が1つだけ　→　　母音を伸ばして読む

Dame [ダーメ] 婦人　　　　　gut [グート] 良い

後ろに子音が2つ以上　→　　母音を短く読む

dann [ダン] それから　　　　Gott [ゴット] 神さま

3 母音 🔊003

a	[ア]	alt [アルト] 古い	Bank [バンク] 銀行
	[アー]	da [ダー] そこに	Name [ナーメ] 名前
e	[エ]	denn [デン] というのは	Bett [ベット] ベッド
	[エー]	edel [エーデル] 気高い	geben [ゲーベン] 与える
i	[イ]	bitte [ビッテ] どうぞ	in [イン] 中に
	[イー]	Kino [キーノ] 映画館	Titel [ティーテル] タイトル
o	[オ]	kommen [コメン] 来る	Morgen [モルゲン] 朝
	[オー]	Brot [ブロート] パン	oben [オーベン] 上に
u	[ウ]	unten [ウンテン] 下に	Mutter [ムッター] 母
	[ウー]	du [ドゥー] 君は	gut [グート] 良い

●ウムラウト

ä	[エ]	Bäcker [ベッカー] パン屋	Kälte [ケルテ] 寒さ
	[エー]	Käse [ケーゼ] チーズ	Träne [トレーネ] 涙

ö	[エ]	können [ケネン] …できる	Löffel [レッフェル] スプーン
	[エー]	Flöte [フレーテ] フルート	hören [ヘーレン] 聞く
ü	[ユ]	fünf [フュンフ] (数字の) 5	Hütte [ヒュッテ] 小屋
	[ユー]	müde [ミューデ] 疲れた	Tüte [テューテ] 紙袋

●二重母音

ei	[アイ]	bei [バイ] …のそば	eins [アインス] (数字の) 1
		klein [クライン] 小さい	nein [ナイン] いいえ
ie	[イー]	Brief [ブリーフ] 手紙	lieben [リーベン] 愛する
		nie [ニー] 決して…ない	tief [ティーフ] 深い
eu, äu	[オイ]	heute [ホイテ] きょう	neun [ノイン] (数字の) 9
		Bäume [ボイメ] 木圏	träumen [トロイメン] 夢見る
au	[アオ]	blau [ブラオ] 青	Frau [フラオ] 女性
		Haus [ハオス] 家	kaufen [カオフェン] 買う

●その他の注意

・同じ母音の繰り返し → 母音を伸ばして読む

	Haar [ハール] 髪	Tee [テー] お茶
	Boot [ボート] ボート	

・母音＋h → h は読まずに、母音を伸ばして読む

	Bahnhof [バーンホーフ] 駅	gehen [ゲーエン] 行く
	ihn [イーン] 彼を	ohne [オーネ] …なしに

4 子音 🔊004

j	[ヤ行 (ヤ、ユ、ヨ)]	ja [ヤー] はい	Japan [ヤーパン] 日本
		Juli [ユーリ] 7月	Jura [ユーラ] 法律学
s＋母音	[ザ行 (濁る)]	sagen [ザーゲン] 言う	sein [ザイン] …である
		Sofa [ゾーファ] ソファ	lesen [レーゼン] 読む
ss, ß	[ス]	essen [エッセン] 食べる	Fluss [フルス] 川
		Fußball [フースバル] サッカー	
		heißen [ハイセン] …という名である	
v	[フ]	Vater [ファーター] 父	viel [フィール] 多くの
		Vogel [フォーゲル] 鳥	aktiv [アクティーフ] 活動的な

w [ヴ]	**w**ann [ヴァン] いつ	**W**elt [ヴェルト] 世界
	wir [ヴィーア] 私たちは	**W**ort [ヴォルト] 単語
z [ツ]	Her**z** [ヘルツ] 心臓	tan**z**en [タンツェン] 踊る
	zehn [ツェーン] (数字の)10	**Z**eit [ツァイト] 時間

●語末、音節末

-b [プ]	A**b**fall [アップファル] ゴミ	gel**b** [ゲルプ] 黄色
	hal**b** [ハルプ] 半分	Urlau**b** [ウーアラオプ] 休暇
-d [ト]	bal**d** [バルト] まもなく	Fahrra**d** [ファールラート] 自転車
	Kin**d** [キント] 子供	un**d** [ウント] そして
-g [ク]	Krie**g** [クリーク] 戦争	Ta**g** [タ―ク] 日
	We**g** [ヴェーク] 道	Zu**g** [ツーク] 列車
-ig [イヒ]	bill**ig** [ビリヒ] 安い	fleiß**ig** [フライスィヒ] 勤勉な
	Kön**ig** [ケーニヒ] 王さま	wen**ig** [ヴェーニヒ] わずかな
-r, -er [ア、アー]	Bie**r** [ビーア] ビール	de**r** [デア] (定冠詞) その…
	Brude**r** [ブルーダー] 兄弟	Lehre**r** [レーラー] 先生

●子音の組み合わせ

ch

① a, o, u, au の後で [x]

- [x] の発音　→　単語のつづりで ch の前にある母音を
発音し、その口の形のまま、息を強く吐き出すとこの ch
の [x] 音が出ます。たとえば acht (数字の 8) なら、ch の前にある a [ア] を
発音し、その口の形のまま、つづけて息を強く吐き出すと ch の音が出ます。さ
らにつづけて t を発音すると、acht [アハト] になります。

> 発音記号 [x] の音は、カ
> タカナではうまく表記でき
> ません。下のカタカナはあ
> くまで参考です。

・a の後で	a**ch**t [アハト] (数字の) 8	Ba**ch** [バッハ] 小川
	Na**ch**t [ナハト] 夜	ma**ch**en [マッヘン] つくる、する
・o の後で	do**ch** [ドッホ] しかし	no**ch** [ノッホ] まだ
	To**ch**ter [トホター] 娘	Wo**ch**e [ヴォッヘ] 週
・u の後で	Bu**ch** [ブーフ] 本	Fru**ch**t [フルフト] 果実
	Ku**ch**en [クーヘン] ケーキ	su**ch**en [ズーヘン] 探す
・au の後で	au**ch** [アオホ] …もまた	Bau**ch** [バオホ] お腹
	brau**ch**en [ブラオヘン] 必要とする	

②それ以外の場合　[ヒ]

・ch の前に前のページの 4 つの母音（a, o, u, au）がない場合には、すべて［ヒ］
と発音します。

ich ［イヒ］私は	Kirche ［キルヒェ］教会
möchte ［メヒテ］…したい	rechts ［レヒツ］右に

ng	［ング］	Frühling ［フリューリング］春	jung ［ユング］若い
		singen ［ズィンゲン］歌う	Wohnung ［ヴォーヌング］住居
qu	［クヴ］	bequem ［ベクヴェーム］快適な	Quelle ［クヴェレ］泉
sch	［シュ］	schon ［ショーン］すでに	Schule ［シューレ］学校
		Tisch ［ティッシュ］テーブル	waschen ［ヴァッシェン］洗う
tsch	［チュ］	Deutsch ［ドイチュ］ドイツ語	
		tschüs ［チュース］（挨拶で）バイバイ	

● 語頭、音節の冒頭

sp-	［シュプ］	spielen ［シュピーレン］遊ぶ	Sport ［シュポルト］スポーツ
		ansprechen ［アンシュプレッヒェン］話しかける	
st-	［シュト］	stark ［シュタルク］強い	Straße ［シュトラーセ］通り
		verstehen ［フェアシュテーエン］理解する	

5 外来語　🔊 005

ie	［イェ］	Familie ［ファミーリエ］家族	Italien ［イターリエン］イタリア
v	［ヴ］	Visum ［ヴィーズム］ビザ	Klavier ［クラヴィーア］ピアノ
		November ［ノヴェンバー］11月	
-tion	［ツィオーン］	Information ［インフォルマツィオーン］情報	
		Lektion ［レクツィオーン］（授業の）課	
		Nation ［ナツィオーン］国民	

＊-tion［ツィオーン］で終わる語は-tionの o［オ］にアクセントを置きます。

あいさつ

🔊 006

Guten Morgen!　おはよう！
グーテン　モルゲン

Guten Tag!　こんにちは！
グーテン　ターク

Guten Abend!　こんばんは！
グーテン　アーベント

Gute Nacht!　おやすみ！
グーテ　ナハト

Hallo!　やぁ！
ハロー

Grüß Gott!　こんにちは／おはよう／こんばんは！（南ドイツ、オーストリアで）
グリュース　ゴット

Auf Wiedersehen!　さようなら！
アオフ　ヴィーダーゼーエン

Tschüs!　バイバイ！
チュース

Bis morgen!　また明日！
ビス　モルゲン

Schönes Wochenende! — Danke, gleichfalls（ebenfalls）！
シェーネス　ヴォッヘンエンデ　　　　ダンケ　グライヒファルス　　　エーベンファルス
よい週末を！ — ありがとう、あなたもね！

Danke schön! — Bitte schön!　　ありがとう！ — どういたしまして！
ダンケ　シェーン　　ビッテ　シェーン

Entschuldigung!　すみません！（ものを尋ねるときなどに）
エントシュルディグング

Wie geht's? — Danke, gut. Und dir?
ヴィー　ゲーツ　　　ダンケ　グート　ウント　ディーア
元気？ — ありがとう、元気だよ。君は？（親しい人と会ったときに）

Wie geht es Ihnen? — Danke, gut. Und Ihnen?
ヴィー　ゲート　エス　イーネン　　　ダンケ　グート　ウント　イーネン
お元気ですか？ — ありがとう、元気です。あなたは？（知人と会ったときに）

基　礎　編

人称代名詞と親称／敬称 🔊007

ポイント① 主語になる人称代名詞

	単数		複数	
1人称	**ich** イヒ	私は (I)	**wir** ヴィーア	私たちは (we)
2人称（親称）	**du** ドゥー	君は (you)	**ihr** イーア	君たちは (you)
3人称	**er** エア **sie** ズィー **es** エス	彼は (he) 彼女は (she) それは (it)	**sie** ズィー	彼らは 彼女らは (they) それらは
2人称（敬称）	**Sie** ズィー	あなたは (you)	**Sie** ズィー	あなた方は (you)

- 1人称は〈話し手〉、2人称は〈聞き手〉、3人称は〈それ以外〉です。
- 1人称単数の ich（私は）は、英語の I とは異なり、文中では小文字で書きます。

ポイント② 聞き手／話し相手を指す 2 人称には〈親称〉の du/ihr と〈敬称〉の Sie があります。

> 本書では便宜的に親称の du / ihr には「君／君たち」、敬称の Sie には「あなた／あなた方」という日本語をあてています。

- 親称の du/ihr は心理的な距離が近い親しい間柄で使います。たとえば、家族、友人、子供や動物に対しては du で話しかけます。学生同士は最初から du で呼び合います。du/ihr を使う間柄では、マコト、トーマスのように「下の名前」で呼び合います。
- 敬称の Sie は知らない人や初めて会う人など、あまり親しくない人に使います。Sie を使う間柄では、「名字」で呼び合います。なお、男性の名字の前には Herr（英語の Mr.）をつけて呼びます。例）Herr Sato（サトウさん）、Herr Müller（ミュラーさん）。女性に対しては Frau（英語の Ms.）を用います。例）Frau Schulze（シュルツェさん）、Frau Schmidt（シュミットさん）。
- 敬称の Sie は文中でも頭文字を大文字で書きます。
- 敬称の Sie は単数（あなた）、複数（あなた方）の両方ともに使います。

動詞 sein「…です／…にいる」 🔊 008

Ich bin Makoto.　　私はマコトです。
イヒ　ビン　マコト

ポイント ❶ 動詞 sein は英語の be 動詞

sein には大きく分けて「〜は…です」という意味と、「〜は…にいる／…にある」
という意味があります。

Ich **bin** Naomi. イヒ　ビン　ナオーミ	私はナオミです。
Naomi **ist** jung. ナオーミ　イスト　コング	ナオミは若い。
Der Garten **ist** groß. デア　ガルテン　イスト　グロース	その庭は広い。
Wir **sind** in Deutschland. ヴィーア　ズィント　イン　ドイチュラント	私たちはドイツにいます。

> 太字の bin / ist / sind は、sein が主語に合わせて変化した形です。

ポイント ❷ sein の人称変化

動詞 sein は主語に合わせて、下の表のように形が変化します。

	単数			複数		
1 人称	私は	ich イヒ	**bin** ビン	私たちは	wir ヴィーア	**sind** ズィント
2 人称（親称）	君は	du ドゥー	**bist** ビスト	君たちは	ihr イーア	**seid** ザイト
3 人称	彼は 彼女は それは	er エア sie ズィー es エス	**ist** イスト	彼らは 彼女たちは それらは	sie ズィー	**sind** ズィント
2 人称（敬称）	あなたは	Sie ズィー	**sind** ズィント	あなた方は	Sie ズィー	**sind** ズィント

> 動詞の変化前の形（原形）のことを〈不定形〉といいます。これに対して、主語に合わせて変化した形を〈定形〉といいます。
> 動詞 sein の場合、sein という形が〈不定形〉で、bin / bist / ist / sind / seid といった形が〈定形〉です。

> 2人称敬称の Sie は、3人称複数の sie を転用した形です。したがって、2人称敬称と3人称複数では、動詞の形はいつも同じです。

sein の現在人称変化① 🔊009

Das ist Thomas.
ダス　　イスト　　トーマス

こちらはトーマスです。

ポイント❶ 主語が ich（私は）→ bin

Ich **bin** Student.
イヒ　ビン　シュトゥデント

私は大学生です。

Ich **bin** müde.
イヒ　ビン　ミューデ

私は眠いです。

> Student は男子の大学生を指します。女子の大学生は Studentin です。**コラム** **男性形と女性形** ☞47頁

ポイント❷ 主語が du（君は）→ bist

Du **bist** nett.
ドゥー ビスト　ネット

君はやさしいね。

Wie alt **bist** du?
ヴィー　アルト ビスト ドゥー

君は何歳ですか？

ポイント❸ 主語が3人称単数 → ist

Er **ist** Japaner.
エア イスト ヤパーナー

彼は日本人です。

Sie **ist** Studentin.
ズィー イスト シュトゥデンティン

彼女は女子大生です。

Das Buch **ist** interessant.
ダス　ブーフ　イスト インテレサント

その本はおもしろい。

確認問題 動詞 sein を正しい形に直して、点線部に入れなさい。

① Ich ＿＿＿＿＿ Lehrer.　　私は教員です。

② ＿＿＿＿＿ du Studentin?　君は大学生ですか？

③ Sie ＿＿＿＿＿ in Berlin.　彼女はベルリンにいます。

④ Makoto ＿＿＿＿＿ fleißig.　マコトは勤勉です。

sein の現在人称変化② 🔊010

Wir sind Studenten.
ヴィーア　ズィント　シュトゥデンテン
私たちは大学生です。

ポイント **1** 主語が wir（私たちは）→ sind

Wir **sind** Freunde.
ヴィーア ズィント フロインデ
私たちはともだちです。

Wir **sind** glücklich.
ヴィーア ズィント グリュックリヒ
私たちは幸せです。

ポイント **2** 主語が ihr（君たちは）→ seid

Ihr **seid** freundlich.
イーア ザイト フロイントリヒ
君たちは親切だね。

Seid ihr Schüler?
ザイト イーア シューラー
君たちは生徒ですか？

ポイント **3** 主語が3人称複数 → sind

Sie **sind** Lehrer.
ズィー ズィント レーラー
彼らは教員です。

Die Blumen **sind** schön.
ディー ブルーメン ズィント シェーン
それらの花々は美しい。

Naomi und Erika **sind** in München.
ナオミ ウント エーリカ ズィント イン ミュンヒェン
ナオミとエリカはミュンヘンにいます。

ポイント **4** 主語が2人称敬称 Sie（あなたは／あなた方は）→ sind

Sind Sie Herr Müller?
ズィント ズィー ヘア ミュラー
あなたはミュラーさんですか？

Sie **sind** fleißig.
ズィー ズィント フライスィヒ
あなたは／あなた方は勤勉ですね。

Sind Sie Amerikaner?
ズィント ズィー アメリカーナー
あなたは／あなた方はアメリカ人ですか？

Was **sind** Sie von Beruf?
ヴァス ズィント ズィー フォン ベルーフ
あなたの／あなた方の職業は何ですか？

> 主語が2人称敬称 Sie の場合、単数（あなたは）も複数（あなた方は）も形は同じ sind です。

> Herr は「…さん」という意味で、男性の名字の前につけます。英語の Mr. にあたります。例）Herr Sato（サトウさん）、Herr Bauer（バウアーさん）。女性に対しては Frau（英語のMs.）を用います。例）Frau Ito（イトウさん）、Frau Schmidt（シュミットさん）。

確認問題 動詞 sein を正しい形に直して、点線部に入れなさい。

① Wir .... Japaner.　私たちは日本人です。

② .... ihr böse?　君たちは怒っているのですか？

③ .... Sie Studenten?　あなた方は大学生ですか？

④ Sie .... noch jung.　彼らはまだ若い。

一般動詞　🔊011

Ich lerne Deutsch.
イヒ　　レルネ　　ドイチュ

私はドイツ語を学んでいます。

ポイント❶ 一般動詞

lernen（学ぶ）、kommen（来る）、gehen（行く）、sprechen（話す）、haben（もっ
レルネン　　　　　コメン　　　　　　グーエン　　　　　シュプレッヒェン　　　　ハーベン
ている）など、sein 以外のふつうの動詞を一般動詞といいます。

ポイント❷ 一般動詞の原形

一般動詞の原形は〜**en** という形をしています。「〜」の部分を〈語幹〉、**en** の部分
を〈語尾〉といいます。

動詞の原形（不定形）= 〜 + **en**
　　　　　　　　　　　　語幹　語尾

> ドイツ語では動詞の原形を〈不定形〉
> といいます。

例）lernen（学ぶ）= lern+en 　　　kommen（来る）= komm+en

ポイント❸ 一般動詞の人称変化

> 辞書には原形が載っ
> ています。

sein と同じく一般動詞も主語に合わせて形が変わります。変わる部分は語尾です。

> 動詞が主語に合わ
> せて変化した形を
> 〈定形〉といいます。

	語尾	**lernen** 学ぶ レルネン	**kommen** 来る コメン
ich イヒ	**-e**	lern-**e** レルネ	komm-**e** コメ
du ドゥー	**-st**	lern-**st** レルンスト	komm-**st** コムスト
er / sie / es エア ズィー エス	**-t**	lern-**t** レルント	komm-**t** コムト
wir ヴィーア	**-en**	lern-**en** レルネン	komm-**en** コメン
ihr イーア	**-t**	lern-**t** レルント	komm-**t** コムト
sie ズィー	**-en**	lern-**en** レルネン	komm-**en** コメン
Sie（2 人称敬称） ズィー	**-en**	lern-**en** レルネン	komm-**en** コメン

ポイント❹ 動詞の語尾は〈エストテンテン〉

動詞の人称語尾を抜き出すと、ich から順に **e-st-t-en-t-en**（エストテンテン）と
なります。主語と語尾の組み合わせをこの語呂で覚えましょう。

規則動詞の現在人称変化① 🔊012

Ich komme aus Berlin.
イヒ　コメ　　　　　　アオス　　ベルリーン

私はベルリン出身です。

ポイント**1** 主語が ich（私は）→ 語幹＋e

Ich **wohne** in Tokyo.
イヒ　ヴォーネ　　イントーキョー

私は東京に住んでいます。

Ich **spiele** Tennis.
イヒ　シュピーレ　テニス

私はテニスをします。

ポイント**2** 主語が du（君は）→ 語幹＋st

Lernst du Deutsch?
レルンスト　ドゥー ドイチュ

君はドイツ語を学んでいますか？

Was **machst** du heute?
ヴァス　マハスト　ドゥー ホイテ

君はきょう何をしますか？

ポイント**3** 主語が3人称単数 → 語幹＋t

Er **spielt** Gitarre.
エア シュピールト ギタレ

彼はギターを弾きます。

Sie **wohnt** in München.
ズィー ヴォーント　イン ミュンヒェン

彼女はミュンヘンに住んでいます。

Naomi **trinkt** gern Kaffee.
ナオーミ　トリンクト ゲルン　カフェ

ナオミはコーヒーを飲むのが好きです。

> gern は「好んで」という意味の副詞です。文字どおりに訳すと「好んでコーヒーを飲む」ですが、自然な日本語では「コーヒーを飲むのが好き」になります。

確認問題 （　）の動詞を正しい形に直して、点線部に入れなさい。

① Ich ＿＿＿＿＿ Tee.（trinken）　　　　私は紅茶を飲みます。

② Wo ＿＿＿＿＿ du?（wohnen）　　　　君はどこに住んでいますか？

③ Sie ＿＿＿＿＿ aus Wien.（kommen）　彼女はウィーン出身です。

④ Thomas ＿＿＿＿＿ Japanisch.（lernen）　トーマスは日本語を学んでいます。

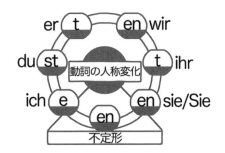

er — t　　en — wir
du — st　動詞の人称変化　t — ihr
ich — e　　en — sie/Sie
en
不定形

規則動詞の現在人称変化② 🔊013

Wir kommen aus München.

私たちはミュンヘン出身です。

ヴィーア　コメン　　　アオス　ミュンヒェン

ポイント① 主語が wir（私たちは）→ 語幹＋en

Wir **spielen** Tennis.
ヴィーア シュピーレン　テニス

私たちはテニスをします。

Wir **tanzen** gern.
ヴィーア タンツェン　ゲルン

私たちはダンスをするのが好きです。

ポイント② 主語が ihr（君たちは）→ 語幹＋t

Trinkt ihr Tee?
トリンクト　イーア テー

君たちはお茶を飲みますか？

Wo **wohnt** ihr?
ヴォー ヴォーント　イーア

君たちはどこに住んでいますか？

ポイント③ 主語が3人称複数 → 語幹＋en

Sie **studieren** Jura.
ズィー シュトゥディーレン　ユーラ

彼らは法律学を専攻しています。

Die Studenten **gehen** auf eine Party.
ディー シュトゥデンテン　　ゲーエン　アオフ アイネ パーアティ

学生たちはパーティーに行きます。

ポイント④ 主語が2人称敬称 Sie（あなたは／あなた方は）→ 語幹＋en

Lernen Sie Deutsch?
レルネン　　ズィー ドイチュ

あなたは／あなた方はドイツ語を学んでいますか？

Kommen Sie aus England?
コメン　　ズィー アオス エングラント

あなたは／あなた方はイギリス出身ですか？

Was **machen** Sie gern?
ヴァス　マッヘン　ズィー ゲルン

あなたは／あなた方は何をするのが好きですか？

確認問題 （　）の動詞を正しい形に直して、点線部に入れなさい。

① Wir .... in Kobe.（wohnen）　　私たちは神戸に住んでいます。

② Was .... ihr?（studieren）　　君たちは何を専攻していますか？

③ Sie .... gern Fußball.（spielen）　彼らはサッカーをするのが好きです。

④ Woher .... Sie?（kommen）　　あなたはどこの出身ですか？

動詞 haben「…をもっている」 🔊014

Ich habe ein Auto.
イヒ　ハーベ　　アイン　アオト
私はクルマをもっています。

ポイント① haben は「…をもっている」という意味の動詞です。英語の have にあたります。

Ich **habe** eine Kamera.
イヒ　ハーベ　アイネ　カメラ
私はカメラをもっています。

Naomi **hat** ein Fahrrad.
ナオーミ　ハット　アイン ファールラート
ナオミは自転車をもっています。

Wir **haben** einen Sohn.
ヴィーア ハーベン　アイネン　ゾーン
私たちは息子がひとりいます。

> 名詞の前にある eine, ein, einen を不定冠詞といいます。英語の a/an にあたります。☞37頁

ポイント② haben の人称変化

haben は主語が du および er / sie / es のときに、少し変わった変化をします。
ハーベン　　　　　ドゥー　　エア ズィー エス

	単数			複数		
1人称	私は	ich イヒ	**habe** ハーベ	私たちは	wir ヴィーア	**haben** ハーベン
2人称（親称）	君は	du ドゥー	**hast** ハスト	君たちは	ihr イーア	**habt** ハーブト
3人称	彼は	er エア	**hat** ハット	彼らは		**haben** ハーベン
	彼女は	sie ズィー		彼女らは	sie ズィー	
	それは	es エス		それらは		
2人称（敬称）	あなたは	Sie ズィー	**haben** ハーベン	あなた方は	Sie ズィー	**haben** ハーベン

haben の現在人称変化① 🔊015

Er hat einen Bruder.
エア　　ハット　アイネン　　　ブルーダー

彼は兄弟がひとりいます。

ポイント① 主語が ich（私は）→ habe

Ich **habe** einen PC.
イヒ　ハーベ　アイネン　ペーツェー

私はパソコンをもっています。

Ich **habe** Hunger.
イヒ　ハーベ　フンガー

私はお腹がすいています。

> haben の後ろにはいろいろな語をもってくることができます。
> Hunger（空腹）なら、「空腹をもっている」で「お腹がすいている」の意味。Zeit（時間）なら「時間がある」、Kind（子供）なら「子供がいる」です。

ポイント② 主語が du（君は）→ hast

Hast du einen Pass?
ハスト　ドゥー　アイネン　パス

君はパスポートをもっていますか？

Hast du Zeit?
ハスト　ドゥー　ツァイト

君は時間がありますか？

ポイント③ 主語が3人称単数 → hat

Er **hat** eine Tochter.
エア ハット アイネ　トホター

彼は娘がひとりいます。

Sie **hat** eine Katze.
ズィー ハット アイネ　カッツェ

彼女は猫を飼っています。

Naomi **hat** einen Führerschein.
ナオーミ　　ハット アイネン　フューラーシャイン

ナオミは運転免許をもっています。

確認問題 haben を正しい形に直して、点線部に入れなさい。

① Ich _____ Kopfschmerzen.　　　私は頭痛がします。

② _____ du ein Auto?　　　君はクルマをもっていますか？

③ Er _____ viel Bücher.　　　彼は本をたくさんもっています。

④ Sie _____ ein Kind.　　　彼女は子供がひとりいます。

haben の現在人称変化② ◀)016

Wir haben einen Hund.
ヴィーア　ハーベン　　　アイネン　　フント

私たちは犬を飼っています。

ポイント 1 主語が wir（私たちは）→ haben

Wir **haben** einen Sohn.
ヴィーア ハーベン　アイネン　ゾーン

私たちは息子がひとりいます。

Wir **haben** Glück.
ヴィーア ハーベン　グリュック

私たちは運がよい。

> habtの発音に注意してください。bは濁らずに［プ］、母音は伸ばして［ハープト］となります。

ポイント 2 主語が ihr（君たちは）→ habt

Habt ihr ein Wörterbuch?
ハープト　イーア アイン ヴェルターブーフ

君たちは辞書をもっていますか？

Habt ihr Fragen?
ハープト　イーア フラーゲン

質問はありますか？

ポイント 3 主語が 3 人称複数 → haben

Sie **haben** zwei Autos.
ズィー ハーベン　ツヴァイ アオトス

彼らはクルマを2台もっています。

Naomi und Thomas **haben** ein Kind.
ナオーミ　ウント トーマス　　　ハーベン　アイン キント

ナオミとトーマスは子供がひとりいます。

ポイント 4 主語が 2 人称敬称 Sie（あなたは／あなた方は）→ haben

Haben Sie einen Regenschirm?
ハーベン　ズィー アイネン　レーゲンシルム

あなたは／あなた方はカサをおもちですか？

Haben Sie Durst?
ハーベン　ズィー ドゥルスト

あなたは／あなた方はのどが渇いていますか？

Haben Sie Zeit?
ハーベン　ズィー ツァイト

あなたは／あなた方は時間がありますか？

確認問題 haben を正しい形に直して、点線部に入れなさい。

① Wir ＿＿＿＿ eine Tochter.　　私たちは娘がひとりいます。

② ＿＿＿＿ ihr Hunger?　　君たちはお腹がすいていますか？

③ Sie ＿＿＿＿ ein Segelboot.　　彼らはヨットをもっています。

④ ＿＿＿＿ Sie Haustiere?　　あなたはペットを飼っていますか？

人称変化で注意が必要な動詞　🔊017

Er arbeitet in Hamburg.
エア　　アルバイテット　　　イン　　ハンブルク

彼はハンブルクで働いています。

ポイント① 次の動詞では、人称変化の際に少し注意が必要です。

	arbeiten 働く アルバイテン	finden 見つける フィンデン	reisen 旅行する ライゼン	heißen …という名前だ ハイセン
ich	arbeit-e	find-e	reis-e	heiß-e
du	arbeit-**est** アルバイテスト	find-**est** フィンデスト	reis-**t** ライスト	heiß-**t** ハイスト
er / sie / es	arbeit-**et** アルバイテット	find-**et** フィンデット	reis-t	heiß-t
wir	arbeit-en	find-en	reis-en	heiß-en
ihr	arbeit-**et** アルバイテット	find-**et** フィンデット	reis-t	heiß-t
sie	arbeit-en	find-en	reis-en	heiß-en
Sie	arbeit-en	find-en	reis-en	heiß-en

ポイント② 口調上の e

語幹が d, t で終わる動詞は、主語が du，er/sie/es，ihr の場合、語幹と語尾の間に e を追加します。発音しやすくするためです。

Wo **arbeitest** du?　　　　　君はどこで働いていますか？
ヴォー　アルバイテスト　　ドゥー

Naomi **arbeitet** in Berlin.　ナオミはベルリンで働いています。
ナオーミ　　　アルバイテット　　イン ベルリーン

Er **findet** einen Fehler.　　彼はまちがいを見つける。
エア フィンデット アイネン　　フェーラー

ポイント③ 語幹が s, ß, tz, z で終わる動詞では、主語が du の場合、語尾は口調上の関係で -st の s を省いた -t になります。

> 結果として er/sie/es と同じ形になります。

Wohin **reist** du im Sommer?　君は夏にどこへ旅行しますか？
ヴォヒン　　ライスト ドゥーイム ゾマー

Wie **heißt** du?　　　　　　　君は何という名前ですか？
ヴィー　ハイスト　　ドゥー

Du **tanzt** gut.　　　　　　　君はダンスが上手だね。
ドゥー タンツト　グート

確認問題 （　　）の動詞を正しい形に直して、点線部に入れなさい。

① Er .... auf den Bus.（warten）　　　彼はバスを待っています。

② .... ihr morgen?（arbeiten）　　　　君たちはあした働きますか？

③ .... du gern?（reisen）　　　　　　君は旅行をするのが好きですか？

④ Das Buch .... fünf Euro.（kosten）　この本は5ユーロです。

練習問題

1. 動詞seinを正しい形に直して、点線部に入れなさい。

① Ich _____ froh.　　　　　　　　　私はうれしい。

② _____ du müde?　　　　　　　　　君は眠いのですか？

③ Das Wetter _____ gut.　　　　　　天気はよいです。

④ Er _____ jetzt in Berlin.　　　　　彼はいまベルリンです。

⑤ Wir _____ noch Studenten.　　　　私たちはまだ学生です。

⑥ Erika und Naomi _____ nett.　　　エリカとナオミは親切です。

2. 動詞habenを正しい形に直して、点線部に入れなさい。

① Ich _____ einen Sohn.　　　　　　私は息子がひとりいます。

② _____ du einen Kuli?　　　　　　君はボールペンをもっていますか？

③ Herr Müller _____ Fieber.　　　　ミュラーさんは熱があります。

④ Das Haus _____ vier Zimmer.　　この家は４つ部屋があります。

⑤ Wir _____ ein Problem.　　　　　私たちには問題があります。

⑥ _____ ihr morgen Zeit?　　　　　君たちはあした時間がありますか？

3. （　）の動詞を正しい形に直して、点線部に入れなさい。

① Ich _____ Geschichte. (studieren)　　私は歴史を専攻しています。

② Wie _____ du Makoto? (finden)　　　君はマコトをどう思いますか？

③ Sie _____ aus Hamburg. (kommen)　彼らはハンブルク出身です。

④ Erika _____ gern Musik. (hören)　　エリカは音楽を聞くのが好きです。

⑤ _____ du hier? (wohnen)　　　　　君はここに住んでいるの？

⑥ Wir _____ nach Dresden. (fahren)　私たちはドレスデンに行きます。

⑦ Er _____ Thomas. (heißen)　　　　彼の名前はトーマスです。

⑧ Sie _____ gern. (reisen)　　　　　彼女は旅行をするのが好きです。

4. ドイツ語に訳しなさい。

① 私は毎朝（morgens）紅茶（Tee）を飲みます（trinken）。

....

② マコトはのどが渇いています（Durst haben）、そして（und）ミネラルウォーター
（Mineralwasser）を買います（kaufen）。

....

③ 私はマコトです。彼女はエリカといいます（heißen）。

....

④ 彼はジャーナリストとして（als Journalist）ベルリンで（in Berlin）働いています
（arbeiten）。

....

コラム

-n 型動詞

数は多くありませんが、語尾が -en ではなく、lächeln（ほほえむ）、wandern（ハ
イキングする）など、-n で終わる動詞もあります。変化に少し気をつけてください。

	lächeln ほほえむ	wandern ハイキングする
ich	läch[e]le	wand[e]re
du	lächelst	wanderst
er	lächelt	wandert
wir	läche**ln**	wander**n**
ihr	lächelt	wandert
sie	läche**ln**	wander**n**
Sie	läche**ln**	wander**n**

・-eln, -ern で終わる動詞の1人
称単数では、語幹の e が省略さ
れる傾向があります。

平叙文 🔊018

Trinkst du gern Kaffee?
トリンクスト　ドゥー　ゲルン　カフェ

君はコーヒーが好きですか？

— Ja, ich trinke gern Kaffee.
ヤー　イヒ　トリンケ　ゲルン　カフェ

はい、私はコーヒーが好きです。

ポイント① ドイツ語では、文の種類ごとに動詞の位置が決まっています。

平叙文	Ich **komme** aus Deutschland.	私はドイツ出身です。
	イヒ コメ アオス ドイチュラント	
疑問文	**Kommen** Sie aus Deutschland?	あなたはドイツ出身ですか？
	コメン ズィー アオス ドイチュラント	
	Woher **kommen** Sie?	あなたはどこの出身ですか？
	ヴォヘーア コメン ズィー	
命令文	**Komm** doch schnell!	早く来なさい！
	コム ドッホ シュネル	

> 疑問文、命令文以外のふつうの文を〈平叙文〉といいます。

ポイント② 平叙文では動詞を前から2番目の位置に置きます。

	1	2			
Ich	**bin**	Student.		私は大学生です。
イヒ	ビン	シュトゥデント		
Er	**spielt**	gut	Gitarre.	彼はギターが上手です。
エア	シュピールト	グート	ギタレ	
Wir	**gehen**	heute	ins Kino.	私たちはきょう映画を見に行きます。
ヴィーア	ゲーエン	ホイテ	インス キーノ	
Heute	**gehen**	wir	ins Kino.	きょう私たちは映画を見に行きます。
ホイテ	ゲーエン	ヴィーア	インス キーノ	
Im Winter	**fahren**	wir	nach Deutschland.	冬に私たちはドイツに行きます。
イム ヴィンター	ファーレン	ヴィーア	ナーハ ドイチュラント	

・最後の2つの例のように、ドイツ語では文の先頭に必ずしも主語を置く必要はありません。ただその場合でも、動詞は前から2番目に来ます。

> 主語以外の語を先頭に置く場合、主語は原則として3番目（動詞の後ろ）に置きます。

確認問題 （　）の語を並べかえて、文をつくりなさい。（下線部の語を文頭に）

① 私はミュンヘンに住んでいます。　　　(ich / in München / wohne)

----

② きょう彼らはテニスをします。　　　(heute / sie / spielen / Tennis)

----

③ いま彼はドイツ語を勉強しています。　(Deutsch / er / jetzt / lernt)

決定疑問文 🔊019

Hast du heute Zeit?
ハスト　ドゥー　ホイテ　ツァイト

君はきょう時間がありますか？

ポイント❶ ja（はい）または nein（いいえ）で答える疑問文（決定疑問文）では、動詞を文の先頭に置きます。

Kommst du aus Japan? — Ja, ich komme aus Japan.
コムスト　ドゥーアオス ヤーパン　　　ヤー　イヒ　コメ　　アオス ヤーパン
君は日本の出身ですか？ — はい、私は日本の出身です。

Tanzen Sie gern? — Ja, ich tanze gern.
タンツェン　ズィー グルン　　　ヤー　イヒ　タンツェ　グルン
あなたはダンスをするのが好きですか？ — はい、私はダンスをするのが好きです。

Lernt Erika Französisch? — Nein, sie lernt Spanisch.
レルント　エーリカ　フランツェーズィッシュ　　ナイン　ズィー レルント シュパーニッシュ
エリカはフランス語を勉強していますか？ — いいえ、彼女はスペイン語を勉強しています。

Ist er Amerikaner? — Nein, er ist Engländer.
イスト エア アメリカーナー　　　ナイン　エア イスト エングレンダー
彼はアメリカ人ですか？ — いいえ、彼はイギリス人です。

＊疑問文の終わりには、ピリオドではなく、クエスチョンマーク（？）をつけます。

> ドイツ語には英語の do/does のような語はありません。動詞が文の先頭に来ます。

確認問題 （　　）の語を並べかえて、文をつくりなさい。

① 君は眠いですか？　　　　　　　（bist / du / müde / ?）

----

② あなたはミュラーさんですか？　（Herr Müller / Sie / sind / ?）

----

③ 彼はウィーンに住んでいますか？（er / in Wien / wohnt / ?）

----

④ 彼女はサッカーをしますか？　　（Fußball / sie / spielt / ?）

練習問題

1.（　　）の語を並べかえて、文をつくりなさい。動詞は主語に合わせて正しい形にすること。

① 私はコーヒーが好きです。(trinken / gern / Kaffee / ich / .)

② 彼はまだ事務所で働いています。(er / noch / arbeiten / im Büro / .)

③ 君はおなかがすいていますか？ ― はい、おなかがすいています。

(du / Hunger / haben / ich / ja / Hunger / haben / ? / , / .)

④ けさ（文頭に）私たちは庭で食べます。(essen / im Garten / heute Morgen / wir / .)

⑤ 彼らは学生ですか？ ― いいえ、彼らは先生です。

(sein / Studenten / sie / sein / sie / nein / Lehrer / ? / , / .)

⑥ この橋はもう古い。(sein / die Brücke / alt / schon / .)

⑦ 君はドイツ語を学んでいますか、それともフランス語を学んでいますか？

― 私はドイツ語を学んでいます。

(du / oder / lernen / Deutsch / Französisch / Deutsch / lernen / ich / ? / .)

⑧ 君たちもサッカーをしますか？ (auch / ihr / Fußball / spielen / ?)

⑨ あなたはとても上手にドイツ語を話します。(sprechen / Sie / gut / Deutsch / sehr / .)

⑩ この本はおもしろいですか？ (interessant / sein / das Buch / ?)

文法上の性　🔊020

(男性名詞)　(女性名詞)　(中性名詞)

der Vater 父　**die Mutter** 母　**das Kind** 子
デア　ファーター　　　ディー　ムッター　　　ダス　キント

ポイント① ドイツ語の名詞には〈性〉があります。

ドイツ語の名詞は〈男性名詞〉〈女性名詞〉〈中性名詞〉の３つに分類されます。自然の性がないものも、文法上いずれかの性をもちます。

(男性名詞)		(女性名詞)		(中性名詞)	
Hund フント	犬	Katze カッツェ	猫	Pferd プフェルト	馬
Löffel レッフェル	スプーン	Gabel ガーベル	フォーク	Messer メッサー	ナイフ
Frieden フリーデン	平和	Liebe リーベ	愛	Glück グリュック	幸運

ポイント② 名詞の性によって冠詞の形が異なります。

定冠詞（英語のthe）　男性：**der**　女性：**die**　中性：**das**
　　　　　　　　　　　　　デア　　　　ディー　　　　ダス

(男性名詞)		(女性名詞)		(中性名詞)	
der Hund	犬	**die** Katze	猫	**das** Pferd	馬
der Löffel	スプーン	**die** Gabel	フォーク	**das** Messer	ナイフ
der Frieden	平和	**die** Liebe	愛	**das** Glück	幸運

＊名詞の性によって冠詞の形が異なるので、名詞は定冠詞をつけた形で覚えるとよいでしょう。

ポイント③ ドイツ語の名詞は文中でもすべて大文字で書き始めます。書くときには注意してください。

Der **Mann** schenkt der **Frau** einen **Ring**.　その男性はその女性に指輪を贈る。
デア　マン　　シェンクト　デア　フラオ　アイネン　リング

＊例文のようにどれが名詞かすぐわかるので、主語や目的語を見つける際の手がかりになります。

確認問題 辞書で名詞の性を調べて点線部に定冠詞を入れなさい。

① _____ Sonne 太陽　② _____ Mond 月　③ _____ Tisch 机

④ _____ Buch 本　⑤ _____ Tasche カバン　⑥ _____ Auto クルマ

定冠詞と不定冠詞　🔊021

Dort ist ein Hund.
ドルト　　　　イスト　アイン　　フント

あそこに犬男が1匹いる。

Der Hund ist groß.
デア　　フント　　イスト　　グロース

その犬男は大きい。

ポイント❶ 聞き手がどの人や物を指しているかわかるときには、英語の the にあたる定冠詞 der/die/das をつけます。

聞き手にとって未知の人や物で、それが1人、1つのときには、名詞の前に英語の a にあたる不定冠詞 ein- をつけます。
　　　　　　　　　　　　　　　　　　　　アイン

Dort ist **ein** Auto.
ドルト　イスト アイン アオト
　あそこに（いま初めて話題にする）クルマ田が一台あります。

> このクルマはいま初めて話題に出てきたので、不定冠詞をつけます。

Dort ist **das** Auto.
ドルト　イスト ダス アオト
　あそこに（すでに話題に出てきた）そのクルマ田がある。

> これはすでに話題に出てきたクルマなので、定冠詞をつけます。

Hier ist **eine** Kirche.
ヒア　　イスト アイネ キルヒェ
　ここに（いま初めて話題にする）教会女がある。

> この教会はいま初めて話題に出てきたので、不定冠詞をつけます。

Die Kirche ist schön.
ディー キルヒェ イスト シェーン
　（いま話題にした）その教会女は美しい。

> これはすでに話題に出てきた教会なので、定冠詞をつけます。

＊男女田の表示は、対応するドイツ語の名詞の文法上の性を示しています。

ポイント❷ 「誰もが知っている」は定冠詞。

誰もが知っている、もしくは、状況からどれのことを言っているのかわかる場合にも定冠詞をつけます。

Der Mond scheint.　　　　　　　　　（誰にとっても共通している）月男が輝いている。
デア　モーント　シャイント
Der US-Präsident besucht Japan.
デア　　ウーエスプレズィデント　ベズーフト　ヤーパン
　（世界にひとりしかいないので特定できる）アメリカの大統領男は日本を訪問する。

Wo ist **die** Toilette?　　　　　　　　　（この家の）トイレ女はどこですか？
ヴォー イスト ディー トワレッテ

＊話をしている人たちの間で、どれを指しているかわかるときには定冠詞を使うということです。

名詞の格　🔊022

Der Mann schenkt der Frau einen Ring.
デア　マン　　シェンクト　　デア　　フラオ　　アイネン　　リング
　その男性囲はその女性囡に指輪囲を贈る。

ポイント①　ドイツ語の名詞には〈格〉があります。

文の中での名詞の役割と形を〈格〉といいます。ドイツ語には4つの格があります。
名詞が何格であるのかは、名詞の前の冠詞に着目してください。

1格：　主語「…が、…は」や補語などになります。
2格：　所有関係「…の」を表します。
3格：　おもに間接目的語「…に」になります。
4格：　おもに直接目的語「…を」になります。

Die Frau schenkt **dem Mann eine Krawatte**.
ディー　フラオ　シェンクト　　デム　　マン　　アイネ　クラヴァッテ
　その女性囡はその男性囲にネクタイ囡を贈る。

・die Frau（女性）は主語「…は」なので1格、dem Mann（男性）は間接目的
　語「…に」なので3格、eine Krawatte（ネクタイ）は直接目的語「…を」なの
　で4格です。

ポイント②　〈性〉〈格〉によって、冠詞の形（語尾）が異なります。

ドイツ語では、名詞の性と4つの格に応じて、名詞につける冠詞の形が異なります。
これを〈格変化〉といいます。

囲　der Mann　男性　　　囡　die Frau　女性　　　囲　das Kind　子供
　　デア　マン　　　　　　　　ディー　フラオ　　　　　　　ダス　キント
・冠詞の変化を次のページで見てみましょう。

ポイント 3　定冠詞の格変化

	男性名詞	女性名詞	中性名詞
1格 …が	**der** Mann デア　　マン	**die** Frau ディー　フラオ	**das** Kind ダス　　キント
2格 …の	**des** Mann[e]s デス　　マンネス	**der** Frau デア　　フラオ	**des** Kind[e]s デス　　キンデス
3格 …に	**dem** Mann デム　　マン	**der** Frau デア　　フラオ	**dem** Kind デム　　キント
4格 …を	**den** Mann デン　　マン	**die** Frau ディー　フラオ	**das** Kind ダス　　キント

ポイント 4　不定冠詞の格変化

	男性名詞	女性名詞	中性名詞
1格 …が	**ein** Mann アイン　　マン	**eine** Frau アイネ　　フラオ	**ein** Kind アイン　　キント
2格 …の	**eines** Mann[e]s アイネス　　マンネス	**einer** Frau アイナー　　フラオ	**eines** Kind[e]s アイネス　　キンデス
3格 …に	**einem** Mann アイネム　　マン	**einer** Frau アイナー　　フラオ	**einem** Kind アイネム　　キント
4格 …を	**einen** Mann アイネン　　マン	**eine** Frau アイネ　　フラオ	**ein** Kind アイン　　キント

ポイント 5　冠詞の変化はここに注意

- 男性名詞につく冠詞は、1～4格まですべて形が異なります。
- 女性名詞につく冠詞は、1格と4格、2格と3格が同じ形です。
- 中性名詞につく冠詞は、1格と4格が同じ形です。2格と3格は男性名詞と同じ形です。
- 男性名詞・中性名詞の2格では、名詞にsまたはesの語尾がつきます。

定冠詞・不定冠詞の１格 🔊023

Der Bus kommt.
デア　　ブス　　　コムト

バス男が来る。

Dort steht ein Mann.
ドルト　　シュテート　　アイン　　マン

あそこに男性男が立っています。

ポイント① １格は主語「…が／…は」

文の主語（…が／…は）には１格を用います。

定冠詞1格　男性：**der**　女性：**die**　中性：**das**
デア　　　　　　ディー　　　　　　ダス

Der Hund beißt nicht.
デア　フント　バイスト　ニヒト

この犬男はかまない。

Die Uhr ist kaputt.
ディー　ウーア　イスト　カプット

この時計女は壊れています。

Das Buch ist interessant.
ダス　ブーフ　イスト　インテレサント

この本中はおもしろい。

・名詞は定冠詞１格をつけて覚えましょう。名詞の性を覚えるのに便利です。

例）der Hund　犬　　die Uhr　時計　　das Buch　本
デア　フント　　　ディー　ウーア　　　　ダス　ブーフ

不定冠詞1格　男性：**ein**　女性：**eine**　中性：**ein**
アイン　　　　　　アイネ　　　　　　アイン

Dort ist **ein** Bahnhof.
ドルト　イスト　アイン　バーンホーフ

あそこに駅男があります。

Dort ist **eine** Bank.
ドルト　イスト　アイネ　バンク

あそこに銀行女があります。

Dort ist **ein** Theater.
ドルト　イスト　アイン　テアーター

あそこに劇場中があります。

確認問題 ①②には１格の定冠詞を、③④には１格の不定冠詞を入れなさい。

① .... Kind hat Hunger.　　　　　この子供中はお腹がすいています。

② .... Zug kommt noch nicht.　　電車男はまだ来ません。

③ Dort ist .... Post.　　　　　　あそこに郵便局女があります。

④ Dort ist .... Museum.　　　　　あそこに美術館中があります。

定冠詞・不定冠詞の４格 🔊024

Wir suchen den Bahnhof.
ヴィーア　ズーヘン　デン　バーンホーフ

私たちは駅男を探しています。

Ich habe eine Tochter.
イヒ　ハーベ　アイネ　トホター

私は娘女がひとりいます。

ポイント① ４格は「…を」

４格はおもに直接目的語を表す格です。日本語の「…を」にほぼ対応します。女性と中性の４格は１格と同じ形です。

定冠詞4格　男性：**den**　女性：**die**　中性：**das**
デン　ディー　ダス

Sie liebt **den** Mann.
ズィー　リープト　デン　マン

彼女はその男性男を愛しています。

Ich besuche heute **die** Stadt.
イヒ　ベズーヘ　ホイテ　ディー　シュタット

私はきょう町女を訪れます。

Kennst du **das** Kind?
ケンスト　ドゥー　ダス　キント

君はその子供中を知っていますか？

不定冠詞4格　男性：**einen**　女性：**eine**　中性：**ein**
アイネン　アイネ　アイン

Wir sehen **einen** Film.
ヴィーア　ゼーエン　アイネン　フィルム

私たちは映画男を見ます。

Er schreibt **eine** E-Mail.
エア　シュライプト　アイネ　イーメイル

彼はメール女を書きます。

Thomas kauft **ein** Auto.
トーマス　カオフト　アイン　アオト

トーマスはクルマ中を買います。

確認問題　①②には４格の定冠詞を、③④には４格の不定冠詞を入れなさい。

① Ich kenne .... Lehrer.　私はその先生男を知っています。

② Frau Müller kauft .... Bild.　ミュラーさんはこの絵中を買います。

③ Er braucht .... Brille.　彼はメガネ女を必要としています。

④ Wir haben .... Sohn.　私たちは息子男がひとりいます。

定冠詞・不定冠詞の３格 🔊025

Ich schreibe dem Lehrer eine E-Mail.
イヒ　　シュライベ　　　　　デム　　レーラー　　　アイネ　　イーメイル

私は先生🔵にメールを書く。

Er schenkt einer Frau Blumen.
エア　シェンクト　　　アイナー　　フラオ　　ブルーメン

彼はある女性🔴に花を贈る。

ポイント① ３格は「…に」

３格はおもに間接目的語を表す格です。日本語の「…に」にほぼ対応します。男性
と中性の３格は同じ形です。

定冠詞3格　男性：dem　女性：der　中性：dem
　　　　　　　　　　　　デム　　　　　デア　　　　　デム

Er antwortet **dem** Lehrer.
エア　アントヴォルテット　デム　　レーラー

彼はその先生🔵に答えます。

Wir danken **der** Mutter.
ヴィーア　ダンケン　　デア　　ムッター

私たちは母🔴に感謝しています。

Sie zeigen **dem** Kind den Weg.
ズィー　ツァイゲン　　デム　　キント　デン　ヴェーク

彼らはこの子供🟡に道を教える。

不定冠詞3格　男性：einem　女性：einer　中性：einem
　　　　　　　　　　　　アイネム　　　　　アイナー　　　　　アイネム

Er schickt **einem** Freund eine Postkarte.
エア　シックト　　　アイネム　　フロイント　アイネ　ポストカルテ

彼は友人🔵にはがきを送る。

Wir geben **einer** Katze Futter.
ヴィーア　ゲーベン　アイナー　カッツェ　フッター

私たちは猫🔴にエサをあげます。

Der Lehrer bringt **einem** Kind das Buch.
デア　レーラー　ブリンクト　アイネム　キント　ダス　ブーフ

先生は子供🟡にその本をもってくる。

確認問題 ①②には３格の定冠詞を、③④には３格の不定冠詞を入れなさい。

① Ich danke .... Lehrer.　　　　　　　私はその先生🔵に感謝しています。

② Sie kaufen .... Kind ein Buch.　　　彼らはその子供🟡に本を買う。

③ Er gibt .... Hund Wasser.　　　　　彼は犬🔵に水をあげる。

④ Sie schreibt .... Freundin einen Brief.　彼女はともだち🔴に手紙を書く。

定冠詞・不定冠詞の２格 🔊026

Das ist die Tasche des Vaters.
ダス　イスト　ディー　タッシェ　デス　ファータース
これは父男のカバンです。

Das ist die Geschichte eines Landes.
ダス　イスト　ディー　ゲシヒテ　アイネス　ランデス
これはある国中の歴史です。

ポイント① ２格は「…の」

「父のクルマ」、「本のタイトル」のように「…の」を示す場合は２格を用います。男性と中性は同じ形です。

定冠詞2格　男性：**des** 女性：**der** 中性：**des**
デス　デア　デス

das Auto **des** Vaters
ダス　アオト　デス　ファータース
父男のクルマ

der Titel **des** Buches
デア　ティーテル　デス　ブーヘス
本中のタイトル

die Uhr **der** Mutter
ディー　ウーア　デア　ムッター
母女の時計

・２格は日本語とは語順が逆になります。２格の名詞は原則として修飾する語の後ろに置きます。

不定冠詞2格　男性：**eines** 女性：**einer** 中性：**eines**
アイネス　アイナー　アイネス

das Leben **eines** Mannes
ダス　レーベン　アイネス　マンネス
ある男男の人生

die Miete **eines** Hauses
ディー　ミーテ　アイネス　ハオゼス
ある家中の家賃

das Budget **einer** Stadt
ダス　ビュジェー　アイナー　シュタット
ある都市女の予算

ポイント② 男性名詞と中性名詞の２格は、名詞自体にも語尾がつきます。

原則として１音節の男性名詞・中性名詞には **es** をつけ、２音節以上の男性名詞・中性名詞には **s** をつけます。ただし、口語では **es** の **e** は落ちることが多いです。

Vater男は母音が２つ → Vater**s**
ファーター　ファータース

Kind中は母音が１つ → Kind**es**
キント　キンデス

確認問題 ①②には２格の定冠詞を、③には２格の不定冠詞を入れなさい。

① Sie hat ein Bild ＿＿＿ Malers. 彼女はその画家男の絵をもっています。

② Das ist der Computer ＿＿＿ Firma. これは会社女のパソコンです。

③ Sie zeigt ein Foto ＿＿＿ Schauspielers. 彼女はある俳優男の写真を見せます。

4格の名詞／代名詞といっしょに使う動詞 ◍027

Er kauft ein Buch.　　　彼は本⊞を買います。
エア　カオフト　　アイン　ブーフ

ポイント① 4格といっしょに使う動詞を〈他動詞〉といいます。

他動詞の例を見てみましょう。

- **haben** （…4格を）もっている〔英語の have〕
  ハーベン
  Er **hat** schon ein Auto4格.　　　彼はすでにクルマ⊞をもっています。
  エア ハット ショーン　アイン アオト

- **sehen** （…4格を）見る〔英語の see〕
  ゼーエン
  Wir **sehen** heute einen Film4格.　　　私たちはきょう映画男を見ます。
  ヴィーア ゼーエン　ホイテ　アイネン　フィルム
  Sehen Sie morgen den Chef4格?　　　あなたはあす上司男に会いますか？
  ゼーエン　ズィー モルゲン　デン　シェフ

  > sehen には「…に会う」という意味もありますが、目的語の名詞は4格になります。

- **nehmen** （…4格を）取る〔英語の take〕
  ネーメン
  Ich **nehme** das Glas4格 in die Hand.　　　私はグラス⊞を手に取る。
  イヒ　ネーメ　　ダス　グラース　イン ディー ハント
  Wir **nehmen** den Bus4格.　　　私たちはこのバス男に乗ります。
  ヴィーア ネーメン　デン　ブス
  Ich **nehme** einen Apfelkuchen4格.　　　私はりんごケーキ男にします。
  イヒ　ネーメ　　アイネン　アプフェルクーヘン

- **fragen** （…4格に）質問をする
  フラーゲン
  Er **fragt** den Arzt4格.　　　彼は医者男に質問をします。
  エア フラークト デン　アルツト

  > fragenは「…に質問する」ですが、4格の名詞と使います。気をつけてください。

確認問題 ①②には適切な定冠詞を、③④には適切な不定冠詞を入れなさい。

① Wir sehen morgen ＿＿＿＿ Lehrer.　　　私たちは明日その先生男に会います。

② Sehen Sie ＿＿＿＿ Kirche dort?　　　あなたはあそこの教会女が見えますか？

③ Nehmen Sie ＿＿＿＿ Taxi?　　　タクシー⊞に乗りますか？

④ Ich frage ＿＿＿＿ Polizisten.　　　私は警官男に聞いてみます。

3格の名詞／代名詞といっしょに使う動詞　🔊028

Sie helfen dem Professor.
ズィー　　ヘルフェン　　デム　　プロフェッソア

彼らは教授男を助ける。

ポイント❶　3格といっしょに使う注意が必要な動詞

3格が日本語の「…に」と対応しない場合があります。たとえば helfen（…を助ける）、gefallen（…の気に入る）などの動詞は、3格の名詞といっしょに使います。

- **helfen** （…3格を）助ける
ヘルフェン
Ich **helfe** dem Mann3格.
イヒ　ヘルフェ　デム　マン

私はその男性男を助ける。

Sie **helfen** der Frau3格.
ズィー ヘルフェン　デア　フラオ

彼らはその女性女を助ける。

> 「（…3格に）手を貸す」と覚えましょう。

- **gefallen** （…3格の）気に入る
ゲファレン
Die Puppen1格 **gefallen** dem Mädchen3格.
ディー　プッペン　　　ゲファレン　　デム　メートヒェン
　その女の子(3格)はこれらの人形複(1格)を気に入っています。

> （気に入っている）物が主語（1格）になり、人が3格となります。

Der Film1格 **gefällt** der Frau3格.
デア　フィルム　ゲフェルト　デア　フラオ

その女性女(3格)はこの映画男(1格)を気に入っている。

> 不規則動詞 ☞80頁

- **gehören** （…3格の）ものである
ゲヘーレン
Das Tablet **gehört** der Firma3格.
ダス　タブレット　ゲヘーアト　デア　フィルマ

このタブレット中は会社女のものです。

Die Zukunft **gehört** der Jugend3格.
ディー　ツークンフト　ゲヘーアト　デア　ユーゲント

未来女は若者女のものだ。

> 物が主語（1格）になり、（その物を所有している）人が3格となります。

確認問題 点線部に3格の定冠詞を入れなさい。

① Wir helfen ＿＿＿＿ Touristen.　　　　　私たちはその旅行者男を助ける。

② Das Geschenk gefällt ＿＿＿＿ Frau.　　その女性はそのプレゼントが気に入る。

③ Das Buch gehört ＿＿＿＿ Kind.　　　　この本はあの子供中のものだ。

練習問題

1. （　　）に適切な定冠詞を入れなさい。

① （　　　　　） Student heißt Thomas.　　　　　その学生團はトーマスといいます。

② Wo ist （　　　　　） Post?　　　　　　　　郵便局囡はどこですか？

③ （　　　　　） Fahrrad ist neu.　　　　　　その自転車田は新しい。

④ Sie besuchen （　　　　　） Park.　　　　　彼らはその公園團を訪れます。

⑤ Lesen Sie immer （　　　　　） Zeitung?　　あなたはいつも新聞囡を読みますか？

⑥ Er öffnet （　　　　　） Fenster.　　　　　彼は窓田を開けます。

⑦ （　　　　　） Kellner bringt （　　　　　） Gast Kaffee.　ウェーター團は客團にコーヒーを運ぶ。

⑧ Wir empfehlen （　　　　） Frau （　　　　） Film.　私たちはその女性囡にその映画團を薦める。

⑨ （　　　　　） Verkäuferin gibt （　　　　　） Mädchen Schokolade.

　　店員囡はその少女田にチョコレートをあげる。

⑩ （　　　　　） Auto （　　　　　） Lehrers ist rot.　　先生團のクルマ田は赤です。

2. （　　）に適切な不定冠詞を入れなさい。

① Da bellt （　　　　　） Hund.　　　　　　あそこで犬團が吠えています。

② Da spielt （　　　　　） Katze.　　　　　あそこで猫囡が遊んでいます。

③ Da weint （　　　　　） Baby.　　　　　　あそこで赤ちゃん田が泣いています。

④ Erika schreibt （　　　　　） Brief.　　　　エリカは手紙團を書きます。

⑤ Ich brauche （　　　　　） Kamera.　　　　私はカメラ囡を必要としています。

⑥ Hast du （　　　　　） Hobby?　　　　　　君は趣味田がありますか？

⑦ Das Hotel gehört （　　　　　） Amerikaner.　そのホテルはあるアメリカ人團のものです。

⑧ Das Restaurant gehört （　　　　　） Französin.

　　そのレストランはあるフランス人囡のものです。

⑨ Sie ist die Tochter （　　　　　） Schriftstellers.　彼女はある作家團の娘です。

⑩ Er ist der Sohn （　　　　　） Schauspielerin.　彼はある女優囡の息子です。

3. ドイツ語に訳しなさい。

① その女性（Frau 囡）は本（Buch 囲）と（und）雑誌（Zeitschrift 囡）を買います（kaufen）。

----

② ミュラーさん（Herr Müller）は息子（Sohn 團）と娘（Tochter 囡）がひとりいます（haben）。

----

③ 彼らはその子（Kind 囲）にそのパソコン（Computer 團）をあげます（geben）。

----

④ その本（Buch 囲）の著者（Autor 團）はとても（sehr）有名（bekannt）です（sein）。

コラム

男性形と女性形

　① Er ist **Student / Japaner**.　　彼は大学生團／日本人團です。
　② Sie ist **Studentin / Japanerin**.　彼女は大学生囡／日本人囡です。

①の文の Student や Japaner は男性の大学生や日本人を、②の文の Studentin や Japanerin は女性の大学生や日本人を表します。このようにドイツ語では、国籍、身分、職業を表す名詞には、＜男性形＞と＜女性形＞の区別があります。つまりその人の性別によって、男性形と女性形を使い分けるのです。
多くの場合、男性形に -in をつけると女性形になります。

	〈男性形〉	〈女性形〉
生徒	Schüler	Schülerin
先生	Lehrer	Lehrerin
医者	Arzt	Ärztin　　＊女性形でウムラウトする語もあります
アメリカ人	Amerikaner	Amerikanerin
中国人	Chinese	Chinesin
フランス人	Franzose	Französin

「ドイツ人」は、deutsch（ドイツの）という形容詞をもとにして、男性は Deutscher、女性は Deutsche となりますが、冠詞の種類や有無、あるいは文中での格に応じて、さらに語尾が変化します。Angestellter（男性の会社員）、Angestellte（女性の会社員）なども同様です。これらについては〈形容詞の名詞化〉（☞ 202 頁）を参照してください。

複数形　🔊029

Herr Müller hat zwei Kinder.　ミュラーさんは子供が２人います。
ヘア　ミュラー　ハット　ツヴァイ　キンダー

ポイント① 　２つ以上の物や２人以上の人を表す場合、名詞を複数形にします。複数形には５つのタイプがあります。ウムラウトする語もあります。

	単数形		複数形
無語尾型	der Lehrer 先生	→	die Lehrer
	デア レーラー		ディー レーラー
	der Vogel 鳥	→	die Vögel
	デア フォーゲル		ディー フェーゲル
E型(~e)	der Tag 日	→	die Tage
	デア ターク		ディー ターゲ
	der Fuß 足	→	die Füße
	デア フース		ディー フューセ
ER型(~er)	das Kind 子供	→	die Kinder
	ダス キント		ディー キンダー
	der Mann 男性	→	die Männer
	デア マン		ディー メナー
[E]N型(~[e]n)	die Frau 女性	→	die Frauen
	ディー フラオ		ディー フラオエン
	die Tasche カバン	→	die Taschen
	ディー タッシェ		ディー タッシェン
S型(~s)	das Auto クルマ	→	die Autos
	ダス アオト		ディー アオトス

> 名詞がどのタイプの複数形になるのかは辞書で調べてください。たとえば Kind の場合、辞書には -[e]s/-er と記してあります。はじめの -[e]s は単数2格の語尾、-er が複数形の語尾です。

> a, o, u は必ずウムラウトします。

> -e で終わる名詞には -n だけつけます。[E]N型とS型はウムラウトはしません。

・複数１格の定冠詞は die です。

・不規則な複数形もあります。例）das Museum 博物館 → die Museen など
　　　　　　　　　　　　　　　　ダス ムゼーウム　　　　　ディー ムゼーエン

・もともと複数形しかない名詞もあります。例）die Eltern 両親 die Ferien 休暇 など
　　　　　　　　　　　　　　　　　　　　　ディー エルターン　ディー フェーリエン

ポイント② 　複数形の定冠詞

名詞は複数形になると性の区別がなくなります。３格には **n** をつけます。

		無語尾型	E型	ER型	[E]N型	S型
1格	**die**	Vögel	Tage	Kinder	Taschen	Autos
	ディー	フェーゲル	ターゲ	キンダー	タッシェン	アオトス
2格	**der**	Vögel	Tage	Kinder	Taschen	Autos
	デア					
3格	**den**	Vögeln	Tagen	Kindern	Taschen	Autos
	デン	フェーゲルン	ターゲン	キンダーン		
4格	**die**	Vögel	Tage	Kinder	Taschen	Autos
	ディー					

> [E]N型とS型の3格には n はつけません。

＊複数形の定冠詞は、３格（den）以外は女性名詞と同じ形です。

確認問題 名詞の複数形を辞書で調べなさい。

① der Hund 犬　　② die Katze 猫　　③ das Buch 本

④ der Bruder 兄弟　⑤ der Job アルバイト　⑥ die Firma 会社

数えられない名詞　🔊030

Er isst jeden Morgen zwei Scheiben Brot.
エア　イスト　イェーデン　モルゲン　　　ツヴァイ　　シャイベン　　　　　ブロート
彼は毎朝パンを2枚食べる。

ポイント① Japan（日本）のような地名・人名などの固有名詞、Luft（空気）や Wasser（水）のように形のはっきりしない物を示す物質名詞などを〈数えられない名詞〉といいます。

・固有名詞（地名、人名など）

Japan 日本⊞　　　Berlin ベルリン⊞　　　Thomas トーマス　　　Naomi ナオミ
ヤーパン　　　　　　　　ベルリーン　　　　　　　　トーマス　　　　　　　　　　ナオーミ

・物質名詞（液体、気体、素材など）

Wasser 水⊞　　　Milch 牛乳⼥　　　Luft 空気⼥　　　Geld お金⊞　　　Fleisch 肉⊞
ヴァッサー　　　　　　ミルヒ　　　　　　　ルフト　　　　　　　ゲルト　　　　　　　フライシュ
Zucker 砂糖⼈　　　Holz 材木⊞　　など
ツッカー　　　　　　　　ホルツ

・抽象名詞（感情や概念など目に見えない物）

Liebe 愛⼥　　　Angst 不安⼥　　　Glück 幸せ⊞　　　Dank 感謝⼈　　　Zeit 時間⼥
リーベ　　　　　　アングスト　　　　　　グリュック　　　　　　　ダンク　　　　　　　ツァイト
Freiheit 自由⼥　　など
フライハイト

・集合名詞（人・物のグループ）

Polizei 警察⼥　　　Gemüse 野菜⊞　　　Obst 果物⊞　　など
ポリツァイ　　　　　　　ゲミューゼ　　　　　　　オープスト

ポイント② 数えられない名詞は基本的に単数形を使います。また、これらの名詞には原則として不定冠詞はつけられません。

Magst du **Fleisch**?　　　　　　　　　　君はお肉⊞は好きですか？
マークスト　ドゥー　フライシュ
Hast du heute **Zeit**?　　　　　　　　　君はきょう時間⼥がありますか？
ハスト　ドゥー　ホイテ　ツァイト
Ich esse gern **Obst**.　　　　　　　　　私は果物⊞を食べるのが好きです。
イヒ　エッセ　ゲルン　オープスト

ポイント③ 物質名詞はそのままでは数えられませんが、単位や容器を表すことばをつければ数えることができます。

> 単位は原則として複数形は用いません。ただし e で終わる女性名詞の場合、n をつけた複数形を用います。

ein Glas Wasser　　水1杯　　　　**zwei Glas** Wasser　　水2杯
アイン　グラース　ヴァッサー　　　　　　　　　ツヴァイ　グラース　ヴァッサー
eine Scheibe Brot　　パン1枚　　　**zwei Scheiben** Brot　　パン2枚
アイネ　シャイベ　ブロート　　　　　　　　　　ツヴァイ　シャイベン　ブロート

＊ただしレストランなどで「水をください」と言う場合には、ein Wasser（水1杯）、zwei Wasser（水2杯）と言うことができます。

基数 🔊031

Ich habe zwei Brüder.
イヒ　　ハーベ　　ツヴァイ　ブリューダー

私は兄弟が2人います。

ポイント① 0-12

0	null ヌル	1	eins アインス	2	zwei ツヴァイ	3	drei ドライ	4	vier フィーア	5	fünf フュンフ	6	sechs ゼクス
7	sieben ズィーベン	8	acht アハト	9	neun ノイン	10	zehn ツェーン	11	elf エルフ	12	zwölf ツヴェルフ		

ポイント② 13-19 → -zehn をつける。16 と 17 は形が変わるので注意。

13	dreizehn ドライツェーン	14	vierzehn フィアツェーン	15	fünfzehn フュンフツェーン	16	**sechzehn** ゼヒツェーン
17	**siebzehn** ズィープツェーン	18	achtzehn アハツェーン	19	neunzehn ノインツェーン		

ポイント③ 20-90 → -zig をつける。30 だけ -ßig。20 は形が変わるので注意。

20	**zwanzig** ツヴァンツィヒ	30	**dreißig** ドライスィヒ	40	vierzig フィアツィヒ	50	fünfzig フュンフツィヒ
60	**sechzig** ゼヒツィヒ	70	**siebzig** ズィープツィヒ	80	achtzig アハツィヒ	90	neunzig ノインツィヒ

ポイント④ 2桁の数字は1の位から読み、間に und を入れてから、10の位を読みます。なお、eins は ein- になります。

21	einundzwanzig アインウントツヴァンツィヒ	22	zweiundzwanzig ツヴァイウントツヴァンツィヒ	24	vierundzwanzig フィーアウントツヴァンツィヒ
35	fünfunddreißig フュンフウントドライスィヒ	78	achtundsiebzig アハトウントズィープツィヒ	99	neunundneunzig ノインウントノインツィヒ

ポイント⑤ 100 以上の数字。Million（100万）は名詞なので大文字書きします。200万以上は複数形で言います。

100	(ein)hundert アイン フンダート	679	sechshundertneunundsiebzig ゼクスフンダートノインウントズィープツィヒ
1.000	(ein)tausend アイン タオゼント	3.011	dreitausendelf ドライタオゼントエルフ
10.000	zehntausend ツェーンタオゼント	100.000	hunderttausend フンダートタオゼント
1.000.000	eine Million囡 アイネ ミリオーン	2.000.000	zwei Millionen囲 ツヴァイ ミリオーネン

> ドイツ語圏では3桁ごとにコンマ (,) ではなく、ピリオド (.) を打ちます。

確認問題 数字を読みなさい。

① 17　　② 38　　③ 61　　④ 124　　⑤ 5.900　　⑥ 120.000

練習問題

1.（　　）の名詞を複数形にして、点線部に入れなさい。

① Die _____ schwimmen im Schwimmbad.（Kind）　　子供たちはプールで泳ぎます。

② Deutschland hat 16 _____.（Bundesland）　　ドイツは州が 16 あります。

③ Da baden die _____.（Elefant）　　あそこで象が水浴びしています。

④ Er gibt den _____ Bonbons.（Freund）　　彼は友人たちにあめをあげます。

2. 下線部の名詞を複数形に変えて、全文を書き直しなさい。

① Die Kamera ist teuer.　　そのカメラは高い。

_____

② Der Vogel singt schön.　　その鳥は美しく歌う。

_____

③ Wann kommt der Gast?　　お客さんはいつ来ますか？

_____

④ Ich kaufe ein Buch.　　私は本を買います。

_____

3. ドイツ語に訳しなさい。

① このクツ（Schuh 圐; 複数形で）は 80 ユーロ（Euro）です（kosten）。

_____

② ナオミ（Naomi）はリンゴ（Apfel 圐）を 2 個とオレンジ（Orange 囡）を 5 個買います。

_____

③ 私たちはソファ（Sofa 囲）3 つと戸棚（Schrank 圐）2 つを必要としています（brauchen）。

_____

④ おばあさん（Großmutter 囡）は孫（Enkel 圐）たちにお話（Geschichte 囡）をひとつ聞

かせる（erzählen）。

_____

定冠詞類① dieser（この…） 🔊032

Dieser Computer ist neu.
ディーザー　　　　コンピューター　　　　　イスト　ノイ

このパソコン男は新しい。

ポイント❶ 定冠詞類 → 定冠詞とほぼ同じ変化をする冠詞

定冠詞類には dieser（この…）、welcher（どの…？）、aller（すべての…）、jeder
（どの…も）などがあります。定冠詞と同じように名詞の前につけます。語末の -er
が語尾です。

・dies-er の格変化

	男性名詞	女性名詞	中性名詞	複数形
1格	dies**er** Mann ディーザー　マン	dies**e** Frau ディーゼ　フラオ	dies**es** Kind ディーゼス　キント	dies**e** Kinder ディーゼ　キンダー
2格	dies**es** Mann[e]s ディーゼス　マンネス	dies**er** Frau ディーザー	dies**es** Kind[e]s ディーゼス　キンデス	dies**er** Kinder ディーザー
3格	dies**em** Mann ディーゼム	dies**er** Frau ディーザー	dies**em** Kind ディーゼム	dies**en** Kindern ディーゼン　キンダーン
4格	dies**en** Mann ディーゼン	dies**e** Frau ディーゼ	dies**es** Kind ディーゼス	dies**e** Kinder ディーゼ

・定冠詞類の語尾はこうなります。welch-er，all-er，jed-er も同じ変化です。

	男性名詞	女性名詞	中性名詞	複数形
1格	-er	-e	-es	-e
2格	-es	-er	-es	-er
3格	-em	-er	-em	-en
4格	-en	-e	-es	-e

> 中性の1・4格は定冠詞と語尾が異なります。それ以外はすべて定冠詞と同じ語尾をとります。

ポイント❷ dieser → この…、これらの…

1格 **Diese** Kirche ist schön.
ディーゼ　キルヒェ　イスト　シェーン

この教会女は美しい。

2格 Der Autor **dieses** Buches ist bekannt.
デア　アオトーア　ディーゼス　ブーヘス　イスト　ベカント

この本中の著者は有名です。

3格 Wir folgen **diesem** Befehl nicht.
ヴィーア　フォルゲン　ディーゼム　ベフェール　ニヒト

私たちはこの命令男に従いません。

4格 Ich kaufe **diese** Schuhe.
イヒ　カオフェ　ディーゼ　シューエ

私はこのクツ複を買います。

確認問題 点線部に適切な語尾を入れなさい。

① Dies＿＿＿ Film ist sehr romantisch.　　　この映画男はとてもロマンチックです。

② Ich finde dies＿＿＿ Buch interessant.　　私はこの本中をおもしろいと思います。

③ Wie heißt dies＿＿＿ Blume?　　　　　　この花女は何という名前ですか？

④ Wir nehmen dies＿＿＿ Wein.　　　　　　私たちはこのワイン男にします。

定冠詞類② welcher (どの…?)/ aller (すべての…)/jeder (どの…も)

🔊 033

Welches Wörterbuch ist gut?
ヴェルヒェス　　ヴェルターブーフ　　　　イスト　グート

どの辞書田がよいですか？

> 英語の which＋名詞 にあたります。

ポイント❶ welcher＋名詞 → どの…？（疑問文で）

Welcher Bus fährt zum Krankenhaus?
ヴェルヒャー　　ブス　フェーアト ツム　クランケンハオス

どのバス男が病院に行きますか？

Welchen Sport treibst du gern?
ヴェルヒェン　　シュポルト トライブスト ドゥー ゲルン

君はどのスポーツ男をするのが好きですか？

ポイント❷ aller は「すべての…」、jeder は「どの…も」

aller は「すべての…」の意味で「まるごと全部」を表します。jeder は「どの…も」
「それぞれの…」「ひとりひとりの…」の意味で、個々の人や物をフォーカスします。

Alle Kinder gehen um 3 Uhr nach Hause.
アレ　　キンダー　　ゲーエン　　ウム ドライ ウーア ナーハ　　ハオゼ

子供たち複は全員3時に帰ります。

> aller は複数形の名詞につきます。(数えられない名詞の場合は単数形)

Er kennt **alle** Straßen in London.
エア ケント　　アレ　シュトラーセ　イン ロンドン

彼はロンドンのすべての通り複を知っています。

Jeder Student lernt fleißig Deutsch.
イェーダー　シュトゥデント レルント フライスィヒ ドイチュ

どの学生男も熱心にドイツ語を学んでいます。

> jeder はつねに単数形の名詞につきます。

Sie trinkt **jeden** Tag Tee.
ズィー トリンクト イェーデン　タークト テー

彼女は毎日紅茶男を飲みます。

> 時間を表す4格 ☞副詞的 4格（194頁）

確認問題 点線部に適切な語尾を入れなさい。

① Welch......... Jacke kaufst du?

君はどのジャケット女を買いますか？

② All......... Studenten hören die Vorlesung.

すべての学生複がその講義を聞きます。

③ Jed......... Mensch hat zwei Seiten.

どんな人男にも表と裏があります。

④ Sie besuchen jed......... Jahr Kyoto.

彼らは毎年田(4格で)京都を訪れます。

練習問題

1. （　　）に定冠詞類を適切な形にして入れなさい。

① （　　　　） Wein kommt aus Frankreich.　このワイン男はフランス産です。

② （　　　　） Buch ist interessant?　　　　　どの本田がおもしろいですか？

③ （　　　　） Wege führen nach Rom.　　　　すべての道覆はローマに通じる。

④ （　　　　） Mensch hat （　　　　） Recht.　どんな人男にもこの権利田がある。

⑤ Ich bestelle （　　　　） Suppe.　　　　私はこのスープ囡を注文します。

⑥ Der Park steht （　　　　） Kindern offen.　公園はすべての子供たち覆に開放されている。

⑦ （　　　　） Uhr kaufst du?　　　　　　どの時計囡を買いますか？

⑧ Makoto liest （　　　　） Werke Goethes.　マコトはゲーテのすべての作品 (ここでは覆) を読む。

⑨ Der Maler （　　　　） Bildes ist Dürer.　この絵田の画家はデューラーです。

⑩ Ich folge （　　　　） Vorschlag.　　　　私はこの提案男に従います。

コラム

述語としての1格

動詞 sein を使った A ist B. （A は B である）の構文では、B にあたる述語にも1格を用います。つまり A ist B. の構文では A も B も1格になります。述語としての1格は sein の他に werden（…になる）、bleiben（…のままである）などの動詞を使って「主語＝述語」を表す文でも使われます。

$\overset{\text{1格}}{\underline{\text{Der Mann}}}$ ist $\overset{\text{1格}}{\underline{\text{ein berühmter Schauspieler}}}$. (der Mann = ein berühmter Schauspieler)

　あの男性男は有名な俳優男です。

$\overset{\text{1格}}{\underline{\text{Mein Sohn}}}$ wird $\overset{\text{1格}}{\underline{\text{Beamter}}}$. (mein Sohn = Beamter)

　私の息子は公務員男になります。

$\overset{\text{1格}}{\underline{\text{Ich}}}$ bleibe $\overset{\text{1格}}{\underline{\text{dein guter Freund}}}$. (ich = dein guter Freund)

　私は君の親友男のままです。

2. ドイツ語に訳しなさい。

① 私はこの職業（Beruf 男）を愛しています（lieben）。

――――――――――――――――――――――――――――――

② どのケーキ（Kuchen 男）をあなたは薦めますか（empfehlen）？

――――――――――――――――――――――――――――――

③ すべての客（Gäste 複）がワイン（Wein 男；無冠詞で）を飲みます（trinken）。

――――――――――――――――――――――――――――――

④ どの仕事（Arbeit 女）も非常に（sehr）大切（wichtig）です（sein）。

――――――――――――――――――――――――――――――

コラム

Das ist ...「これは…です」

Das ist ein Computer. これはパソコン男です。

Das ist ... は「これは…です」「あれは…です」という意味で、英語の This is ... ／ That is ... にあたる表現です。この das は「これは／あれは」という意味の代名詞です。中性の定冠詞 das とつづりは同じですが別の語です。
Das ist の後ろには 1 格の名詞が来ます。男性、女性、中性、複数形のどれにでも使えます。

Das ist eine Kirche. 　これは教会女です。
Das ist mein Haus. 　これは私の家中です。
Das sind Socken. 　これらは靴下複です。

最後の例文のように複数形が来る場合は、動詞 sein は 3 人称複数の sind になります。近くにいる人を指して「こちらは…です」と紹介するときにも、Das ist ... を使います。

Das ist Herr Sato. 　こちらはサトウさんです。
Das sind meine Eltern. （写真などを指して）これは私の両親複です。

疑問文で「これは（あれは）何ですか？」は、Was ist das? といいます。決まり文句として、このまま覚えてください。

Was ist das? 　　　　　これは何ですか？
— Das ist eine Currywurst. これはカレーソーセージ女です。

不定冠詞類 🔊034

Das ist mein Computer.
ダス　　　イスト　　マイン　　　　コンピューター

これは私のパソコン围です。

Das ist kein Computer.
ダス　　　イスト　　カイン　　　　コンピューター

これはパソコン围ではありません。

ポイント① 不定冠詞類 → 不定冠詞と同じ変化をする冠詞

所有冠詞と否定冠詞 kein の2種類があります。
カイン

ポイント② 所有冠詞 → 所有を表す冠詞

所有冠詞は「…の（もの）」という意味を表します。「私の家」「彼のクルマ」「彼女の父」のように名詞の前につけます。

・所有冠詞

	単数		複数	
1人称	mein 私の マイン	(my)	unser 私たちの ウンザー	(our)
2人称（親称）	dein 君の ダイン	(your)	euer 君たちの オイアー	(your)
3人称	sein 彼の ザイン ihr 彼女の イーア sein それの ザイン	(his) (her) (its)	彼らの ihr 彼女らの イーア それらの	(their)
2人称（敬称）	Ihr あなたの イーア	(your)	Ihr あなた方の イーア	(your)

Mein Vater ist Beamter.
マイン　　ファーター　イスト　ベアムター

私の父围は公務員です。

Sein Vater arbeitet in Yokohama.
ザイン　ファーター　アルバイテット　イン　ヨコハーマ

彼の父围は横浜で働いています。

Wie alt ist **Ihr** Vater?
ヴィー　アルト　イスト　イーア　ファーター

あなたのお父さん围は何歳ですか？

所有冠詞① mein （私の…） 🔊035

Das ist mein Haus.
ダス　イスト　マイン　　ハオス

これは私の家男です。

ポイント❶ mein → 私の…

「私の父」「私のバッグ」のように「私の…」と言いたい場合は、名詞の前に mein をつけます。その際には、名詞の性・数・格に注意が必要です。

・mein の格変化

> 他の所有冠詞（dein / sein / ihr / unser / euer / ihr / Ihr）も同じ格変化です。

マイン

	男性名詞	女性名詞	中性名詞	複数形
1格	mein Vater マイン　　ファーター	mein**e** Mutter マイネ　　ムッター	mein Kind マイン　　キント	mein**e** Kinder マイネ　　キンダー
2格	mein**es** Vaters マイネス　　ファータース	mein**er** Mutter マイナー	mein**es** Kind[e]s マイネス　　キンデス	mein**er** Kinder マイナー
3格	mein**em** Vater マイネム　　ファーター	mein**er** Mutter マイナー	mein**em** Kind マイネム　　キント	mein**en** Kindern マイネン　　キンダーン
4格	mein**en** Vater マイネン　　ファーター	mein**e** Mutter マイネ	mein Kind マイン　　キント	mein**e** Kinder マイネ

・所有冠詞の語尾はこうなります。

	男性名詞	女性名詞	中性名詞	複数形
1格	-	-e	-	-e
2格	-es	-er	-es	-er
3格	-em	-er	-em	-en
4格	-en	-e	-	-e

> 語尾の変化は不定冠詞と同じですが、複数形にかんしては、不定冠詞に複数形がないため、定冠詞類の複数形と同じ語尾をとります。

1格 Mein Vater ist Ingenieur.
マイン　　ファーター　イスト　インジェニエーア

私の父男はエンジニアです。

2格 Das ist das Auto **meines** Vaters.
ダス　イスト　ダス　アオト　マイネス　　ファータース

これは私の父男のクルマです。

3格 Ich schenke **meinem** Vater Blumen.
イヒ　シェンケ　　マイネム　　ファーター　ブルーメン

私は私の父男に花をプレゼントします。

4格 Ich besuche oft **meinen** Vater.
イヒ　ベズーヘ　　オフト　マイネン　　ファーター

私はよく私の父男を訪ねます。

確認問題 点線部に適切な語尾を入れなさい。語尾が不要な場合は×を入れなさい。

① Ist das mein____ Kaffee?　　　これは私のコーヒー男ですか？

② Sie ist mein____ Freundin.　　　彼女は私のガールフレンド女です。

③ Das Fahrrad gehört mein____ Kind.　　この自転車は私の子供中のものです。

④ Ich suche mein____ Radiergummi.　　私は私の消しゴム男を探しています。

所有冠詞② dein (君の…) 🔊036

Ist das dein Haus?
イスト　ダス　ダイン　ハオス
これは君の家⊞ですか？

ポイント① dein → 君の…

「君の家」「君の時計」のように「君の…」と言いたい場合は、名詞の前に dein をつけます。

1格 Wo wohnen **deine** Großeltern? 君の祖父母閥はどこに住んでいますか？
　　ヴォー　ヴォーネン　ダイネ　グロースエルターン

2格 Ich finde die Farbe **deines** Mantels schön.
　　イヒ　フィンデ　ディー　ファルベ　ダイネス　マンテルス　シェーン
　　　　　　私は君のコート圐の色をキレイだと思います。

> dein の格変化は mein と同じです。前ページの表を参照してください。

3格 Was schenkst du **deiner** Mutter zum Muttertag?
　　ヴァス　シェンクスト　ドゥー　ダイナー　ムッター　ツム　ムッターターク
　　　　　　君は母の日にお母さん囡に何をプレゼントしますか？

4格 Ich brauche **deine** Hilfe. 私は君の助け囡が必要です。
　　イヒ　ブラオヘ　ダイネ　ヒルフェ

確認問題 点線部に適切な語尾を入れなさい。語尾が不要な場合は×を入れなさい。

① Ist das dein＿＿＿ Mantel? これは君のコート圐ですか？

② Wir feiern dein＿＿＿ Geburtstag. 私たちは君の誕生日圐をお祝いします。

③ Dein＿＿＿ Brille ist sehr schick. 君のメガネ囡はとてもセンスがいいね。

④ Suchst du dein＿＿＿ Portemonnaie? 君は君の財布⊞を探しているのですか？

・・・・コラム・・・・

合成語

ドイツ語は合成語が多いことが特徴です。最後にくる名詞が合成語の性を決めます。n や s が接着剤のように間に挟まることもあります。アクセントは最初の単語に置きます。

die Bierflasche ビール瓶 (das Bier ビール + die Flasche 瓶)

das Flaschenbier 瓶ビール (die Flasche 瓶 + das Bier ビール)

der Handschuh 手袋 (die Hand 手 + der Schuh 靴)

das Geburtstagsgeschenk 誕生日プレゼント (die Geburt 誕生 + der Tag 日 + das Geschenk プレゼント)

das Studentenwohnheim 学生寮 (die Studenten 学生 + das Wohnheim 寮)

die Großstadt 大都市 (groß 大きい + die Stadt 都市)

die Alternativenergie 代替エネルギー (alternativ 選択的な + die Energie エネルギー)

所有冠詞③   sein (彼の…) / ihr (彼女の…) /sein (それの…)   ◉037

Das ist sein Haus / ihr Haus.
ダス　イスト　ザイン　ハオス　　イーア　ハオス
これは彼の家⊞／彼女の家です。

ポイント 1 sein → 彼の…

Ist das **sein** Auto?　　これは彼のクルマ⊞ですか？
イスト ダス ザイン アオト

Er schenkt **seinen** Eltern zwei Karten für die Oper.
エア シェンクト ザイネン エルターン ツヴァイ カルテン フューア ディー オーパー
彼は両親圏にオペラのチケットを2枚プレゼントします。

Dort steht ein Dom. **Seine** Glocke läutet am Mittag.
ドルト シュテート アイン ドーム ザイネ グロッケ ロイテット アム ミッターク
あそこに大聖堂圏があります。その鐘囡は正午に鳴ります。

> 所有冠詞 sein は人称代名詞 er と同じように男性名詞を指します。Seine Glocke の seine は直前に出てきた Dom圏を指しています。その鐘＝大聖堂の鐘、という意味です。

ポイント 2 ihr → 彼女の…

Ihre Haare sind kurz.　　彼女の髪圏はショートだ。
イーレ ハーレ ズィント クルツ

Sie besucht **ihren** Onkel in Hokkaido.　彼女は北海道の叔父圏を訪ねる。
ズィー ベズーフト イーレン オンケル イン ホッカイドー

Ich habe eine Katze. Überall an meinem Pullover sind **ihre** Haare.
イヒ ハーベ アイネ カッツェ ユーバーアル アン マイネム プルオーヴァー ズィント イーレ ハーレ
私は猫囡を飼っています。私のセーターはその毛圏だらけです。

> 所有冠詞 ihr は女性名詞を指します。ihre Haareの ihre は直前に出てきた Katze囡を指しています。その毛＝猫の毛、という意味です。

ポイント 3 sein は中性の人や物を指して、「それの…」という意味で用います。

Ich habe ein Kind. — Wie ist **sein** Name?
イヒ ハーベ アイン キント ヴィー イスト ザイン ナーメ
私は子供⊞がひとりいます。 — その子供の名前圏は何といいますか？

> seine はTheater⊞を指しています。その歴史＝劇場の歴史、という意味です。

Sehen Sie das Theater dort? **Seine** Geschichte ist lang.
ゼーエン ズィー ダス テアーター ドルト ザイネ ゲシヒテ イスト ラング
あそこの劇場⊞が見えますか？ その歴史囡は長いです。

確認問題 点線部に適切な語尾を入れなさい。語尾が不要な場合は×を入れなさい。

① Sein＿＿ Schwester studiert in Deutschland.　彼の妹囡はドイツに留学しています。

② Ihr＿＿ Hobby ist Reisen.　彼女の趣味⊞は旅行です。

③ Ich lese sein＿＿ Aufsatz.　私は彼の論文圏を読みます。

④ Sie schickt ihr＿＿ Freundin eine E-Mail.　彼女はともだち囡にメールを送る。

所有冠詞④ unser(私たちの…) / euer (君たちの…) / ihr (彼ら・それらの…)

🔊038

Das ist unser Haus.
ダス　　イスト　　ウンザー　　　ハオス

これは私たちの家囲です。

Ist das euer Haus?
イスト　ダス　オイアー　ハオス

これは君たちの家囲ですか？

ポイント❶ unser → 私たちの…

Unser Lehrer kommt aus Deutschland.　私たちの先生圐はドイツ出身です。
ウンザー　レーラー　　コムト　　アオス ドイチュラント
Am Wochenende besuchen wir **uns[e]ren** Großvater.
アム　　ヴォッヘンエンデ　　ベズーヘン　　ヴィーア ウンゼレン　　　　グロースファーター

　週末に私たちは祖父圐を訪ねます。

> unser に語尾がつく場合、語幹の e は省略可能です。その場合は、unsre, unsrer, unsres, unsrem, unsrenのような形になります。

ポイント❷ euer → 君たちの…

Was macht **euer** Vater?　　君たちのお父さん圐は何をしていますか？
ヴァス　マハト　オイアー　ファーター
Sind das **eure** Taschen?　これらは君たちのカバン圈ですか？
ズィント　ダス　オイレ　タッシェン

> euer に語尾がつく場合、語幹の e を省略するのがふつうです。eure, eurer, eures, eurem, euren のような形になります。

ポイント❸ ihr → 彼らの…、彼女らの…、それらの…

「彼らの名前」「彼女らの意見」のように「彼（女）らの…」と言いたい場合や、前に出てきた複数名詞を指して「それらの…」と言いたい場合に用います。

Ihr Haus ist sehr groß.　　彼らの家囲はとても大きい。
イーア ハオス　イスト ゼーア グロース
Naomi und Thomas feiern **ihren** Hochzeitstag.
ナオーミ　ウント　トーマス　ファイアーン イーレン　　ホッホツァイツターク
　ナオミとトーマスは彼らの結婚記念日圐を祝う。

In der Zeitung stehen die Probleme und **ihre** Lösungen.
イン デア　ツァイトゥング シュテーエン ディー プロブレーメ　ウント　イーレ　レーズンゲン
　新聞には問題（ここでは圈）とそれらの解決策が書かれています。

確認問題 点線部に適切な語尾を入れなさい。語尾が不要な場合は×を入れなさい。

① Unser_____ Katze frisst gern Fisch.　私たちの猫囡は魚が好きだ。

② Kennen Sie unser_____ Chef?　あなたは私たちの上司圐を知っていますか？

③ Wo wohnt euer_____ Großvater?　君たちのおじいさん圐はどこに住んでいますか？

④ Ihr_____ Firma ist in Stuttgart.　彼らの会社囡はシュトゥットガルトにあります。

所有冠詞⑤　　Ihr（あなたの…／あなた方の…）　　🔊039

Wie alt ist Ihr Sohn?
ヴィー　　　アルト　イスト　イーア　ゾーン

あなたの息子さん男はおいくつですか？

ポイント❶　Ihr → あなたの…、あなた方の…

文中でもかならず大文字書きします。

Wie ist **Ihr** Name?
ヴィー　イスト イーア ナーメ

あなたの名前男は何といいますか？

Gehören diese Autos **Ihrem** Vater?
ゲヘーレン　ディーゼ　アオトス　イーレム　ファーター

これらのクルマはあなたのお父さん男のものですか？

Ich besuche morgen **Ihre** Firma.
イヒ　ベズーヘ　　モルゲン　　イーレ　フィルマ

私は明日あなた（方）の会社女を訪ねます。

ポイント❷　名詞の2格と所有冠詞の使い分け

・持ち主を名詞で示す → 2格を用いる

　das Auto **des Mannes**　　　その男性男のクルマ中
　ダス　アオト　デス　マンネス

・持ち主を代名詞で示す → 所有冠詞を用いる

　sein Auto　　　　　　　彼のクルマ中
　ザイン　アオト

・持ち主を人名などの固有名詞で示す → 人名に **s** をつけ、名詞の前に置く

　Makotos Auto　　　　　　マコトのクルマ中
　マコトス　　　　　アオト

確認問題　点線部に適切な語尾を入れなさい。語尾が不要な場合は×を入れなさい。

① Wo wohnen Ihr＿＿＿ Eltern?　　　　あなたのご両親複はどちらにお住まいですか？

② Ich kenne Ihr＿＿＿ E-Mail-Adresse nicht.　私はあなたのメールアドレス女を知りません。

③ Wie heißt Ihr＿＿＿ Baby?　　　　　あなた方の赤ちゃん中は何というお名前ですか？

④ Was schenken Sie Ihr＿＿＿ Sohn zu Weihnachten?

　あなたの息子さん男にクリスマスに何をプレゼントしますか？

否定冠詞 kein 🔊040

Ich habe kein Fahrrad.
イヒ　　ハーベ　　カイン　　ファールラート

私は自転車田をもっていません。

ポイント① 不定冠詞 ein- のついた名詞は、ein を kein に置き換えると否定文になります。kein の格変化は不定冠詞の ein と同じです。

	男性名詞	女性名詞	中性名詞	複数形
1格	kein Tisch カイン　ティッシュ	keine Tasche カイネ　タッシェ	kein Buch カイン　ブーフ	keine Schuhe カイネ　シューエ
2格	keines Tisch[e]s カイネス　ティッシェス	keiner Tasche カイナー	keines Buch[e]s カイネス　ブーヘス	keiner Schuhe カイナー
3格	keinem Tisch カイネム	keiner Tasche カイナー	keinem Buch カイネム	keinen Schuhen カイネン　シューエン
4格	keinen Tisch カイネン	keine Tasche カイネ	kein Buch カイン	keine Schuhe カイネ

Das ist **kein** Löffel.
ダス　イスト　カイン　レッフェル
（↑ Das ist **ein** Löffel.）

これはスプーン男ではない。

（これはスプーンです。）

Ich brauche **keine** Brille.
イヒ　ブラオヘ　カイネ　ブリレ
（↑ Ich brauche **eine** Brille.）

私はメガネ女が必要ではない。

（私はメガネが必要だ。）

Hast du **einen** Computer?
ハスト　ドゥー　アイネン　コンピューター
－ Nein, ich habe **keinen** Computer.
　　ナイン　イヒ　ハーベ　カイネン　コンピューター

君はパソコン男をもっていますか？

いいえ、私はパソコンをもっていません。

ポイント② 無冠詞の名詞の前に否定冠詞 kein をつけると否定文になります。

Er mag **keine** Hunde.
エア　マーク　カイネ　フンデ
（↑ Er mag Hunde.）

彼は犬（ここでは複）が好きではない。

（彼は犬が好きです。）

Ich habe heute **keine** Zeit.
イヒ　ハーベ　ホイテ　カイネ　ツァイト
（↑ Ich habe heute Zeit.）

私はきょう時間女がない。

（私はきょう時間がある。）

否定文のくわしい説明
☞否定文（124頁）

Hast du Hunger?
ハスト　ドゥー　フンガー
－ Nein, ich habe **keinen** Hunger.
　　ナイン　イヒ　ハーベ　カイネン　フンガー

君は空腹男ですか？

いいえ、私は空腹ではありません。

確認問題 点線部に否定冠詞 kein を適切な形にして入れなさい。

① Das ist _____ Bank.　　　これは銀行女ではありません。

② Ich habe _____ Radio.　　私はラジオ田をもっていません。

③ Er trinkt _____ Kaffee.　彼はコーヒー男を飲みません。

④ Sie hat _____ Geschwister.　彼女はきょうだい複がいません。

練習問題

1.（　　）に所有冠詞の1格を適切な形にして入れなさい。

① Wo ist（　　　　）Auto?　　　　　　　　　　君の車田はどこですか？

② Das ist（　　　　）Jacke.　　　　　　　　　これは私のジャケット囡です。

③（　　　　）Chef kommt heute nicht.　　　　私たちの上司團はきょうは来ない。

④（　　　　）Brüder studieren im Ausland.　　彼の兄弟たち履は留学している。

⑤（　　　　）Tochter ist Schauspielerin.　　　彼女の娘囡は女優です。

⑥ Ist das（　　　　）Fahrrad?　　　　　　　これはあなたの自転車田ですか？

2.（　　）に所有冠詞または否定冠詞を適切な形にして入れなさい。

①（　　　　）Wohnung ist wirklich gemütlich.　君たちの住まい囡は本当に居心地がいいです。

② Ich habe（　　　　）Geschwister.　　　　　私はきょうだい履がいません。

③ Er schenkt（　　　　）Frau einen Blumenstrauß.

　　彼は彼の妻囡に花束をプレゼントする。

④ Makoto ist der Sohn（　　　　）Freundes.　マコトは私の友人團の息子です。

⑤ Kennst du（　　　　）Adresse?　　　　　　君は彼らの住所囡を知っていますか？

⑥ Ich finde（　　　　）Schal elegant.　　　　私は君のスカーフ團をエレガントだと思います。

3.ドイツ語に訳しなさい。

① 私の猫（Katze 囡）はきょう（heute）食欲（Appetit 團）がありません（haben）。

　　---

② 彼は夏に（im Sommer）彼の故郷（Heimat 囡）を訪ねる（besuchen）。

　　---

③ 彼女は彼女の友達（Freund 團）にネクタイ（Krawatte 囡）を贈る（schenken）。

　　---

④ これ（das）はあなたのコート（Mantel 團）ですか？

補足疑問文／疑問詞 was（何）　🔊041

Was ist das?
ヴァス　イスト　ダス
　　　　　　　　　これは何ですか？

ポイント① 疑問詞のある疑問文 → 疑問詞を文のはじめに置く

> 疑問詞がある疑問文のことを〈補足疑問文〉といいます。これに対してja / neinで答える疑問文を〈決定疑問文〉といいます。☞34頁

1	2	3	
疑問詞	動詞	主語		?

Was ist das?　　　　　これは何ですか？
ヴァス　イスト　ダス

Wann kommst du?　　　君はいつ来ますか？
ヴァン　コムスト　ドゥー

Wo ist der Bahnhof?　　駅囲はどこですか？
ヴォー　イスト　デア　バーンホーフ

ポイント② おもな疑問詞

was 何	wer 誰が	wann いつ	warum なぜ
ヴァス	ヴェーア	ヴァン	ヴァルム
wo どこ	wohin どこへ	woher どこから	wie どのように
ヴォー	ヴォヒン	ヴォヘーア	ヴィー

ポイント③ was → 何が…／何を…？

英語の what にあたります。1格と4格がありますが、形は同じです。性・数の区別はありません。

1 格（何が）	**was** ヴァス
2 格	—
3 格	—
4 格（何を）	**was**

1格 **Was** ist das?　　　　　これは何ですか？
　　　ヴァス　イスト　ダス
1格 **Was** ist los?　　　　　何があったの？
　　　ヴァス　イスト　ロース
4格 **Was** machst du hier?　　君はここで何をしているの？
　　　ヴァス　マハスト　ドゥー　ヒーア
4格 **Was** kauft er?　　　　　彼は何を買うの？
　　　ヴァス　カオフト　エア

＊2格と3格は現在のドイツ語では使いません。

確認問題 単語を並べかえて疑問文をつくりなさい。

① trinkst / was / du /?　君は何を飲むの？

② dort / was / steht / ?　何がそこにあるの？

wer（誰が）/ wann（いつ）/ warum（なぜ）🔊042

Wer ist das?　　あれは誰ですか？
ヴェーア　イスト　ダス

ポイント❶ wer → 誰が？

英語の who にあたります。1〜4格まで格変化します。性・数の区別はありません。

1格（誰が）	**wer** ヴェーア
2格（誰の）	**wessen** ヴェッセン
3格（誰に）	**wem** ヴェーム
4格（誰を）	**wen** ヴェーン

Wer kommt heute?　　　　　　誰がきょう来るの？
ヴェーア　コムト　ホイテ

Wessen Fahrrad ist das?　　これは誰の自転車⊞ですか？
ヴェッセン　ファールラート　イスト　ダス

Wem schickst du das?　　　君は誰にこれを送るの？
ヴェーム　シックスト　ドゥー　ダス

Wen besuchst du heute?　　君はきょう誰を訪問するの？
ヴェーン　ベズーフスト　ドゥー　ホイテ

> wer（誰が）が主語になる場合は、動詞の人称変化は3人称単数です。

> 「wessen＋名詞」の組み合わせで、「誰の自転車」「誰の本」のように「誰の…」を表します。

ポイント❷ wann → いつ？

英語の when にあたります。

Wann kommt der Professor?　　いつ教授⊞は来ますか？
ヴァン　コムト　デア　プロフェッソア

— Er kommt um 10 Uhr.　　　　彼は10時に来ます。
エア　コムト　ウム　ツェーン　ウーア

Wann hast du Geburtstag?　　君の誕生日⊞はいつですか？
ヴァン　ハスト　ドゥー　ゲブーアツターク

— Am 11. April.　　　　　　　4月11日です。
アム　エルフテン　アプリル

ポイント❸ warum / wieso → なぜ？

英語の why にあたります。

Warum verkaufst du das Auto?　　君はなぜこのクルマ⊞を売るのですか？
ヴァルム　フェアカオフスト　ドゥー　ダス　アオト

Wieso ist das Buch so teuer?　　この本⊞はなぜそんなに高いのですか？
ヴィーゾー　イスト　ダス　ブーフ　ゾー　トイアー

確認問題 点線部に適切な疑問詞を入れなさい。

① ＿＿＿＿ spielt Geige?　　　　　　　誰がバイオリンを弾いているの？

② ＿＿＿＿ liebt er?　　　　　　　　　彼は誰を愛しているの？

③ ＿＿＿＿ beginnt die Uni?　　　　　大学⊠はいつ始まりますか？

④ ＿＿＿＿ kommt Makoto heute nicht?　なぜマコトはきょう来ないの？

wo（どこ）/ wohin（どこへ）/ woher（どこから） ◀))043

Wo ist die Kasse?
ヴォー　　イスト　ディー　　カッセ

レジ安はどこですか？

Woher kommst du?
ヴォヘーア　　　コムスト　　　　　　　ドゥー

君はどこの出身ですか？

ポイント① wo → どこ？

wo は「どこにありますか？」「どこで買いますか？」のように「場所」を尋ねる疑
ヴォー
問詞です。

Wo wohnst du?
ヴォー　ヴォーンスト　ドゥー

君はどこに住んでいるの？

— Ich wohne in Tokyo.
イヒ　ヴォーネ　イントーキョー

私は東京に住んでいます。

Wo arbeitet Thomas?
ヴォー　アルバイテット　トーマス

トーマスはどこで働いていますか？

— Er arbeitet in München.
エア　アルバイテット　イン　ミュンヒェン

彼はミュンヘンで働いています。

ポイント② wohin → どこへ？　　woher → どこから？

wohin は「どこへ行きますか？」「どこへ置きますか？」のように行き先や方向を、
ヴォヒン
woher は「どこから来ましたか？」のように出身や由来を尋ねる疑問詞です。
ヴォヘーア

Wohin gehst du?
ヴォヒン　　ゲースト　ドゥー

君はどこへ行くのですか？

— Ich gehe zum Bahnhof.
イヒ　ゲーエ　ツム　バーンホーフ

私は駅に行きます。

Woher kommen Sie?
ヴォヘーア　コメン　　ズィー

あなたはどこの出身ですか？

— Ich komme aus Köln.
イヒ　コメ　　　アオス　ケルン

私はケルン出身です。

確認問題　点線部に適切な疑問詞を入れなさい。

① ＿＿＿＿＿ reist du im Sommer?　君は夏男にどこへ旅行しますか？

② ＿＿＿＿＿ kaufst du die Zeitung?　君はどこで新聞安を買うの？

③ ＿＿＿＿＿ kommt der Wein?　このワイン男の産地はどこですか？

wie (どのように) 🔊044

Wie heißen Sie?
ヴィー　　ハイセン　　ズィー

あなたは何というお名前ですか？

Wie alt bist du?
ヴィー　　アルト　ビスト　ドゥー

君は何歳ですか？

ポイント❶ wie → どのように／どんな？

英語の how にあたります。

Wie heißen Sie? ヴィー　ハイセン　ズィー	あなたは何というお名前ですか？
— Ich heiße Thomas Müller. イヒ　ハイセ　トーマス　ミュラー	私はトーマス・ミュラーです。
Wie heißt du? ヴィー　ハイスト　ドゥー	君の名前は？
— Ich heiße Naomi. イヒ　ハイセ　ナオーミ	ナオミです。
Wie ist Ihr Name? ヴィー　イスト　イーア　ナーメ	あなたのお名前男は？
— Ich heiße Makoto Sato. イヒ　ハイセ　マコト　サトウ	私はサトウマコトです。
Wie geht es Ihnen? ヴィー　ゲート　エス　イーネン	調子はいかがですか？（英語のHow are you?）
Wie komme ich zum Bahnhof? ヴィー　コメ　イヒ　ツム　バーンホーフ	駅男にはどうやって行くのですか？
Wie ist das Wetter heute? ヴィー　イスト　ダス　ヴェッター　ホイテ	今日の天気田はどうですか？

ポイント❷ wie ＋ 形容詞／副詞 → 数量や程度を尋ねる表現

Wie alt bist du? ヴィー　アルト　ビスト　ドゥー	君は何歳ですか？
— Ich bin 18 Jahre alt. イヒ　ビン　アハツェーン　ヤーレ　アルト	私は18歳です。
Wie spät ist es jetzt? ヴィー　シュペート　イスト　エス　イェッツト	いま何時ですか？
Wie viele Stunden arbeiten Sie? ヴィー　フィーレ　シュトゥンデン　アルバイテン　ズィー	あなたは何時間働きますか？
Wie lange schläfst du? ヴィー　ランゲ　シュレーフスト　ドゥー	君はどれくらい長く眠るのですか？

> wie viele＋名詞の複数形 → 何人
> …?／いくつ（どのくらい多くの）…?

確認問題 下から適切な形容詞または副詞を選んで点線部に入れなさい。

> hoch　lange　viel

① Wie .... kostet das?　　　　　これはいくらですか？

② Wie .... dauert der Film?　　この映画男の上映時間はどれくらいですか？

③ Wie .... ist der Turm?　　　この塔男の高さはどれくらいですか？

練習問題

1. 日本語に合うように、（　）に適切な疑問詞を入れなさい。

① （　　　　）sind Sie von Beruf?　　　あなたの職業は何ですか？

② （　　　　）ist Mozart geboren?　　　モーツァルトはどこで生まれましたか？

③ （　　　　）kommen die Touristen?　　その旅行者たちはどこから来ましたか？

④ （　　　　）fließt der Rhein?　　　　ライン川男はどこへ流れますか？

⑤ （　　　　）sind die Kinder denn?　　あの子たちは一体誰ですか？

⑥ （　　　　）kostet das?　　　　　　　これはいくらですか（これの値段は何ですか）？

⑦ （　　　　）schmeckt der Wein?　　　そのワイン男はどんな味ですか？

⑧ （　　　　）beginnt das Konzert?　　　コンサート中はいつ始まりますか？

⑨ （　　　　）heißt die Hauptstadt von Österreich?

　　　オーストリアの首都女は何という名前ですか？

⑩ （　　　　）kommt sie nicht?　　　　なぜ彼女は来ないのですか？

⑪ （　　　　）gehört die Tasche?　　　このバッグ女は誰のですか？

⑫ （　　　　）lange bist du schon in Deutschland?

　　　君はどのくらい長くドイツにいますか？

2. ドイツ語に訳しなさい。

① 教室（Klassenzimmer中）はどこですか？

_____

② 君たちは夏に（im Sommer）どこへ旅行しますか（reisen）？

_____

③ この単語（dieses Wort中）はどういう意味ですか（何を意味しますか）？

　　（意味する：bedeuten）

_____

④ 君はその映画（Film男）をどう思いますか（finden）？

_____

自分について話す

🔊045

Wie heißen Sie? ／ Wie ist Ihr Name?　　あなたの名前は何ですか？

Ich heiße Makoto Sato. ／ Mein Name ist Makoto Sato.
　　　私はサトウマコトといいます。

Was sind Sie von Beruf?　　　　　　　あなたの職業男は何ですか？

— Ich bin Beamter/Beamtin.　　　　　私は公務員です。

Woher kommen Sie?　　　　　　　　　あなたはどこの出身ですか？

— Ich komme aus Hamburg.　　　　　私はハンブルク出身です。

Wo wohnen Sie?　　　　　　　　　　あなたはどこに住んでいますか？

— Ich wohne in Tokyo.　　　　　　　私は東京に住んでいます。

Wie alt sind Sie?　　　　　　　　　　あなたは何歳ですか？

— Ich bin 20 Jahre alt.　　　　　　　私は 20 歳です。

Was ist Ihr Hobby?　　　　　　　　　あなたの趣味田は何ですか？

— Mein Hobby ist Lesen.　　　　　　私の趣味は読書田です。

人称代名詞　🔊046

Er ist Student.
エア　イスト　シュトゥデント

彼は大学生🧑です。

Ich schenke ihm ein Buch.
イヒ　シェンケ　　　　イーム　アイン　ブーフ

私は彼に本📕をプレゼントします。

Wir besuchen ihn.
ヴィーア　ベズーヘン　　　　イーン

私たちは彼を訪ねます。

ポイント① 人称代名詞 → 人を指したり、前に出てきた名詞の代わりをする語です。人称、単数・複数、格（文中での役割）の区別があります。

> 1人称（＝話し手）、2人称（＝聞き手）、3人称（それ以外）の3種類があります。

Ich heiße Naomi Schmidt.　　私はナオミ・シュミットといいます。
イヒ　ハイセ　ナオミ　シュミット

Wie heißt **du**?　　　　　　　　君は何という名前ですか？
ヴィー　ハイスト　ドゥー

Das ist Herr Müller. **Er** kommt aus München.
ダス　イスト　ヘア　ミュラー　　エア　コムト　　アオス　ミュンヒェン
　こちらはミュラーさんです。彼はミュンヘン出身です。

Wo ist Erika?　　　　　　　　　エリカはどこですか？
ヴォー　イスト　エーリカ

― **Sie** ist in der Küche.　　　彼女はキッチンにいます。
　ズィー　イスト　イン　デア　キュッヒェ

・人称代名詞の一覧

数・人称 格	単数					複数			2人称 （敬称）
	1人称	2人称 （親称）	3人称			1人称	2人称 （親称）	3人称	
1格	ich イヒ	du ドゥー	er エア	sie ズィー	es エス	wir ヴィーア	ihr イーア	sie ズィー	Sie ズィー
3格	mir ミーア	dir ディーア	ihm イーム	ihr イーア	ihm イーム	uns ウンス	euch オイヒ	ihnen イーネン	Ihnen イーネン
4格	mich ミヒ	dich ディヒ	ihn イーン	sie ズィー	es エス			sie ズィー	Sie ズィー

＊2格の人称代名詞はほとんど使われないので省略しました。

> 2人称敬称の Sie、Ihnenは文中でも大文字書きします。

コラム 人称代名詞の2格 ☞207頁

1人称の人称代名詞　🔊047

ポイント ① 1人称の人称代名詞 → 私、私たち

	単数（私）	複数（私たち）
1格（…が／…は）	**ich** イヒ	**wir** ヴィーア
3格（…に）	**mir** ミーア	**uns** ウンス
4格（…を）	**mich** ミヒ	

Ich bin Angestellter.
イヒ　ビン　アンゲシュテルター
私は会社員男です。

Mein Vater gibt **mir** Taschengeld.
マイン　ファーター　ギープト　ミーア　タッシェンゲルト
父は私におこづかい中をくれます。

Sie kennt **mich** nicht.
ズィー　ケント　ミヒ　ニヒト
彼女は私を知りません。

Wir lernen Deutsch.
ヴィーア　レルネン　ドイチュ
私たちはドイツ語中を学んでいます。

Die Kellnerin bringt **uns** Kaffee.
ディー　ケルネリン　ブリンクト　ウンス　カフェ
ウェートレス女が私たちにコーヒー男をもってきます。

Der Lehrer lobt **uns**.
デア　レーラー　ロープト　ウンス
先生男は私たちをほめる。

確認問題 日本語に合うように、（　　）に適切な人称代名詞を入れなさい。

① （　　　　） trinke gern Kaffee.　　私はコーヒーが好きです。

② Erika besucht （　　　　） oft.　　エリカは私たちをよく訪ねます。

③ Das Buch gehört （　　　　）.　　この本中は私（3格で）のです。（＝私に属します）

④ Sie liebt （　　　） nicht.　　彼女は私を愛していません。

2人称の人称代名詞 🔊048

ポイント①　2人称（親称）の人称代名詞 → 君、君たち

	単数（君）	複数（君たち）
1格（…が／…は）	**du** ドゥー	**ihr** イーア
3格（…に）	**dir** ティーア	**euch** オイヒ
4格（…を）	**dich** ティヒ	

Magst **du** Hunde?　　　　　君は犬は好きですか？
マークスト　ドゥー　フンデ

Wie geht es **dir**?　　　　　調子はどうですか？
ヴィー　ゲート　エス　ティーア

Er liebt **dich**.　　　　　　彼は君を愛しています。
エア　リープト　ティヒ

Was trinkt **ihr**?　　　　　君たちは何を飲みますか？
ヴァス　トリンクト　イーア

Herr Müller sucht **euch**.　ミュラーさんが君たちを探しています。
ヘア　ミュラー　ズーフト　オイヒ

> Wie geht es + 人3格？
> → …3格の調子はどうですか？

ポイント②　2人称（敬称）の人称代名詞 → あなた／あなた方

2人称敬称の人称代名詞は、単数（あなた）も複数（あなた方）も同じ形です。文中ではつねに大文字書きします。

	単数（あなた）／複数（あなた方）
1格（…が／…は）	**Sie** ズィー
3格（…に）	**Ihnen** イーネン
4格（…を）	**Sie** ズィー

Wo wohnen **Sie**?　　　　　　　　　　あなた（方）はどこにお住まいですか？
ヴォー　ヴォーネン　ズィー

Später schicke ich **Ihnen** eine E-Mail.　のちほど私はあなた（方）にメール囡を送ります。
シュペーター　シック　イヒ　イーネン　アイネ　イーメイル

Trinken **Sie** gern Wein?　　　　　　　あなた（方）はワイン圐はお好きですか？
トリンケン　ズィー　ゲルン　ヴァイン

確認問題 日本語に合うように、（　　）に適切な人称代名詞を入れなさい。

① Was sind（　　　　）von Beruf?　　　あなたの職業圑は何ですか？

② Seht（　　　）gern Filme?　　　　　君たちは映画を見るのが好きですか？

③ Ich liebe（　　　）.　　　　　　　　私は君を愛しています。

④ Wie geht es（　　　）?　　　　　　　あなた（あなた方）の調子はいかがですか？

3人称の人称代名詞　🔊049

ポイント① 3人称の代名詞 → 彼、彼女、それ、彼ら／彼女ら／それら

	単数			複数
	彼	彼女	それ	彼ら／彼女ら／それら
1格（…が／…は）	**er** エア	**sie** ズィー	**es** エス	**sie** ズィー
3格（…に）	**ihm** イーム	**ihr** イーア	**ihm** イーム	**ihnen** イーネン
4格（…を）	**ihn** イーン	**sie** ズィー	**es** エス	**sie** ズィー

Das ist Herr Müller. **Er** ist mein Kollege.
ダス　イスト　ヘア　ミュラー　　エア　イスト　マイン　コレーゲ
こちらはミュラーさんです。彼は私の同僚男です。

Kennst du **ihn**?
ケンスト　ドゥー　イーン
君は彼を知っていますか？

Das ist Frau Schulze. Wir helfen **ihr**.
ダス　イスト　フラオ　シュルツェ　　ヴィーア　ヘルフェン　イーア
こちらはシュルツェさんです。私たちは彼女を助けます。

Ich lese gerade ein Buch. **Es** ist schwer.
イヒ　レーゼ　グラーデ　　アイン　ブーフ　エス　イスト　シュヴェーア
私はいま本田を読んでいます。それは難しいです。

ポイント② 3人称の代名詞は人だけでなく、物を指すことができる。

物を指す場合、〈文法上の性〉に合わせて代名詞を使い分けます。

男性名詞 → er / ihm / ihn　　女性名詞 → sie / ihr /sie

中性名詞 → es / ihm / es　　複数形　→ sie / ihnen / sie

> ドイツ語の er や sie は英語の he, she とは異なり、人だけでなく、前出の物を指すこともできます。つまり文中に出てくる er や sie は、つねに人を指すとは限らないのです。

Kennst du den Kölner Dom? **Er** ist weltbekannt.
ケンスト　ドゥー　デン　ケルナー　　ドーム　　エア　イスト　ヴェルトベカント
ケルン大聖堂男を知っていますか？　それ（＝ケルン大聖堂）は世界的に有名です。

Ich habe eine Katze. **Sie** heißt Max.
イヒ　ハーベ　アイネ　カッツェ　　ズィー　ハイスト　マックス
私は猫囡を飼っています。それ（＝猫）はマックスといいます。

Sehen Sie die Blumen dort? **Sie** sind sehr schön.
ゼーエン　ズィー　ディー　ブルーメン　　ドルト　　ズィー　ズィント　ゼーア　シェーン
あそこの花圈が見えますか？　それら（＝花々）はとてもきれいです。

確認問題 日本語に合うように、（　）に適切な人称代名詞を入れなさい。

① Ich sehe （　　　） oft im Bus.　　　私は彼女をよくバス男で見かける。

② Wir danken （　　　） sehr.　　　私たちは彼にとても感謝しています。

③ Der Lehrer lobt （　　　）.　　　先生は彼らをほめます。

④ Diese Tasche gefällt （　　　） gut.　　このバッグは彼女（3格で）のお気に入りです。

名詞と人称代名詞　🔊050

ポイント❶ 3格と4格の目的語の語順には注意が必要です。

①目的語のどちらか一方が人称代名詞：人称代名詞→名詞の順

②目的語が両方とも人称代名詞：4格→3格の順

Ich schenke **meinem Vater**^{3格} **einen Mantel**^{4格}.　私は父男にコート男をプレゼントする。
イヒ　シェンケ　　　マイネム　　　ファーター　　アイネン　　マンテル

3格が代名詞の場合	Ich schenke **ihm** einen Mantel.	代名詞→名詞
	イヒ　シェンケ　イーム　アイネン　マンテル	
4格が代名詞の場合	Ich schenke **ihn** meinem Vater.	代名詞→名詞
	イヒ　シェンケ　イーン　マイネム　ファーター	
3格と4格の代名詞が並ぶ場合	Ich schenke **ihn ihm**.	4格→3格
	イヒ　シェンケ　イーン　イーム	

・代名詞はすでに前に出てきた名詞の言い換えです。つまり代名詞とは、聞き手にとって既知の情報にあたります。メッセージの流れとしては、既知の情報→未知の情報、が自然です。したがって代名詞と名詞が並ぶときは、代名詞→名詞の順になるわけです。

確認問題 下線部の名詞を人称代名詞にして書き換えなさい。

① Was kostet der Computer?　　　　　そのパソコン男はいくらですか？

---

② Ich finde die Tasche praktisch.　　　私はそのバッグ女を便利だと思います。

---

③ Ich kaufe meinem Kind Schokolade.　私は私の子供甲にチョコレート女を買います。

---

④ Wir schenken unsrer Mutter einen Pullover.

　私たちは私たちの母親女にセーター男をプレゼントします。

練習問題

1.日本語に合うように、（　　）に適切な人称代名詞を入れなさい。

① Ich schicke（　　　）eine E-Mail.　　私は彼にメール囡を送ります。

② Makoto besucht（　　　）morgen.　　マコトはあす私たちを訪ねます。

③ Wie geht es（　　　）?　　　　　　君の調子はいかがですか？

④ Die Tasche gehört（　　　）.　　　　このバッグ囡は彼女のです。

⑤ Ich danke（　　　）.　　　　　　　私はあなたに感謝しています。

⑥ Siehst du den Hund dort?（　　　）ist ein Blindenhund.

　　あそこの犬囲が見えますか？　あれは盲導犬です。

⑦ Der Film heißt „Amadeus". Übermorgen sehe ich（　　　）.

　　その映画囲は「アマデウス」といいます。あさって私はそれを見ます。

⑧ Wo liegt die Uni? Ist（　　　）weit von hier?

　　大学はどこにありますか？　それはここから遠いですか？

2.下線部の名詞を人称代名詞にして書き換えなさい。

① Wie findest du das Hemd?　　　　　君はこのシャツ囲をどう思いますか？

- -

② Er schreibt die Sätze ins Heft.　　　彼はそれらの文囻をノートに書きます。

- -

③ Naomi hat den Führerschein nicht dabei. ナオミは免許証囲を手元にもっていない。

- -

④ Sie schenkt dem Kind die Armbanduhr.　彼女は子供囲にこの腕時計囡をプレゼントする。

- -

3.ドイツ語に訳しなさい。

① 私は彼らをよく（gut）知っています（kennen）。

_____

② 先生（der Lehrer）は君たちをちょうど（gerade）探しています（suchen）。

_____

③ トーマス（Thomas）は彼女にこの町（die Stadt 囡）を案内します（zeigen）。

_____

④ すみません（Entschuldigung）、フリードリヒ通り（die Friedrichstraße 囡）はどこ（wo）

　ですか？ ― それはあちら（dort drüben）です。

_____

> ┈┈┈┈┈┈┈┈┈┈┈┈┈┈┈┈┈┈┈┈ **コラム** ┈┈
>
> ## 男性弱変化名詞
>
> 男性弱変化名詞というのは、男性名詞で単数 1 格以外が、-[e]n となる名詞です。多くは人や動物を表す名詞です。Student（学生）と Löwe（ライオン）を例に変化を示します。
>
> | | 単数 | 複数 | | 単数 | 複数 |
> |---|---|---|---|---|---|
> | 1 格 | der Student | die Studenten | | der Löwe | die Löwen |
> | 2 格 | des Studenten | der Studenten | | des Löwen | der Löwen |
> | 3 格 | dem Studenten | den Studenten | | dem Löwen | den Löwen |
> | 4 格 | den Studenten | die Studenten | | den Löwen | die Löwen |
>
> おもな男性弱変化名詞には以下のようなものがあります。
>
> ① 語尾が -t で終わり、職業・身分を表すもの。アクセントは最後の音節にあります。
> 　　Polizist 警察官、Diplomat 外交官、Präsident 大統領、Pianist ピアニスト など
>
> ② 語尾が -e で終わるもの。おもに国籍・職業・動物の名前を表す名詞です。
> 　　Franzose フランス人、Chinese 中国人、Biologe 生物学者、Affe サル など
>
> ・似たような変化をするものとして Herr（[男性に対して]…さん）があります。単数 2 ～ 4 格は Herrn、複数は Herren となります。
> 　　Name（名前）も不規則で、単数 2 格だけ Namens、3 格と 4 格と複数は Namen となります。

再帰代名詞　🔊051

Naomi setzt sich auf den Stuhl.
ナオーミ　　ゼッツト　　ズィヒ　　アオフ　　デン　　シュトゥール

ナオミはイス男に座ります。

ポイント① 3格と4格の代名詞が主語と同じ人や物を指す場合は、人称代名詞ではなく再帰代名詞を用います。

英語の-self にあたる代名詞です。

・再帰代名詞の一覧

数・人称 / 格	単数			複数			2人称（敬称）
	1人称	2人称（親称）	3人称	1人称	2人称	3人称	
3格	mir ミーア	dir ディーア	**sich** ズィヒ	uns ウンス	euch オイヒ	**sich** ズィヒ	sich ズィヒ
4格	mich ミヒ	dich ディヒ					

主語＝目的語　→　目的語には再帰代名詞を用いる
主語≠目的語　→　目的語には人称代名詞を用いる

1人称、2人称（親称）は人称代名詞をそのまま用います。3人称と2人称（敬称）では、sich という特別な形を用います。

2人称敬称の再帰代名詞 sich は、文中でも小文字書きです。

人⁴格kämmen（人⁴格の髪をとかす）
ケメン
① ナオミが自分の髪をとかす場合

Naomi kämmt **sich**.　ナオミは自分の髪をとかす。　（Naomi = sich）
ナオーミ　ケムト　ズィヒ

② ナオミがエリカの髪をとかす場合

Naomi kämmt Erika.　ナオミはエリカの髪をとかす。
ナオーミ　ケムト　エーリカ

この文の目的語の Erika を代名詞に置き換えると、

人称代名詞と再帰代名詞をしっかり区別してください。再帰代名詞は、つねに主語と同じ人・物を指しています。

→　Naomi kämmt **sie**.　ナオミは彼女（エリカ）の髪をとかす。　（Naomi ≠ sie）
ナオーミ　ケムト　ズィー

＊①の例文は「自分自身の髪をとかす」という文で、目的語が主語と同じ人を指しているため、再帰代名詞のsichが使われています。②の例文は「ナオミが彼女（エリカ）の髪をとかす」という文で、主語と目的語が別人ですから、目的語に人称代名詞sieが使われています。

人³格物⁴格 kaufen（人³格に物⁴格を買う）
カオフェン
① 自分のために買う場合

Er kauft **sich** Schuhe.　彼は自分のためにクツ複を買う。　（er = sich）
エア カオフト ズィヒ シューエ

② 他の人のために買う場合

Er kauft **ihm** Schuhe.　彼は彼（主語とは別の男性）にクツ複を買う。　（er ≠ ihm）
エア カオフト イーム シューエ

再帰動詞 🔊052

Sie interessiert sich für Geschichte.
ズィー　　インテレスィーアト　　　　　ズィヒ　　フューア　ゲシヒテ

彼女は歴史囡に興味があります。

ポイント 1 再帰動詞 → 再帰代名詞を含む熟語

再帰代名詞と組み合わせて使う動詞を〈再帰動詞〉といいます。〈再帰動詞＋再帰代名詞〉でひとつのまとまった意味を表します。熟語と考えてください。

sich⁴ setzen 座る
ズィヒ　　ゼッツェン

Ich setze **mich** auf den Stuhl.	私は椅子男に座る。
イヒ　ゼッツェ　ミヒ　アオフ　デン　シュトゥール	
Er setzt **sich** auf den Stuhl.	彼は椅子に座る。
エア　ゼッツト　ズィヒ　アオフ　デン　シュトゥール	
Wir setzen **uns** auf den Stuhl.	私たちは椅子に座る。
ヴィーア　ゼッツェン　ウンス　アオフ　デン　シュトゥール	

> 辞書や教科書では、組み合わせる再帰代名詞が3格の場合は sich³、4格の場合は sich⁴ と表示してあります。

＊辞書や教科書では sich⁴ setzen のように、再帰代名詞を sich という形で代表させています。
　　　　　　　　　　　ズィヒ　ゼッツェン　　　　　　　　　　　　　　　　　　　　ズィヒ
　必ず主語に合わせて再帰代名詞を選んでください。

ポイント 2 再帰動詞には前置詞とともに用いられるものがあります。

sich⁴ auf...⁴ freuen …4格を楽しみにしている
ズィヒ　アオフ　　　フロイエン

Ich freue mich auf die Sommerferien. 私は夏休み圈を楽しみにしています。
イヒ　フロイエ　ミヒ　アオフ　ディー　ゾマーフェーリエン

sich⁴ über...⁴ freuen …4格を喜ぶ
ズィヒ　ユーバー　　　フロイエン

Erika freut sich über das Geschenk. エリカはプレゼント田を喜んでいます。
エーリカ　フロイト　ズィヒ　ユーバー　ダス　ゲシェンク

sich⁴ an...⁴ erinnern …4格を思い出す、覚えている
ズィヒ　アン　　　エアイナーン

Wir erinnern uns an ihn. 私たちは彼を覚えています。
ヴィーア　エアイナーン　ウンス　アン　イーン

sich⁴ für...⁴ interessieren …4格に興味・関心がある
ズィヒ　フューア　　　インテレスィーレン

Interessieren Sie sich für Literatur? あなたは文学囡に興味がありますか？
インテレスィーレン　ズィー　ズィヒ　フューア　リテラトゥーア

確認問題 （　　）に適切な再帰代名詞を入れなさい。

① Sie freuen（　　　）auf Weihnachten. 彼らはクリスマス田を楽しみにしています。

② Erinnerst du（　　　）an Frau Sato? 君はサトウさんを覚えていますか？

③ Erika interessiert（　　　）für Jazz. エリカはジャズ男に興味があります。

④ Wir freuen（　　　）über die Nachricht. 私たちはそのニュース囡を喜んでいます。

練習問題

1.（　　）に適切な人称代名詞または再帰代名詞を入れなさい。

① Ich kaufe（　　　　）ein Buch.　　私は自分に本を買う。

② Er kauft（　　　　）ein Buch.　　彼は彼（別の男性）に本を買う。

③ Er kauft（　　　　）ein Buch.　　彼は自分に本を買う。

④ Ich kämme（　　　　）.　　　　　私は自分の髪をとかす。

⑤ Sie kämmt（　　　　）.　　　　　彼女は自分の髪をとかす。

2.（　　）に適切な再帰代名詞、点線部に適切な前置詞を入れなさい。

① Wir freuen（　　　　）............ den Erfolg.　私たちは成功男を喜んでいます。

② Die Kinder freuen（　　　）............ den Ausflug.

　子供たちは遠足男を楽しみにしています。

③ Makoto erinnert（　　　）gut .... seinen Großvater.

　マコトは祖父のことをよく覚えています。

④ Ich fühle（　　　）nicht gut.　私は気分がよくありません。（sich⁴ ... fühlen: …と感じる）

3.ドイツ語に訳しなさい。

① 彼はソファに（auf das Sofa）座る（sich⁴ setzen）。

----

② その俳優（der Schauspieler）は鏡の前に（vor den Spiegel）に立つ（sich⁴ stellen）。

----

③ 君は歴史（Geschichte 囡；無冠詞で）に興味がありますか（sich⁴ für ...⁴格 interessieren）？

----

④ 彼らは冬休み（die Winterferien 閨）を楽しみにしています（sich⁴ auf ...⁴格 freuen）。

現在形で母音が変化する動詞 🔊053

Ich fahre nach Berlin und er fährt nach Hamburg.

イヒ　　ファーレ　　ナーハ　　ベルリーン　　ウント　　エア　フェーアト　　ナーハ　　　ハンブルク

私はベルリンに行き、彼はハンブルクに行く。

ポイント❶ 主語が du と 3 人称単数（er/sie/es）のとき、母音が変化する動詞があります。

	fahren（乗り物で）行く ファーレン **a → ä**	sprechen 話す シュプレッヒェン **e → i**	sehen 見る ゼーエン **e → ie**
ich	fahre ファーレ	spreche シュプレッヒェ	sehe ゼーエ
du	**fä**hrst フェーアスト	**spri**chst シュプリヒスト	**sie**hst ズィースト
er/sie/es	**fä**hrt フェーアト	**spri**cht シュプリヒト	**sie**ht ズィート
wir	fahren	sprechen	sehen
ihr	fahrt ファールト	sprecht シュプレヒト	seht ゼート
sie	fahren	sprechen	sehen
Sie	fahren	sprechen	sehen

・fahren 型：**a → ä**
ファーレン

fahren（乗り物で）行く　**gefallen** 気に入る　**schlafen** 眠る
ファーレン　　　　　　　　　ゲファレン　　　　　　シュラーフェン

tragen 運ぶ／身につけている　など
トラーゲン

Er **fährt** morgen nach Frankfurt.　　彼は明日フランクフルトに行く。
エア フェーアト モルゲン　ナーハ フランクフルト

Thomas, **schläfst** du noch?　　トーマス、君はまだ寝ているの？
トーマス　　シュレーフスト ドゥー ノッホ

Erika **trägt** heute eine Sonnenbrille.　エリカは今日サングラス囡をかけています。
エーリカ トレークト ホイテ　アイネ　ゾネンブリレ

・sprechen 型：**e → i**
シュプレッヒェン

sprechen 話す　**essen** 食べる　**geben** 与える　**helfen** 助ける
シュプレッヒェン　　　エッセン　　　　ゲーベン　　　　ヘルフェン

nehmen 取る（du nimmst / er nimmt）　**treffen** 会う　など
ネーメン　　　　ドゥー ニムスト　　エア ニムト　　　トレッフェン

> nehmen は特殊な変化です。気をつけましょう。

Sie **spricht** gut Japanisch.　　彼女は上手に日本語を話す。
ズィー シュプリヒト グート ヤパーニッシュ

Was **isst** du morgens?　　君は朝は何を食べますか？
ヴァス　イスト ドゥー モルゲンス

> essen は主語が du と er / sie / es のとき、同じ isst という形です。

Er **gibt** seinem Sohn 10 Euro.　彼は息子に 10 ユーロ渡す。
エア ギプト ザイネム　ゾーン　　ツェーン オイロ

Was **nimmst** du?　　君は何にしますか？
ヴァス ニムスト　ドゥー

・sehen 型：**e → ie**

sehen 見る　**lesen** 読む　**empfehlen** 薦める　など
ゼーエン　　　　レーゼン　　　　　エンプフェーレン

Erika **sieht** gern Filme.　　　　エリカは映画を見るのが好きです。
エーリカ　ズィート　ゲルン　フィルメ

Liest du gern Romane?　　　　君は小説を読むのが好きですか？
リースト　ドゥー　ゲルン　ロマーネ

> lesen は 主語が du と
> er/sie/es のとき同じ
> liest という形です。

ポイント② 動詞 werden 「…になる」 と wissen 「…を知っている」 の変
化には注意が必要です。

	werden …になる ヴェーアデン	wissen …を知っている ヴィッセン
ich	werde ヴェーアデ	weiß ヴァイス
du	wirst ヴィルスト	weißt ヴァイスト
er/sie/es	wird ヴィルト	weiß ヴァイス
wir	werden	wissen
ihr	werdet ヴェーアデット	wisst ヴィスト
sie	werden	wissen
Sie	werden	wissen

> wissen は主語が ich と er/sie/es
> のとき、同じ weiß という形です。

Wirst du später Ärztin?　　　　君は将来医者囡になるの？
ヴィルスト　ドゥー　シュペーター　エーアツティン

Er **wird** Astronaut.　　　　　　彼は宇宙飛行士男になる。
エア　ヴィルト　アストロナオト

Das **weiß** ich nicht.　　　　　　私はそれを知りません。
ダス　ヴァイス　イヒ　ニヒト

Woher **weißt** du das?　　　　　君はそれをどこから知ったのですか？
ヴォヘーア　ヴァイスト　ドゥー　ダス

Sie **weiß** alles.　　　　　　　　彼女はすべてを知っています。
ズィー　ヴァイス　アレス

確認問題　（　）の動詞を正しい形に直して、点線部に入れなさい。

① Wohin _____ du? (fahren)　　　　君はどこに行くのですか？

② Der Rock _____ mir. (gefallen)　　このスカート男を私は気に入ってます。

③ Makoto _____ ihr beim Kochen.（helfen）　マコトは彼女の料理田を手伝う。

④ Er _____ kaum Mangas. (lesen)　　彼はほとんどマンガを読みません。

⑤ Das Wetter _____ schlecht.（werden）　天気田が悪くなる。

⑥ _____ du das schon?（wissen）　　君はそれをすでに知っていますか？

練習問題

1. 主語を（　　）の語に変えて、全文を書き直しなさい。

① Ich esse gern Schokolade.（Naomi）　　　　　私はチョコレートが好きです。

② Ich schlafe zehn Stunden.（er）　　　　　　私は 10 時間寝ます。

③ Sehen Sie die Kirche dort?（du）　　　　　あそこの教会が見えますか？

④ Ich trage einen Koffer.（er）　　　　　　私はスーツケースを運ぶ。

⑤ Ich werde bald 20.（Makoto）　　　　　　私はもうすぐ 20 歳になります。

⑥ Wir wissen ihre Telefonnummer nicht.（ich）　私たちは彼女の電話番号を知りません。

⑦ Sie geben den Kindern Taschengeld.（er）　彼らは子供たちにおこづかいをあげる。

2. ドイツ語に訳しなさい。

① 君は夏休みに（in den Sommerferien）どこへ（wohin）行きますか（fahren）？

② 私はドイツ語（Deutsch）を話します（sprechen）。そして私のガールフレンド（Freundin 囡）
はフランス語（Französisch）を話します。

③ 君は推理小説（Krimi 團; 複数形で）を読む（lesen）のは好きですか（gern）？

④ 彼はよく（oft）タクシー（Taxi 囲）を使います（nehmen）。

gehen / kommen / fahren

gehen は英語の go、kommen は come にあたる語です。日本語ではふつう、gehen は「行く」、kommen は「来る」と訳されます。

Ich **gehe** zum Bahnhof. 　　　　私は駅に行きます。
Der Zug **kommt** um 10 Uhr. 　　電車は 10 時に来ます。

ただし kommen は、つねに日本語の「来る」と一致するわけではないので注意が必要です。日本語では「行く」という場合も、ドイツ語では kommen を使うケースがあります。

Um wie viel Uhr **kommst** du zur Uni? 　君は何時に大学に来ますか？
— Ich **komme** um 9 zur Uni. 　　　　私は 9 時に大学に行きます。

次の例文は、レストランのウェーターが言っています。

Ich **komme** gleich. 　　　　　（お客さんに向かって）すぐに参ります。

このように話し相手のところに「行く」というときには、gehen ではなく kommen を使います。gehen と kommen の違いは視点の違いにあります。

Ich **gehe** jetzt nach Hause. 　　　　私はいまから家に帰ります。
Ich **komme** um 20 Uhr nach Hause. 　私は 20 時に家に帰ります。

上の文は、「（たとえば職場から）家に向けて出発する」、下の文は「20 時に家に着く」という意味です。gehen はそこから立ち去る（＝出発）に、kommen はそこに現れる（＝到着）に視点があります。

fahren は「行く」と訳されますが、これは「乗り物で行く」という意味です。

Wir **fahren** nach Yokohama. 　　　　　私たちは横浜に行きます。
Sie **fährt** mit dem Fahrrad zur Arbeit. 　彼女は自転車で通勤します。

これに対して「歩いて行く」場合は gehen を使います。

Ich **gehe** jetzt in den Park. 　　　　いまから公園に行きます。

ただし「レストランに行く」「映画を見に行く」「買い物に行く」などの決まり文句では、移動手段にかかわらず gehen を使います。

Wir **gehen** heute Abend ins Restaurant. 　私たちは今晩レストランに行きます。
Er **geht** jeden Tag einkaufen. 　　　　　彼は毎日買い物に行きます。

命令文 🔊054

Sprechen Sie bitte langsam!
シュプレッヒェン　ズィー　ビッテ　ラングザーム

ゆっくりお話ください！

Naomi! Thomas! Helft mir!
ナオーミ　　トーマス　　ヘルフト　ミア

ナオミ！　トーマス！　私を助けて！

ポイント① 「…しなさい」と命令したり、「…してください」と依頼したりする文を命令文といいます。命令文では動詞を文の先頭に置きます。

| 平叙文 | Du kommst herein. | 君は中に入る。 |

ドゥー コムスト　　ヘライン

| 命令文 | **Komm** herein! | 中に入りなさい！ |

コム　　ヘライン

ポイント② Sie に対する命令文

動詞を文の先頭に置きます（決定疑問文と同じ語順です）。文末のイントネーションは下げます（↘）。

| **Nehmen** Sie Platz! | おかけください！ |
ネーメン　ズィー　プラッツ

| **Kommen** Sie bitte hierher. | こちらにいらしてください。 |
コメン　　ズィー　ビッテ　ヒーアヘーア

> 命令文にbitteをつけると丁寧になり、doch, nurをつけると強意になります。

＊命令文が感嘆符（!）ではなく、ピリオド（.）で終わることもあります。

ポイント③ ihr に対する命令文

動詞を文頭に置いて、主語の ihr は省略します。

| 平叙文 | Ihr kommt zu mir. | 君たちは私のところに来ます。 |
イーア コムト　　ツー ミーア

| 命令文 | **Kommt** doch zu mir! | 私のところに来なさい！ |
コムト　　ドッホ　ツー ミーア

| 平叙文 | Ihr trinkt nicht so viel. | 君たちはそんなにたくさん飲まない。 |
イーア トリンクト ニヒト ゾー フィール

| 命令文 | **Trinkt** nicht so viel! | そんなにたくさん飲むな！ |
トリンクト　ニヒト　ゾー フィール

確認問題 （　）の動詞で命令文をつくりなさい。③と④は ihr に対する命令文にしなさい。

① _____ Sie mir bitte! (helfen)　　　私を手伝ってください！

② _____ Sie bitte den Satz. (lesen)　　その文を お読みください。

③ _____ sofort nach Hause! (gehen)　すぐに家に帰りなさい！

④Kinder, _____ leise! (sprechen)　　子供たち、静かに話しなさい！

du に対する命令文　🔊055

Komm hierher!
コム　　　　ヒーアヘーア　　　こっちに来なさい！

ポイント❶ du に対する命令文

kommen → Komm! のように動詞の語幹を文の先頭に置きます。語幹に **e** がつく
コメン　　　 コム
こともあります。主語の du は省略します。

Komm nur gleich! (kommen)　　　　　すぐに来なさい！
コム　　　ヌーア　グライヒ

Weck mich bitte um 6 Uhr. (wecken)　私を6時に起こして。
ヴェック　ミヒ　ビッテ　ウム　ゼクス　ウーア

Warte! (warten)　　　　　　　　　待って！
ヴァルテ

> 語幹が d, t で終わる動詞の場合、語幹に e をつけるのがふつうです。

ポイント❷ 主語が du のときに母音が変わる sprechen 型（e → i）と sehen 型（e → ie）の動詞は、命令文でも母音を変えます。

Hilf mir bitte!　　　　　私を手伝って！
ヒルフ　ミーア　ビッテ
　　(helfen→du hilfst→Hilf!)

> e→i(e)型の動詞には語尾の e はつきません。

Sprich nicht so laut!　　そんなに大声で話さないで！
シュプリヒ　ニヒト　ゾー　ラオト
　　(sprechen→du sprichst→Sprich!)

Lies mehr Zeitungen!　　もっと新聞を読みなさい！
リース　メーア　ツァイトゥンゲン
　　(lesen→du liest→Lies!)

> sehen（見る）の命令形は Sieh! ですが、「参照せよ」の意味の場合は Siehe! という形を用います。

＊fahren型（a→ä）の動詞は、母音は変えません。

Fahr nicht so schnell!　　　　　　そんなに速く運転しないで！
ファーア　ニヒト　ゾー　シュネル

Trag bitte den Koffer! (tragen)　　スーツケース男を運んでください！
トラーク　ビッテ　デン　コッファー

確認問題　（　）の動詞で、du に対する命令文をつくりなさい。

① ＿＿＿＿＿ zum Zahnarzt! (gehen)　歯医者男に行きなさい！

② ＿＿＿＿＿ bitte Platz. (nehmen)　座ってください。

③ ＿＿＿＿＿ die Zeitung! (lesen)　新聞女を読みなさい！

④ ＿＿＿＿＿ gut! (schlafen)　おやすみなさい（よく眠りなさい）！

sein の命令形／ひとを誘う表現 🔊056

Sei ruhig!　　　落ち着いてください！
ザイ　　ルーイヒ

Gehen wir zusammen!　　　一緒に行きましょう！
ゲーエン　　ヴィーア　ツザメン

ポイント① sein の命令形は特殊な変化をします。

du に対して：**Sei** ... !　　　　**Sei** bitte pünktlich!　　時間通りにね！
　　　　　　　ザイ　　　　　　　　ザイ　ビッテ　ピュンクトリヒ

ihr に対して：**Seid** ... !　　　　**Seid** nett!　　　　　　親切にしなさい！
　　　　　　　ザイト　　　　　　　ザイト　ネット

Sie に対して：**Seien Sie** ... !　　**Seien Sie** vorsichtig!　気をつけてください！
　　　　　　　ザイエン　ズィー　　ザイエン　ズィー　フォーアズィヒティヒ

ポイント② 〈動詞の語幹＋en wir ... !〉は「…しましょう！」とひとを誘う表現。（勧誘文）

Trinken wir ein Bier!　　　　　ビール⊞を飲もう！
トリンケン　ヴィーア　アイン　ビーア

Gehen wir ins Disneyland!　　　ディズニーランド⊞に行こう！
ゲーエン　ヴィーア　インス　ディズニーランド

Lernen wir fleißig Deutsch!　　一生懸命ドイツ語⊞を勉強しよう！
レルネン　ヴィーア　フライスィヒ　ドイチュ

確認問題 （　）の動詞を正しい形に直して、点線部に入れなさい。

① .... nicht so nervös! (sein)

　　そんなにナーバスにならないで！（du に対して）

② .... Sie bitte still! (sein)　　　　静かにしてください！（Sie に対して）

③ .... wir heute nach Shibuya! (fahren)　きょうは渋谷に行こう！

④ .... wir eine Pause! (machen)　　　休憩㊅しましょう！

練習問題

1. ( ) の動詞を正しい形に直して、点線部に入れなさい。

① .... langsam! Da spielen Kinder. (fahren; du に対して)

ゆっくり運転しなさい！ あそこで子供たちが遊んでいます。

② .... Sie bis zur Ampel und dann links! (gehen)

信号まで行って、左に曲がりなさい！

③ .... mir bitte deine Telefonnummer. (geben; du に対して)

君の電話番号を教えてください。

④ .... Sie doch noch ein Stück Kuchen! (nehmen) ケーキをもうひとつどうぞ！

⑤ .... wir zusammen zu Abend! (essen) いっしょに夕食を食べましょう！

⑥ .... schnell eure Hausaufgaben! (machen; ihr に対して)

はやく宿題をしなさい！

⑦ .... nicht so viel! (arbeiten; du に対して) そんなに働かないで！

⑧ .... vorsichtig! Die Ampel ist schon gelb. (sein; du に対して)

気をつけて！ 信号はもう黄色です。

⑨ Erika, ... deiner Schwester! (helfen) エリカ、妹を手伝いなさい！

2. ドイツ語に訳しなさい。

① たくさん（viel）野菜（Gemüse 中）を食べなさい（essen）！ （du に対して）

....

② 少し（einen Moment）お待ちください（warten）。 （Sie に対して）

....

③ 急ぎなさい（sich^4 beeilen）！（du に対して） バス（Bus 男）がもうすぐ（bald）来るよ
（kommen）。

....

④ 図書館（in der Bibliothek）では静かに（leise）しなさい（sein）！（ihr に対して）

....

前置詞の格支配 🔊057

Ich spiele mit Thomas Tennis.
<small>イヒ　シュピーレ　ミット　トーマス　　　　テニス</small>

私はトーマスといっしょにテニス⊞をします。

Er wohnt in Hamburg.
<small>エア　　ヴォーント　　　イン　　ハンブルク</small>

彼はハンブルクに住んでいます。

ポイント❶ 前置詞は名詞の前に置かれる語です。〈前置詞＋名詞〉でひと
つのかたまり（前置詞句）をつくります。

> 英語の with, in, at などに
> あたります。

Sie kommt **mit dem Bus**.
<small>ズィー　コムト　　ミット　デム　　ブス</small>

彼女はバス團で来ます。

Der Unterricht beginnt **um 9 Uhr**.
<small>デア　ウンターリヒト　　ベギント　　ウム　ノイン　ウーア</small>

授業は9時に始まります。

ポイント❷ 前置詞ごとに後ろの名詞／代名詞を何格にするかが決まってい
ます。これを前置詞の格支配といいます。

前置詞は格支配のパターンにしたがって、4つのグループに分かれます。

① 3 格支配の前置詞 → 後ろの名詞は 3 格

> 前置詞の後ろの名詞の格は
> それぞれの前置詞が決めま
> す。この場合の名詞の格に
> 文法的な意味（たとえば、3
> 格＝間接目的語「…に」、4
> 格＝直接目的語「…を」）は
> ありません。形だけ決められ
> た格に変えればOKです。

Sie kommt **mit ihrem Freund**.
<small>ズィー　コムト　　ミット　イーレム　　フロイント</small>

彼女はボーイフレンド團といっしょに来ます。

Nach der Vorlesung gehen wir ins Café.
<small>ナーハ　　デア　フォーアレーズング　ゲーエン　ヴィーア　インス　カフェー</small>

講義囡のあと私たちはカフェに行きます。

② 4 格支配の前置詞 → 後ろの名詞は 4 格

Sie lernt **für die Prüfung**.
<small>ズィー　レルント　フューア　ディー　プリューフング</small>

彼女は試験囡のために勉強しています。

③ 3・4 格支配の前置詞 → 後ろの名詞は、「静止・場所」を表すときは 3 格、「移動・
方向」を表すときは 4 格

3 格 Wir wohnen **in der Stadtmitte**.
<small>ヴィーア　ヴォーネン　　　イン　デア　　シュタットミッテ</small>

私たちは都心囡に住んでいます。

4 格 Wir gehen **in die Stadtmitte**.
<small>ヴィーア　ゲーエン　　イン　ディー　シュタットミッテ</small>

私たちは都心囡へ行きます。

④ 2 格支配の前置詞 → 後ろの名詞は 2 格

Während des Unterrichts schläft er oft.
<small>ヴェーレント　　　デス　ウンターリヒツ　　シュレーフト　エア　オフト</small>

授業團の間に彼はよく寝ています。

3格支配の前置詞① 🔊058

ポイント① 3格支配の前置詞 → 後ろの名詞は3格に

・おもな3格支配の前置詞

aus …の中から、…の出身 アオス	bei …のもとで、…の際に バイ	
mit …といっしょに、…を使って ミット	nach …へ、…の後で ナーハ	seit …以来、…前から ザイト
von …から、…の フォン	zu …の(ところ)へ ツー	

・**aus** …³格の中から、…³格の出身
　アオス

Er holt den Orangensaft **aus** dem Kühlschrank.
エア ホールト デン　オランジェンザフト　アオス　デム　キュールシュランク
　彼はオレンジジュースを冷蔵庫圏から取り出す。

Sie kommen **aus** dem Restaurant.　　　彼らはレストラン囲から出てくる。
ズィー コメン　　アオス　デム　レストラーン

Wir kommen **aus** Hamburg.　　　　　私たちはハンブルク出身です。
ヴィーア コメン　　アオス　ハンブルク

・**bei** …³格のもとで、…³格の際に
　バイ

Thomas wohnt **bei** seinen Eltern.　　トーマスは両親圏と同居しています。
トーマス　ヴォーント バイ ザイネン エルターン

Ich arbeite **bei** einer Bank.　　　　私は銀行囡に勤めています。
イヒ アルバイテ バイ アイナー バンク

Beim Kochen hört sie immer Radio.　料理囲の際に彼女はいつもラジオを聞きます。
バイム　コッヘン　ヘーアト ズィー イマー　ラーディオ

> beim = bei+dem ☞98頁

・**mit** …³格といっしょに、…³格を使って
　ミット

Er kommt **mit** seiner Frau auf die Party.　彼は奥さん囡といっしょにパーティーに来ます。
エア コムト　　ミット ザイナー　フラオ アオフ ディー パーティ

Thomas ist **mit** ihr verlobt.　　　　トーマスは彼女と婚約している。
トーマス　イスト ミット イーア フェアロープト

Sie fährt **mit** dem Fahrrad zur Uni.　彼女は自転車囲で大学へ行きます。
ズィー フェーアト ミット デム　　ファールラート ツーア ウニ

確認問題 (　　)に適切な前置詞を入れなさい。

① Kommen Sie (　　　) China?　　　　　あなたは中国の出身ですか？

② Ich komme gerade (　　　) dem Haus.　私はちょうど家囲を出たところです。

③ Sie arbeitet (　　　) der Post.　　　彼女は郵便局囡に勤めています。

④ Fährst du (　　　) dem Auto zur Arbeit?　君はクルマ囲で仕事に行くのですか？

⑤ Ich reise (　　　) meinem Bruder nach Europa.　私は兄弟圐とヨーロッパへ旅行します。

3格支配の前置詞② 🔊 059

行き先、目的地が地名の場合は、原則としてnach を用います。

・nach …3格へ、…3格の後で
ナーハ

Ich fliege morgen **nach** Deutschland.
イヒ　フリーゲ　モルゲン　ナーハ　ドイチュラント
私はあしたドイツへ行きます。

Nach dem Essen gehen wir spazieren.
ナーハ　デム　エッセン　ゲーエン　ヴィーア シュパツィーレン
食事⊞のあと私たちは散歩に行きます。

Es ist zehn **nach** sieben.
エス イスト ツェーン ナーハ　ズィーベン
7時10分過ぎです。

・seit …3格以来、…3格前から
ザイト

Ich wohne **seit** einem Jahr in München.
イヒ　ヴォーネ　ザイト　アイネム　ヤール　イン ミュンヒェン
私は1年⊞前からミュンヘンに住んでいます。

Seit wann lernst du Deutsch?
ザイト　ヴァン　レルンスト ドゥー ドイチュ
君はいつからドイツ語を学んでいますか？

・von …3格から、…3格の
フォン

vom＝von dem ☞ 98頁

Der Apfel fällt **vom** Baum.
デア　アプフェル フェルト フォム　バオム
リンゴが木⊠から落ちます。

Wir reisen **von** Donnerstag bis Sonntag.
ヴィーア ライゼン　フォン ドナースターク　ビス ゾンターク
私たちは木曜から日曜まで旅行します。

Das ist ein Geschenk **von** mir.
ダス　イスト アイン ゲシェンク　　フォン ミーア
これは私からのプレゼントです。

„Hamlet" ist ein Drama **von** Shakespeare.
ハムレット　　イスト アイン ドラーマ　フォン　シェイクスピーア
『ハムレット』はシェークスピアの戯曲です。

・zu …3格 （のところ）へ
ツー

行き先、目的地が人や施設などの場合は、原則として zu を用います。

Wir gehen **zu** ihm.　私たちは彼のところへ行きます。
ヴィーア ゲーエン　ツー イーム

Um wie viel Uhr kommst du **zur** Uni?
ウム　　ヴィー フィール ウーア コムスト　ドゥー ツーア ウニ
君は何時に大学⊠へ来ますか？

zur＝zu der ☞ 98頁

Wie komme ich **zum** Bahnhof?
ヴィー　コメ　　イヒ ツム　バーンホーフ
駅⊠へはどうやって行けばよいですか？

zum＝zu dem ☞ 98頁

確認問題 （　）に適切な前置詞を入れなさい。

① Kommen Sie bitte （　　　） uns.
私たちのところに来てください。

② （　　　） der Arbeit sehe ich Erika.
仕事⊠のあと私はエリカと会います。

③ Makoto fährt morgen （　　　） Hokkaido.
マコトはあした北海道に行きます。

④ Sie ist erkältet （　　　） drei Tagen.
彼女は3日⊠前からカゼを引いています。

⑤ Der ICE fährt （　　　） Berlin nach München.
そのICE⊠はベルリン発（から）ミュンヘン行です。

4格支配の前置詞 🔊060

ポイント ① 4格支配の前置詞 → 後ろの名詞は4格に

・おもな4格支配の前置詞

bis …まで ビス	durch …を通って ドゥルヒ	für …のために フューア
gegen …に逆らって ゲーゲン	ohne …なしで オーネ	um …の周りに、…時に ウム

・**bis** …⁴格まで
ビス
Sie arbeitet von 10 **bis** 17 Uhr.
ズィー アルバイテット フォン ツェーン ビス ズィ−プツェーン ウーア

彼女は10時から17時まで働きます。

・**durch** …⁴格を通って
ドゥルヒ
Ich gehe **durch** den Park zum Bahnhof.
イヒ ゲーエ ドゥルヒ デン パルク ツム バーンホーフ

私は公園男を通って駅に行きます。

・**für** …⁴格のために
フューア
Makoto spart **für** die Reise.
マコト シュパールト フューア ディー ライゼ

マコトは旅行女のために節約しています。

Ich suche ein Geschenk **für** ihn.
イヒ ズーへ アイン ゲシェンク フューア イーン

私は彼のためのプレゼント中を探しています。

・**gegen** …⁴格に逆らって
ゲーゲン
Er fährt **gegen** den Wind Fahrrad.
エア フェーアト ゲーゲン デン ヴィント ファールラート

彼は風男に逆らって自転車を走らせる。

・**ohne** …⁴格なしで
オーネ
Sie reisen **ohne** ihre Kinder.
ズィー ライゼン オーネ イーレ キンダー

彼らは子供たち複を連れずに旅行します。

・**um** …⁴格の周りに、…⁴格時に
ウム
Die Kinder sitzen **um** den Tisch.
ディー キンダー ズィッツェン ウム デン ティッシュ

子供たちはテーブル男の周りに座っています。

Ich gehe **um** 10 Uhr ins Bett.
イヒ ゲーエ ウム ツェーン ウーア インス ベット

私は10時に寝ます。

確認問題 （　）に適切な前置詞を入れなさい。

① Der Zug fährt（　　　）einen Tunnel. 　電車はトンネル男を通過します。

② Dieses Buch ist（　　　）meine Tochter. 　この本は娘女のためのものです。

③ Er geht（　　　）Regenschirm aus dem Haus. 　彼はカサ男をもたずに家を出る。

④ Das Konzert beginnt（　　　）19 Uhr. 　コンサートは19時に始まります。

3・4格支配の前置詞① ◀)061

Die Kinder sind in der Schule.
<small>ディー　キンダー　ズィント　イン　デア　シューレ</small>

子供たちは学校⊠にいます。

Die Kinder gehen in die Schule.
<small>ディー　キンダー　ゲーエン　イン　ディー　シューレ</small>

子供たちは学校⊠へ行きます。

ポイント① 3・4格支配の前置詞は、意味に応じて、後ろの名詞が3格に
なる場合と、4格になる場合があります。

・3・4格支配の前置詞（全部で9つ）

an …のきわ <small>アン</small>	auf …の上 <small>アオフ</small>	hinter …の後ろ <small>ヒンター</small>	in …の中 <small>イン</small>
neben …の横 <small>ネーベン</small>	über …の上の方 <small>ユーバー</small>	unter …の下 <small>ウンター</small>	vor …の前 <small>フォーア</small>
zwischen …の間 <small>ツヴィッシェン</small>			

ポイント② 3・4格支配の前置詞は、静止や場所を表すときは3格の名詞
と、移動や方向を表すときは4格の名詞といっしょに使います。

3格　Ich wohne **in der Stadt.**
<small>イヒ　ヴォーネ　イン　デア　シュタット</small>
私は町⊠に住んでいます。　（静止）

4格　Ich gehe **in die Stadt.**
<small>イヒ　ゲーエ　イン　ディー　シュタット</small>
私は町⊠へ行きます。　　（移動）

3格　Das Auto steht **vor dem Hotel.**
<small>ダス　アオト　シュテート　フォーア　デム　ホテル</small>
クルマはホテル⊞の前に止まっている。（静止）

4格　Das Auto fährt **vor das Hotel.**
<small>ダス　アオト　フェーアト　フォーア　ダス　ホテル</small>
クルマはホテル⊞の前へ走っていく。（移動）

静止や場所 → 3格支配　　　　移動や方向 → 4格支配

3格　vor dem Hotel　　　　4格　vor das Hotel

3・4格支配の前置詞② in 🔊062

in
イン

ポイント① …の中

空間的な意味で「…の中」を表します。

im＝in dem ☞ 98頁

3格	Die Milch ist **im** Kühlschrank.	牛乳は冷蔵庫男の中にあります。
	ディー ミルヒ イスト イム キュールシュランク	
4格	Ich stelle die Milch **in** den Kühlschrank.	私は牛乳を冷蔵庫男の中に入れます。
	イヒ シュテレ ディー ミルヒ イン デン キュールシュランク	
3格	Sie wohnen **in** einer WG.	彼らはシェアハウス女に住んでいます。
	ズィー ヴォーネン イン アイナー ヴェーゲー	

目的語（牛乳）の「移動する方向」を示しています。この場合も前置詞の後ろは4格です。

ポイント② …（の中）で、…へ

in は建物を表す名詞とともに用いられると、場所や移動を表します。

3格	Wir lernen **in** der Bibliothek.	私たちは図書館女で勉強します。
	ヴィーア レルネン イン デア ビブリオテーク	
4格	Wir gehen **in** die Bibliothek.	私たちは図書館女へ行きます。
	ヴィーア ゲーエン イン ディー ビブリオテーク	
4格	Gehen wir **ins** Café?	カフェ中に行きませんか？
	ゲーエン ヴィーア インス カフェー	

ins＝in das ☞ 98頁

ポイント③ （時間的な意味で；3格と）…に

in は「9月に」「夏に」のように、時間的な意味を表すことができます。

Im September fahren wir nach München.
イム ゼプテンバー ファーレン ヴィーア ナーハ ミュンヒェン
9月男に私たちはミュンヘンへ行きます。

Thomas kommt **in** diesem Sommer nach Japan.
トーマス コムト イン ディーゼム ゾマー ナーハ ヤーパン
トーマスはこの夏男に日本へ来ます。

確認問題 （　）に適切な定冠詞を入れなさい。

① Mein Vater kocht in （　　　）Küche. 　　父はキッチン女で料理をしています。

② Gehen wir in （　　　）Mensa. 　　　　　学食女へ行きましょう。

③ Naomi wohnt in （　　　）Stadtmitte. 　ナオミは都心女に住んでいます。

④ Legen Sie bitte das Buch in （　　　）Schrank. 本を棚男に入れてください。

3・4格支配の前置詞③　an / neben　063

an
アン

ポイント❶ …のきわ、…に接して

3格 Das Bild hängt **an** der Wand.　絵は壁囡にかかっています。
ダス　ビルト　ヘンクト　アン　デア　ヴァント

4格 Er hängt das Bild **an** die Wand.　彼は絵を壁囡にかけます。
エア ヘンクト　ダス　ビルト　アン　ディー ヴァント

3格 Erika steht **am** Fenster.　エリカは窓囲ぎわに立っています。
エーリカ　シュテート　アム　フェンスター

> am＝an dem ☞ 98頁

ポイント❷ （時間的な意味で；3格と）…に

Wir gehen **am** Abend ins Kino.　私たちは夕方围に映画を見に行きます。
ヴィーア ゲーエン　アム　アーベント　インス キーノ

Das Museum ist **am** Montag geschlossen.　美術館は月曜围は閉まっています。
ダス　ムゼーウム　イスト アム　モーンタークク　ゲシュロッセン

Naomi hat **am** 8. Mai Geburtstag.　ナオミは5月围8日が誕生日です。
ナオーミ　ハット アム　アハテン マイ　ゲブーアツターク

> 日付の読み方は序数 ☞ 145頁

neben
ネーベン

ポイント❸ …の横

3格 Makoto sitzt **neben** ihr.　マコトは彼女の横に座っています。
マコト　　ズィッツット ネーベン　イーア

4格 Makoto setzt sich **neben** sie.　マコトは彼女の横に座ります。
マコト　　ゼッツト ズィヒ　ネーベン　ズィー

確認問題 （　）に適切な定冠詞を入れなさい。

① Thomas steht an （　　　　） Tür.　トーマスはドア囡のところに立っています。

② Sie gehen an （　　　　） Strand.　彼らは海岸围へ行きます。

③ Die Bank steht neben （　　　　） Kaufhaus.　銀行はデパート囲の横にあります。

④ Er stellt den Drucker neben （　　　　） PC.　彼はプリンターをパソコン围の横に置く。

3・4格支配の前置詞④　auf / über / unter 064

auf
アオフ

ポイント 1 …の上

英語の on に対応しています。

3格	Das Buch liegt **auf** dem Tisch.	本は机男の上に置いてある。
ダス ブーフ リークト アオフ デム ティッシュ	
4格	Makoto legt das Buch **auf** den Tisch.	マコトは本を机男の上に置く。
マコト レークト ダス ブーフ アオフ デン ティッシュ	

über
ユーバー

ポイント 2 …の上の方

英語の over に対応しています。auf とは異なり、空間的に離れていることを表します。

3格	Die Uhr hängt **über** dem Tisch.	時計は机男の上にかかっています。
ディー ウーア ヘンクト ユーバー デム ティッシュ	
4格	Ich hänge die Uhr **über** den Tisch.	私は時計を机男の上にかけます。
イヒ ヘンゲ ディー ウーア ユーバー デン ティッシュ	

unter
ウンター

ポイント 3 …の下

英語の under に対応しています。

3格	Die Katze schläft **unter** dem Bett.	猫はベッド田の下で寝ています。
ディー カッツェ シュレーフト ウンター デム ベット	
4格	Die Katze geht **unter** das Bett.	猫はベッド田の下へ行きます。
ディー カッツェ ゲート ウンター ダス ベット	

確認問題 （　　）に適切な定冠詞を入れなさい。

① Das Glas steht auf（　　　）Tisch.　　　　グラスはテーブル男の上にあります。

② Ich steige gern auf（　　　）Berge.　　　　私は山（ここでは複）登りが好きです。

③ Die Katze springt über（　　　）Zaun.　　　猫は柵男を跳び越えます。

④ Das Papierkorb steht unter（　　　）Tisch.　ゴミ箱は机男の下にあります。

3・4格支配の前置詞⑤　vor / hinter / zwischen　065

vor
フォーア

ポイント❶ …の前

3格　Das Auto steht **vor** dem Tor.　　　クルマは門⊞の前に止まっている。
　　　ダス　アオト　シュテート　フォーア　デム　トーア

4格　Ich stelle das Auto **vor** das Tor.　　私はクルマを門⊞の前に止める。
　　　イヒ　シュテレ　ダス　アオト　フォーア　ダス　トーア

ポイント❷ （時間的な意味で；3格と）…前に

Vor drei Jahren wohnten wir in Köln.　　　3年⊞前に私たちはケルンに住んでいました。
フォーア ドライ ヤーレン　ヴォーンテン　ヴィーア イン ケルン

Es ist fünf **vor** neun.　　　9時5分前です。
エス イスト フュンフ フォーア ノイン

> **コラム** 時間の言い方
> ☞ 123頁

hinter
ヒンター

ポイント❸ …の後ろ

3格　Die Kinder spielen **hinter** dem Haus.　　子供たちは家⊞の後ろ(裏)で遊ぶ。
　　　ディー キンダー シュピーレン ヒンター デム ハオス

4格　Er bringt das Fahrrad **hinter** das Haus.　彼は自転車を家⊞の後ろに運ぶ。
　　　エア ブリングト ダス ファールラート ヒンター ダス ハオス

zwischen
ツヴィッシェン

ポイント❹ …の間

3格　**Zwischen** den Häusern liegt ein Park.　　家と家(ここでは圏)の間に公園がある。
　　　ツヴィッシェン デン ホイザーン リークト アイン パルク

4格　Das Kind setzt sich **zwischen** die Eltern.　子供は両親圏の間に座る。
　　　ダス キント ゼット ズィヒ ツヴィッシェン ディー エルターン

確認問題 （　　）に適切な定冠詞を入れなさい。

① Der Parkplatz ist hinter（　　　　）Supermarkt.　駐車場はスーパー男の裏にあります。

② Er stellt das Fahrrad vor（　　　　）Haus.　　彼は自転車を家⊞の前に置きます。

③ Das Kind sitzt zwischen（　　　　）Eltern.　　子供は両親圏の間に座っています。

④ Der Ball rollt zwischen（　　　　）Schrank und（　　　　）Bett.

　　ボールが戸棚男とベッド⊞の間に転がる。

2格支配の前置詞　🔊066

ポイント① 2格支配の前置詞 → 後ろの名詞は2格に

・おもな2格支配の前置詞

> außerhalb …の外側に
> アオサーハルプ
> während（時間的に）…の間
> ヴェーレント
> trotz …にもかかわらず
> トロッツ
>
> innerhalb …の内側に、…以内に
> イナーハルプ
> wegen …のために（理由）
> ヴェーゲン
>
> statt …の代わりに
> シュタット

・**außerhalb**　…2格の外側に
アオサーハルプ
Wir wohnen **außerhalb** der Stadt.　　私たちは町女の外側に（＝郊外に）住んでいます。
ヴィーア ヴォーネン　アオサーハルプ　デア　シュタット

・**innerhalb**　…2格の内側に、…2格以内に
イナーハルプ
Innerhalb der Stadt fahren die Straßenbahnen.　町女の中を路面電車が走っています。
イナーハルプ　デア　シュタット ファーレン　ディー シュトラーセンバーネン
Ich komme **innerhalb** einer Stunde noch mal.　私は1時間女以内にもういちど来ます。
イヒ　コメ　イナーハルプ　アイナー シュトゥンデ ノッホ　マール

・**statt**　…2格の代わりに
シュタット
Statt meines Vaters kommt meine Mutter zur Schule.　父男の代わりに母が学校に来る。
シュタット マイネス　ファータース コムト　マイネ　ムッター　ツーア シューレ

・**während**（時間的な意味で）　…2格の間
ヴェーレント
Während des Frühstücks liest er die Zeitung.　朝食田のあいだ彼は新聞を読みます。
ヴェーレント　デス　フリューシュテュックス リースト エア ディー ツァイトゥング

・**wegen**　…2格のために（理由）
ヴェーゲン
Wegen einer Grippe liegt sie im Bett.　インフルエンザ女のために彼女はベッドで寝ています。
ヴェーゲン　アイナー　グリッペ　リークト ズィー イム ベット

・**trotz**　…2格にもかかわらず
トロッツ
Er kommt **trotz** des Regens mit dem Fahrrad.　彼は雨男にもかかわらず自転車で来ます。
エア コムト　トロッツ デス　レーゲンス　ミット デム　ファールラート

確認問題（　）に適切な前置詞を入れなさい。

① （　　　　）des Taifuns bleiben wir zu Hause.　　台風男のために私たちは家にいます。

② （　　　　）des Sommers bleiben sie in Karuizawa.　夏男の間じゅう彼らは軽井沢にいます。

③ （　　　　）des Schnees geht er zur Arbeit.　　雪男にもかかわらず彼は仕事に行きます。

④ Sie schreibt（　　　　）einer E-Mail einen Brief.　彼女はメール女の代わりに手紙男を書く。

前置詞と定冠詞の融合形 🔊067

Die Kinder spielen im Garten.
ディー　　　キンダー　　　シュピーレン　　　イム　　ガルテン

子供たちは庭男で遊んでいます。

Wir gehen ins Theater.
ヴィーア　　グーエン　　　インス　テアーター

私たちは劇場中に行きます。

ポイント❶ 定冠詞は前置詞と結合して、in dem → im、in das → ins の
ように、1語になることがあります。（前置詞と定冠詞の融合形）

慣用句や日常的な表現ではこの融合形が用いられます。

・おもな前置詞と定冠詞の融合形

am（an＋dem） アム　アン　デム	ans（an＋das） アンス　アン　ダス	beim（bei＋dem） バイム　バイ　デム	im（in＋dem） イム　イン　デム
ins（in＋das） インス　イン　ダス	vom（von＋dem） フォム　フォン　デム	zum（zu＋dem） ツム　ツー　デム	zur（zu＋der） ツーア　ツー　デア

Wir machen **am** Wochenende Camping.
ヴィーア　マッヘン　アム　ヴォッヘンエンデ　　　　ケンピング

私たちは週末中にキャンプをします。

Herr Müller arbeitet **im** Büro.
ヘア　　ミュラー　　アルバイテット　イム　ビュロー

ミュラーさんはオフィス中で仕事をしています。

Gehen wir **ins** Café.
ゲーエン　ヴィーア　インス　カフェー

カフェ中へ行きましょう。

Sie kommen **vom** Bahnhof.
ズィー　コメン　　フォム　バーンホーフ

彼らは駅男から来ました。

Wie komme ich **zur** Post?
ヴィー　コメ　　イヒ　ツーア　ポスト

郵便局女にはどう行けばよいですか？

・定冠詞によって特に「その…」と限定する必要がある場合は、融合形ではなく、
前置詞と定冠詞をそのまま使うことがあります。

Wir gehen in **das** Restaurant, das du empfohlen hast.
ヴィーア　ゲーエン　インダス　　レストラーン　　ダス　ドゥー　エンプフォーレン　ハスト

　私たちは君が勧めてくれたレストラン中に行きます。（←特定のレストランのことを言っている）

Wir gehen heute **ins** Restaurant.
ヴィーア　ゲーエン　ホイテ　　インス　レストラーン

　私たちはきょうレストランに行きます。（←ins Restaurant gehen 「外食しに行く」というイディオム）

確認問題 （　　）に適切な前置詞と定冠詞の融合形を入れなさい。

① Wir essen heute Abend（　　　　）Restaurant.　私たちは今晩レストラン中で食事します。

② Wie komme ich（　　　　）Bahnhof?　駅男にはどう行けばよいですか？

③ Kommst du morgen（　　　　）Uni?　君はあした大学女に来ますか？

④ Er steht（　　　　）Fenster.　彼は窓中ぎわに立っています。

前置詞を用いたイディオム／前置詞を用いた時間表現 🔊068

ポイント❶ 〈前置詞＋名詞〉のイディオム

Ich bin heute **zu Hause**.
イヒ　ビン　ホイテ　　ツー　ハオゼ

私はきょうは**家**にいます。

Mein Vater kommt um 8 Uhr **nach Hause**.
マイン　ファーター　コムト　　ウム　アハト　ウーア　ナーハ　　ハオゼ

私の父は8時に**家へ**帰ります（帰宅します）。

Sie geht **zu Fuß** zur Arbeit.
ズィー　ゲート　　ツー　フース　ツーア　アルバイト

彼女は**歩いて**仕事へ行きます。

Sprechen wir **auf Deutsch**.
シュプレッヒェン　ヴィーア　アオフ　ドイチュ

ドイツ語で話しましょう。

ポイント❷ 前置詞を用いた時間表現「…に」　　　コラム 時間の言い方 ☞123頁

・um ＋時刻
　ウム

Das Konzert beginnt **um** halb sieben.
ダス　コンツェルト　ベギント　　ウム　ハルプ　ズィーベン

コンサートは6時半に始まります。

Um wie viel Uhr gehst du ins Bett?
ウム　ヴィー　フィール　ウーア　ゲースト　ドゥー　インス　ベット

君は何時に寝ますか？

・am ＋男性・中性名詞、日付
　アム

日付の読み方は序数 ☞145頁

am Morgen　朝男に　　　　　　**am** Tag　昼男に　　　　　　**am** Abend　夕方・晩男に
アム　モルゲン　　　　　　　　　　アム　ターク　　　　　　　　アム　アーベント

am Vormittag/Nachmittag　午前男に／午後男に　　　　　　　**am** Montag　月曜日男に
アム　フォーアミッターク　　ナーハミッターク　　　　　　　　　　　アム　モーンターク

am Wochenende　週末中に　　　**am** 9. Januar　1月男9日に
アム　ヴォッヘンエンデ　　　　　　アム　ノインテ　ヤヌアール

・in ＋女性名詞・複数形
　イン

朝・昼・晩は am、夜は in。

in der Nacht　夜女に
イン　デア　ナハト

in den Sommerferien　夏休み複に
イン　デン　ゾマーフェーリエン

in einer Woche　1週間女後に
イン　アイナー　ヴォッヘ

・im ＋月、季節
　イム

月・季節はすべて男性名詞です。 コラム 曜日・月・季節 ☞ 101頁

im April　4月男に　　　　　　**im** Frühling　春男に
イム　アプリル　　　　　　　　　　イム　フリューリング

確認問題 （　　）に適切な前置詞を入れなさい。

① Wir gehen langsam （　　　　　） Hause.　　私たちはそろそろ家に帰ります。

② Bist du morgen （　　　　　） Hause?　　君はあした家にいますか？

③ Ich habe （　　　　　） Freitag frei.　　私は金曜日男は休みです。

④ （　　　　　） August reisen sie nach Europa.　　8月男に彼らはヨーロッパへ旅行します。

前置詞を用いた「行き先」の表現 🔊069

Wir fahren nach Frankfurt.
ヴィーア　ファーレン　ナーハ　フランクフルト

私たちはフランクフルト⊞へ行きます。

> 地名・国名のほとんどは中性名詞です。
> 中性の地名・国名は無冠詞で用います。

・nach ＋地名・国名
ナーハ

Ich fahre **nach München**.
イヒ　ファーレ　ナーハ　ミュンヒェン

私はミュンヘン⊞へ行きます。

Er reist **nach Deutschland**.
エア　ライスト　ナーハ　ドイチュラント

彼はドイツ⊞へ旅行します。

・zu（zum, zur）＋人・施設 3格
ツー　ツム　ツーア

Morgen komme ich **zu dir**.
モルゲン　コメ　イヒ　ツー　ディーア

あした私は君のところへ行きます。

Sie kommt um ein Uhr **zur Uni**.
ズィー　コムト　ウム　アイン　ウーア　ツーア　ウニ

彼女は1時に大学囡へ来ます。

・in ＋4格
イン

Sie gehen **in die Bibliothek**.
ズィー　ゲーエン　イン　ディー　ビブリオテーク

彼らは図書館囡へ行きます。

Gehen wir **ins Restaurant / ins Café**.
ゲーエン　ヴィーア　インス　レストラーン　インス　カフェー

レストラン⊞へ / カフェ⊞へ行きましょう。

Wir gehen **ins Kino / ins Konzert / ins Theater**.
ヴィーア　ゲーエン　インス　キーノ　インス　コンツェルト　インス　テアーター

私たちは映画館⊞ / コンサート⊞ / 劇場⊞へ行きます。

Naomi geht **in die Stadt** zum Einkaufen.
ナオミ　ゲート　イン　ディー　シュタット　ツム　アインカオフェン

ナオミは町囡へ買い物に行きます。

・in ＋定冠詞つきの地名・国名 4格
イン

Sie reisen **in die Schweiz / in die USA**.
ズィー　ライゼン　イン　ディー　シュヴァイツ　イン　ディー　ウーエスアー

彼らはスイス囡へ / アメリカ榎へ旅行します。

＊中性名詞の地名・国名は無冠詞で用いますが、男性名詞、女性名詞、複数形の地名・国名には必ず定冠詞をつけます。定冠詞つきの地名・国名には **in** を用います。

コラム 定冠詞つきの地名・国名 ☞101頁

確認問題（　　）に適切な前置詞を入れなさい。

① Ich fliege im Sommer（　　　）Italien.　私は夏にイタリア⊞へ行きます。

② Naomi geht（　　　）Post.　ナオミは郵便局囡へ行きます。

③ Wann kommst du（　　　）mir?　君はいつ私のところへ来ますか？

④ Gehen wir（　　　）die Bibliothek.　図書館囡に行きましょう。

曜日・月・季節

・曜日、月、季節はすべて男性名詞です。

・曜日

月曜 der Montag	火曜 der Dienstag	水曜 der Mittwoch
木曜 der Donnerstag	金曜 der Freitag	土曜 der Samstag
日曜 der Sonntag		

＊「土曜日」はドイツ北部・東部では der Sonnabend ともいいます。

＊「…曜日に」という場合には曜日の前に am をつけます。

　例：**am** Montag　月曜日に

・月

1 月 der Januar	2 月 der Februar	3 月 der März
4 月 der April	5 月 der Mai	6 月 der Juni
7 月 der Juli	8 月 der August	9 月 der September
10 月 der Oktober	11 月 der November	12 月 der Dezember

＊「…月に」という場合には月の前に im をつけます。

　例：**im** Januar　1 月に

・季節

春 der Frühling　　夏 der Sommer　　秋 der Herbst　　冬 der Winter

＊「春に」「秋に」などという場合には季節の前に im をつけます。

　例：**im** Frühling　春に

定冠詞つきの地名・国名

ほとんどの地名・国名は中性名詞で、無冠詞で用いますが、男性名詞、女性名詞、複数形の地名・国名もあります。それらの地名・国名には必ず定冠詞をつけます。「行き先」を表す場合、定冠詞つきの地名・国名には in を用います。（☞ 100 頁）

おもな定冠詞つきの国名

男 der Iran イラン　　　　der Irak イラク

女 die Schweiz スイス　　die Türkei トルコ　　　die Ukraine ウクライナ

複 die USA アメリカ　　　die Niederlande オランダ

練習問題

1.（　　）に適切な前置詞を、点線部には定冠詞または人称代名詞を入れなさい。

① （　　　　）zwei Jahren lerne ich Deutsch.　2年前から私はドイツ語を学んでいます。

② Heute gibt es（　　　　）.................... eine Party.

　　きょう私たちのところでパーティーがある。

③ Der Bus fährt（　　　　）.................... Tunnel.　バスがトンネル男を通っていく。

④ （　　　　）.................... jobbt Makoto in der Buchhandlung.

　　彼女と一緒にマコトは本屋でアルバイトする。

⑤ Sie nimmt das Smartphone（　　　　）.................... Tasche.

　　彼女はポケット囡からスマートフォンを取り出す。

⑥ Kommst du morgen（　　　　）....................?　君はあした私のところに来ますか？

⑦ Heute Abend koche ich（　　　　）meine Großeltern.

　　今晩私は祖父母複のために料理をします。

⑧ （　　　　）.................... Sommerferien beschäftige ich mich mit dem Aufsatz.

　　夏休み複の間私はこの論文に取り組みます。

⑨ Die Erde dreht sich（　　　　）.................... Sonne.　地球は太陽囡の周りを公転している。

⑩ Der Zug kommt（　　　　）Nürnberg.　　この列車はニュルンベルクから来ます。

2.（　　）に適切な前置詞を、点線部には定冠詞を入れなさい。

① Die Burg steht（　　　　）.................... Berg.　　　　そのお城は山男の上にあります。

② Wir steigen（　　　　）.................... Berg.　　　　私たちは山男に登る。

③ Der Reporter holt den Spieler（　　　　）.................... Mikrofon.

　　レポーターが選手をマイク田の前に連れてくる。

④ Die Lehrerin tritt（　　　　）.................... Tür.　　　　先生はドア囡のところへ行く。

⑤ Die Nachricht steht（　　　　）.................... Zeitung.　　そのニュースは新聞囡に載っています。

⑥ （　　　　）.................... Schule befindet sich ein Park.　学校囡の隣に公園があります。

⑦ Setzen wir uns（　　　　）.................... Baum.　　　　あの木男の下に座ろう。

⑧（　　　　）‥‥‥‥‥‥ Buchseiten findet er das Geld.

　本のページ圏の間に彼はお金を見つける。

3.（　　）に適切な前置詞と定冠詞の融合形を入れなさい。

① Er kauft immer（　　　　） Bäcker um die Ecke Brot.

　彼はいつもすぐ近所のパン屋團でパンを買います。

② Der Bus fährt（　　　　） Bahnhof bis（　　　　） Stadion.

　このバスは駅團からスタジアム圀まで行きます。

③ Sie arbeitet（　　　　） Zentrum der Stadt.

　彼女は町の中心部圀で働いています。

④ Sie sitzt（　　　　） Ufer.

　彼女は岸辺圀に座っています。

⑤ Heute Mittag gehen wir（　　　　） Restaurant.

　きょうのお昼私たちはレストラン圀へ行きます。

4.ドイツ語に訳しなさい。

① 私は映画館（Kino 圀）の前で君を待っています（auf 人 4格 warten）。

‥‥‥

② 君は自転車（Fahrrad 圀）で仕事（Arbeit 囡）に行きますか（fahren）？

‥‥‥

③ 休暇（Urlaub 團）に彼らはスペイン（Spanien）へ旅行します（reisen）。

‥‥‥

④ 大学（Uni 囡）のあと私は彼女と美術館（Museum 圀）に行きます（gehen）。

‥‥‥

話法の助動詞 🔊070

Er kann Deutsch sprechen.
エア　カン　　　ドイチュ　　　シュプレッヒェン

彼はドイツ語を話すことができる。

ポイント① können（…できる）、müssen（…しなければならない）など
を〈話法の助動詞〉といいます。主語が単数のときに不規則変化します。

		können ケネン …できる	wollen ヴォレン …するつもり	müssen ミュッセン …しなければならない	sollen ゾレン …すべきだ	dürfen デュルフェン …してもよい	mögen メーゲン …かもしれない	möchte メヒテ …したい
不規則変化	ich	kann カン	will ヴィル	muss ムス	soll ゾル	darf ダルフ	mag マーク	möchte メヒテ
	du	kannst カンスト	willst ヴィルスト	musst ムスト	sollst ゾルスト	darfst ダルフスト	magst マークスト	möchtest メヒテスト
	er/sie/es	kann	will	muss	soll	darf	mag	möchte
規則変化	wir	können	wollen	müssen	sollen	dürfen	mögen	möchten メヒテン
	ihr	könnt ケント	wollt ヴォルト	müsst ミュスト	sollt ゾルト	dürft デュルフト	mögt メークト	möchtet メヒテット
	sie	können	wollen	müssen	sollen	dürfen	mögen	möchten
	Sie	können	wollen	müssen	sollen	dürfen	mögen	möchten

・1人称単数の ich と3人称単数は同じ形になります。

・2人称単数の du は ich の形に -st をつけます。

ポイント② 話法の助動詞は基本的に他の動詞といっしょに使います。

助動詞が主語に応じて形が変わります。助動詞は文の2番目に置き、いっしょに使う動詞（本動詞）は変化させないで原形のまま文末に置きます。

Er spielt Klavier.
エア　シュピールト　クラヴィーア

彼はピアノを弾く。

→Er **kann** Klavier **spielen**.
　エア　カン　　　クラヴィーア　シュピーレン
　　①　　　　　　　　②

彼はピアノを弾くことができる。

話法の助動詞		本動詞（原形）

・助動詞と本動詞で文を枠のように囲むので、この語順を「ワク構造」と呼びます。

平叙文 Wir **wollen** Physik **studieren**.
　　　ヴィーア ヴォレン　フズィーク シュトゥディーレン

私たちは物理☒を専攻するつもりです。

疑問文 **Wollen** Sie Physik **studieren**?
　　　ヴォレン　ズィー フズィーク シュトゥディーレン

あなた方は物理を専攻するつもりですか？

疑問文 Warum **wollen** Sie Physik **studieren**?
　　　ヴァルム　　ヴォレン　ズィー フズィーク シュトゥディーレン

　　　あなた方はなぜ物理を専攻するつもりなのですか？

können 「…できる」 🔊071

Mein Vater kann gut kochen.　　私の父は上手に料理を作ることができる。
マイン　　ファーター　カン　　グート　　コッヘン

ポイント**1** …できる

Sie **kann** Klavier **spielen**.　　　　　　　彼女はピアノを弾くことができる。
ズィー カン　クラヴィーア シュピーレン

Er **kann** morgen nicht **kommen**.　　　　彼はあした来ることができません。
エア カン　モルゲン　　ニヒト　コメン

Kannst du Geige **spielen**?　　　　　　君はバイオリンを弾くことができますか？
カンスト　ドゥー ガイゲ　シュピーレン

Was **können** wir hier **trinken**?　　　　私たちはここで何を飲めますか？
ヴァス ケネン　　ヴィーア ヒーア トリンケン

ポイント**2** …ありえる

Das **kann** wahr **sein**.　　　　　　　　それは本当かもしれない。
ダス　カン　　ヴァール ザイン

Es **kann** am Wochenende **regnen**.　　　週末に雨が降るかもしれない。
エス カン　アム ヴォヘンエンデ　　レーグネン

ポイント**3** …してもらえますか？（疑問文で）

Könnt ihr mir am Mittwoch **helfen**?　　君たちは水曜日に私を手伝ってくれますか？
ケント　イーア ミーア アム ミットヴォッホ ヘルフェン

Können Sie mir bitte **sagen**, wie ich zum Bahnhof komme?
ケネン　　ズィー ミーア ビッテ ザーゲン　　ヴィー イヒ ツム　バーンホーフ　コメ

　駅への行きかたを教えてもらえますか？

ポイント**4** können は単独でも使える。

文脈などで意味がわかる場合、本動詞を省略できます。

Makoto **kann** sehr gut Deutsch.　　　　マコトはドイツ語がとても上手にできる。
マコト　　カン　　ゼーア グート ドイチュ

確認問題 können を正しい形に直して、点線部に入れなさい。

① _____ ihr schwimmen?　　　　　　君たちは泳ぐことができますか？

② Erika _____ jetzt in Berlin sein.　エリカは今ベルリンにいるかもしれない。

③ _____ du das Fenster schließen?　窓⊞を閉めてくれる？

④ Ich _____ ein bisschen Chinesisch.　私は少し中国語ができます。

wollen「…するつもり」 ◀)072

Ich will in Deutschland studieren.
イヒ　　ヴィル　　イン　ドイチュラント　　　シュトゥディーレン
私はドイツに留学するつもりだ。

Wollen wir zusammen essen?
ヴォレン　　　　ヴィーア　ツザメン　　　　エッセン
一緒に食事をしませんか？

ポイント① 「…するつもり」。主語のはっきりした意志や決断を表します。

Ich **will** Erika **heiraten**.
イヒ　ヴィル　エーリカ　ハイラーテン
私はエリカと結婚するつもりです。

Er **will** im Sommer nach Okinawa **fahren**.
エア　ヴィル　イム　ゾマー　　　ナーハ　オキナワ　　ファーレン
彼は夏に沖縄に行くつもりだ。

Was **willst** du heute **machen**?
ヴァス　ヴィルスト　ドゥー ホイテ　　マッヘン
君はきょう何をするつもりですか？

ポイント② Wollen wir ... ? で「…しようか？」と提案を表します。

Wollen wir zum Karaoke **gehen**?
ヴォレン　　　ヴィーア　ツム　カラオーケ　　ゲーエン
カラオケに行こうか？

Wollen wir einen Kaffee **trinken**?
ヴォレン　　　ヴィーア　アイネン　カフェ　　トリンケン
コーヒー男でも飲みませんか？

ポイント③ wollen は単独でも使える。

文脈などで意味がわかる場合、本動詞を省略できます。

Wir **wollen** in die Kneipe.
ヴィーア　ヴォレン　インディー クナイペ
私たちは居酒屋囡に行きたい。

Ich **will** eine neue Jacke.
イヒ　ヴィル　アイネ　ノイエ　ヤッケ
私は新しいジャケット囡がほしい。

確認問題 wollen を正しい形に直して、点線部に入れなさい。

① Ich ＿＿＿＿＿ eine Weltreise machen.　　私は世界一周旅行囡をするつもりだ。

② Was ＿＿＿＿＿ ihr euren Eltern schenken?　君たちは両親圈に何を贈るつもりですか？

③ ＿＿＿＿＿ wir etwas essen?　　　何か食べましょうか？

④ Herr Müller ＿＿＿＿＿ nach Japan reisen.　ミュラーさんは日本へ旅行するつもりだ。

müssen「…しなければならない」 🔊073

Ich muss zum Arzt gehen.
イヒ　ムス　　ツム　　アールツト　ゲーエン

私は医者に行かなければならない。

Er muss Schauspieler sein.
エア　ムス　　シャオシュピーラー　　ザイン

彼は俳優に違いない。

ポイント① …しなければならない

Ich **muss** auch am Sonntag **arbeiten.**
イヒ　ムス　アオホ　アム　ゾンターク　アルバイテン

私は日曜日も働かなければならない。

Du **musst** unbedingt dieses Buch **lesen.**
ドゥー　ムスト　ウンベディンクト　ディーゼス　ブーフ　レーゼン

君はぜひこの本⊞を読まなければいけません。

Wir **müssen** heute Abend zu Hause **bleiben.**
ヴィーア　ミュッセン　ホイテ　アーベント　ツー　ハオゼ　ブライベン

私たちは今晩、家にいなければならない。

ポイント② …に違いない

Der Bus **muss** gleich **kommen.**
デア　ブス　ムス　グライヒ　コメン

バス⊞はすぐに来るに違いない。

Sie **muss** krank **sein.**
ズィー　ムス　クランク　ザイン

彼女は病気に違いない。

ポイント③ müssen＋否定（nicht、kein など）→「…する必要はない」

Sie **müssen** morgen nicht zur Uni **kommen.**
ズィー　ミュッセン　モルゲン　ニヒト　ツーア　ウニ　コメン

　あなた方はあした大学に来る必要はありません。

ポイント④ müssen は単独でも使える。

文脈などで意味がわかる場合、本動詞を省略できます。

Erika **muss** nach Hause.
エーリカ　ムス　ナーハ　ハオゼ

エリカは家に帰らなければならない。

> 方向を示すnach Hause「家へ」があるので、gehen（行く）が省略できます。

確認問題 müssen を正しい形に直して、点線部に入れなさい。

① Ich ＿＿＿＿＿ sofort gehen.
私はすぐ行かなければなりません。

② Du ＿＿＿＿＿ einmal Nara besuchen.
君は一度は奈良を訪れなければいけません。

③ Meine Eltern ＿＿＿＿＿ böse sein.
私の両親⊞は怒っているに違いない。

④ Heute ＿＿＿＿＿ sie zur Bank.
きょう彼女は銀行に行かなければならない。

sollen 「…すべきだ」 🔊074

Mama sagt, du sollst dein Zimmer putzen.
<small>ママ ザークト ドゥー ゾルスト ダイン ツィマー プッツェン</small>
部屋⊞を掃除しなさい、とママが言っているよ。

Thomas soll sie heiraten.
<small>トーマス ゾル ズィー ハイラーテン</small>
トーマスは彼女と結婚するそうだよ。

ポイント①「…すべきだ」。主語以外の人の意志や要求を表します。

Mein Vater sagt, ich **soll** Jura studieren.
<small>マイン ファーター ザークト イヒ ゾル ユーラ シュトゥディーレン</small>
私の父は、私は法律学を専攻するべきだ、と言っています。

Du **sollst** zum Arzt **gehen**.
<small>ドゥー ゾルスト ツム アールツト ゲーエン</small>
君は医者に行くべきです。

・ていねいに「…したほうがいいですよ」と言うときには du solltest、Sie sollten
という形を使います。　　　　　　<small>接続法第2式という形です。☞190頁</small>

Du **solltest** nicht so viel **trinken**.
<small>ドゥー ゾルテスト ニヒト ゾー フィール トリンケン</small>
そんなにたくさん飲まないほうがいいですよ。
Sie **sollten** jeden Tag spazieren **gehen**.
<small>ズィー ゾルテン イェーデン ターク シュパツィーレン ゲーエン</small>
あなたは毎日散歩に行ったほうがいいですよ。

ポイント② Soll ich ... ? →「…しましょうか？」

Soll ich das Fenster **schließen**?
<small>ゾル イヒ ダス フェンスター シュリーセン</small>
窓⊞を閉めましょうか？
Was **soll** ich **tun**?
<small>ヴァス ゾル イヒ トゥーン</small>
私は何をしましょうか？

ポイント③ …だそうだ（噂の sollen）

Er **soll** die Uni **verlassen**.
<small>エア ゾル ディー ウニ フェアラッセン</small>
彼は大学⊠をやめるそうだよ。
Nach der Wettervorhersage **soll** es morgen **schneien**.
<small>ナーハ デア ヴェッターフォーアヘーアザーゲ ゾル エス モルゲン シュナイエン</small>
天気予報⊠によれば明日は雪が降るそうです。

確認問題 sollen を正しい形に直して、点線部に入れなさい。

① .... ich warten?　　　　　　私は待っていましょうか？
② Du .... zum Zahnarzt gehen.　　君は歯医者に行くべきです。
③ Dieses Auto .... 10 Millionen Yen kosten.　この車は1千万円らしい。

dürfen 「…してもよい」　🔊 075

Darf ich dich bitten?
ダルフ　イヒ　ディヒ　ビッテン

君にお願いしてもいいですか？

ポイント① …してもよい

Darf ich das Fenster **öffnen**?
ダルフ　イヒ　ダス　フェンスター　エフネン

窓を開けてもよいですか？

Darf ich Sie kurz **stören**?
ダルフ　イヒ　ズィー　クルツ　シュテーレン

ちょっとお邪魔してもよろしいでしょうか？

Darf man hier **fotografieren**?
ダルフ　マン　ヒーア　フォトグラフィーレン

ここで写真を撮ってもいいですか？

Du **darfst** hier **parken**.
ドゥー　ダルフスト　ヒーア　パルケン

君はここに駐車して構いません。

> 不定代名詞 man
> ☞ 121頁

ポイント② dürfen ＋否定詞など → 「…してはいけない」（禁止）

> nicht や kein など否定を表す語句のこと。

Hier **darf** man **nicht** rauchen.
ヒーア　ダルフ　マン　ニヒト　ラオヘン

ここでタバコを吸ってはいけません。

Man **darf kein Essen** in die Bibliothek bringen.
マン　ダルフ　カイン　エッセン　インディー　ビブリオテーク　ブリンゲン

図書館に食べ物⊞を持ち込んではいけません。

確認問題 dürfen を正しい形に直して、点線部に入れなさい。

① Wo ＿＿＿＿＿ ich mein Fahrrad abstellen?　私は自転車⊞をどこに止めていいですか？

② Sie ＿＿＿＿＿ nicht aus dem Zimmer gehen. 彼らは部屋⊞の外に出てはいけない。

③ In Japan ＿＿＿＿＿ man ab 20 Alkohol trinken.

日本では20歳から飲酒が許されている。

Rauchen
verboten !

Essen und
Trinken
verboten

mögen「…かもしれない」 ◑076

Er mag Recht haben.
エア　マーク　　レヒト　　ハーベン

彼は正しいかもしれない。

Magst du Krimis?
マークスト　　ドゥー　クリミス

推理小説は好きですか？

ポイント① …かもしれない

Er **mag** schon 70 Jahre alt **sein**.
エア マーク　ショーン　ズィーブツィヒ ヤーレ　アルト ザイン

彼はすでに70歳かもしれない。

Das **mag** richtig **sein**.
ダス　マーク　リヒティヒ　ザイン

それは正しいかもしれない。

ポイント② mögen は単独で使うと「…が好き」。「…」の名詞は 4 格です。

Magst du Kaffee?
マークスト　ドゥー カフェ

コーヒー男は好きですか？

— Nein, ich **mag** keinen Kaffee.
ナイン　イヒ　マーク　カイネン　　カフェ

いいえ、コーヒーは好きではありません。

Ich **mag** Anime sehr.
イヒ　マーク　アニメー　　ゼーア

私はアニメ男がとても好きです。

Sie **mag** den Mann nicht.
ズィー マーク　デン　マン　ニヒト

彼女はその男性が好きではない。

Wir **mögen** den Film.
ヴィーア　メーゲン　デン　フィルム

私たちはこの映画男が好きです。

確認問題 mögen を正しい形に直して、点線部に入れなさい。

① Das ＿＿＿＿＿ falsch sein.　　それは間違っているかもしれない。

② Sie ＿＿＿＿＿ Recht haben.　　あなたは正しいかもしれない。

③ ＿＿＿＿＿ er Fisch?　　彼は魚男は好きですか？

④ Das ＿＿＿＿＿ ich.　　私はそれが好きだ。

möchte 「…したい」　🔊077

Ich möchte Eis essen.
イヒ　メヒテ　　　　アイス　エッセン

私はアイス⊞が食べたい。

ポイント❶ …したい

Ich **möchte** einmal nach Afrika **fahren**.
イヒ　メヒテ　　　アインマール　ナーハ　アーフリカ　ファーレン

私は一度アフリカに行ってみたい。

Was **möchtest** du **trinken**?
ヴァス　メヒテスト　ドゥー　トリンケン

君は何が飲みたいですか？

Die Kinder **möchten** einen Hund **haben**.
ディー　キンダー　メヒテン　　アイネン　フント　ハーベン

子供たちは犬⊞を飼いたい。

Ich **möchte** Frau Schulze **sprechen**.
イヒ　メヒテ　　フラオ　シュルツェ　　シュプレッヒェン

シュルツェさんにお目にかかりたいのですが。／（電話で）シュルツェさんとお話がしたいのですが。

＊ möchte は特殊な助動詞で、不定形がありません。本来は助動詞 mögen の変化形（接続法第2式）なのですが、現在では独立した助動詞として「…したい」の意味で使われます。

ポイント❷ möchte は単独で使うと「…がほしい」。「…」の名詞は4格です。

Was **möchten** Sie?
ヴァス　メヒテン　ズィー

注文は何でしょう？

— Ich **möchte** ein Mineralwasser.
イヒ　メヒテ　　アイン　ミネラールヴァッサー

ミネラルウォーター⊞をください。

確認問題 möchte を正しい形に直して、点線部に入れなさい。

① Ich ＿＿＿＿＿ jetzt schlafen.　　　　私はいま眠りたい。

② Was ＿＿＿＿＿ du werden?　　　　　　君は何になりたいですか？

③ ＿＿＿＿＿ ihr etwas trinken?　　　　君たちは何か飲みたいですか？

④ Die Leute ＿＿＿＿＿ ihre Freizeit genießen.　　人々㉿は自分の自由時間囡を楽しみたい。

未来・推量の助動詞 werden「…だろう」 🔊078

Es wird morgen regnen.
エス　ヴィルト　モルゲン　レーグネン

明日は雨が降るだろう。

ポイント① werden は単体では「…になる」という意味の動詞ですが、助
　　　　　　　　ヴェーアデン
動詞として使うと、「…だろう」という未来・推量を表します。

Er **wird** morgen sicher **kommen**.　　　彼は明日きっと来るだろう。
エア ヴィルト　モルゲン　ズィッヒャー コメン

＊話法の助動詞と同じく werden の位置は2番目、本動詞は原形のまま文末に置きます。（ワ
　ク構造）

ポイント② 未来・推量の助動詞 werden は、主語の人称によってニュアン
スが変わります。

主語が1人称のときは意志、2人称のときは命令、3人称のときは推量を表します。

1人称 Wir **werden** nächste Woche **abfahren**.　　　私たちは来週出発します。（意志）
　　　 ヴィーア ヴェーアデン ネヒステ ヴォッヘ　アップファーレン
2人称 Du **wirst** sofort die Hausaufgaben **machen**.　すぐに宿題をしなさい。（命令）
　　　 ドゥー ヴィルスト ゾフォルト ディー ハオスアオフガーベン　マッヘン
3人称 Sie **wird** wohl in Deutschland **sein**.　彼女はおそらくドイツにいるだろう。（推量）
　　　 ズィー ヴィルト　ヴォール インドイチュラント　ザイン

ポイント③ 未来を表す副詞などがあるか、あるいは文脈から明らかな場合、
ドイツ語では未来のことであっても現在形を用います。

Morgen fahre ich nach Yokohama.　　　あした私は横浜に行きます。
モルゲン　ファーレ イヒ ナーハ ヨコハーマ
Im nächsten Jahr beendet er sein Studium.　　来年彼は大学での勉強田を終えます。
イム ネヒステン　　　ヤール　ベエンデット　エア ザイン シュトゥーディウム

・werden を使うと推量の意味が加わります。

Im nächsten Jahr **wird** er sein Studium **beenden**.　来年彼は大学での勉強を終えるだろう。
イム ネヒステン　　 ヤール ヴィルト エア ザイン シュトゥーディウム ベエンデン

確認問題 werden を正しい形に直して、点線部に入れなさい。

① Ich _____ dir sicher schreiben.　　　私はきっと君に手紙を書きますよ。

② Naomi _____ vielleicht noch in der Bibliothek arbeiten.

　　　ナオミはひょっとしたらまだ図書館囚で勉強しているかもしれません。

③ Du _____ deinem Vater helfen.　　　君はお父さんを手伝いなさい。

練習問題

1. ( ) の助動詞を使って、全文を書き直しなさい。

① Ich arbeite auch am Wochenende.（müssen） 私は週末も働きます。

② Sie wird Pilotin.（wollen） 彼女はパイロットになります。

③ Welche Sprachen sprichst du?（können） 君は何語を話しますか？

④ Der Staat ist neutral gegenüber Religionen.（müssen） 国家は宗教に対して中立です。

⑤ Probierst du den Wein?（möchte） このワインを味見しますか？

⑥ Du lernst für die Prüfung.（sollen） 君は試験勉強します。

⑦ Begleite ich Sie nach Hause?（dürfen） 家までお送りしましょうか？

⑧ Der Professor ist etwa 50 Jahre alt.（mögen） その教授は 50 歳くらいだ。

2. 日本語に訳しなさい。

① Heute werde ich nicht mehr essen.

② Das wirst du nie wieder tun!

③ In Tokyo wird es vielleicht schneien.

3.ドイツ語に訳しなさい。

① （あなたを）お手伝いしましょうか（helfen）？

. . . .

② ウィーン（Wien）では君は絶対に（unbedingt）オペラに行ってください（in die Oper gehen）。

. . . .

③ 私はハイデルベルク大学で（in Heidelberg）ドイツ文学（Germanistik 囡; 無冠詞で）を専攻する（studieren）つもりです。

. . . .

④ 飛行機（Flugzeug 甼）は間もなく（bald）チューリヒに（in Zürich）到着する（an|kommen）でしょう。

. . . .

コラム

現在進行形について

ドイツ語には英語のような現在進行形はありません。現在行っていることを表現するには、jetzt「いま」や gerade「ちょうど」などの副詞を用います。

Was machst du **jetzt**?　　いま君はなにをしているの？
Ich lese **gerade** die Zeitung.　私はちょうど新聞を読んでいるところです。

ただし、一部の地域では「sein + am/beim + 動詞の名詞化」で現在行っていることを表現します。

Ich **bin am Lesen**.　　　私は読書しています。
Er **ist beim Kochen**.　　彼は料理をしています。

動詞の前つづり　🔊079

Er kommt um 9 Uhr in Osaka an.
エア　コムト　　　ウム　ノイン ウーア　イン　オーサカ　　アン

彼は9時に大阪に到着します。

Sie bekommt heute einen Brief.
ズィー　ベコムト　　ホイテ　アイネン　ブリーフ

彼女はきょう手紙圐を受け取ります。

ポイント❶ 基礎になる動詞（基礎動詞）に前つづりをつけると、新しい動詞ができます。

・kommen（来る）が基礎動詞になる例を見てみましょう。

　　　　　　　　　前つづり＋ 基礎動詞

　ankommen 到着する　　　an ＋ kommen

　bekommen 受け取る　　　be ＋ kommen

ポイント❷ 前つづりによって動詞の意味が変わります。

・steigen（のぼる、おりる）
　シュタイゲン
　aus|steigen（[乗り物から]降りる）、**ein**|steigen（[乗り物に]乗る）、
　アオス　シュタイゲン　　　　　　　　　　　　　　アイン シュタイゲン
　um|steigen（[乗り物を]乗り換える）
　ウム　　シュタイゲン

・kommen（来る）
　コメン
　an|kommen（到着する）、**be**kommen（受け取る）、**mit**|kommen（一緒に来る）、
　アン コメン　　　　　　　　ベコメン　　　　　　　　ミット コメン
　zurück|kommen（戻って来る）
　ツリュック　コメン

・stehen（立っている）
　シュテーエン
　auf|stehen（起きる）、**be**stehen（[試験に4格]合格する）、
　アオフ シュテーエン　　　　ベシュテーエン
　entstehen（起こる）、**ver**stehen（理解する）
　エントシュテーエン　　　　フェアシュテーエン

ポイント❸ 前つづりには〈分離前つづり〉と〈非分離前つづり〉の2種類があります。

〈分離前つづり＋基礎動詞〉の形の動詞を分離動詞、〈非分離前つづり＋基礎動詞〉の形の動詞を非分離動詞といいます。次のページで解説します。

　　　　上の例でタテ線が入っていない動詞です。　　　　上の例でタテ線（ | ）が入っている動詞です。

分離動詞　🔊080

Er **steigt** in Shinjuku **um**.

エア　シュタイクト　イン　シンジュク　ウム

彼は新宿で電車を乗り換えます。

ポイント❶ 〈分離前つづり＋基礎動詞〉の形の動詞を分離動詞といいます。

ポイント❷ 分離動詞は文の中で2つの部分に分離します。その際、前つづりを文末に置きます。基礎動詞と前つづりでワク構造をつくります。

an|kommen 到着する	
ich **komme** ... an	wir **kommen** ... an
du **kommst** ... an	ihr **kommt** ... an
er **kommt** ... an	sie **kommen** ... an
Sie **kommen** ... an	Sie **kommen** ... an

Er kommt um 9 Uhr in Osaka **an**.
エア コムト　　ウム ノイン ウーア イン オーサカ　　アン
彼は9時に大阪に着きます。

Kommt er heute in Osaka **an**?
コムト　　エア ホイテ　　イン オーサカ　アン
彼は今日大阪に着きますか？

Um wie viel Uhr **kommt** er in Osaka **an**?
ウム　　ヴィー フィール ウーア コムト　　エア イン オーサカ　　アン
彼は何時に大阪に着きますか？

- 辞書では an\|kommen のようにタテ線が入っています。
- 発音は前つづりにアクセントを置きます。（強く発音する）

Er muss um 9 Uhr in Osaka **ankommen**.
エア ムス　　ウム ノイン ウーア イン オーサカ　　アンコメン
彼は9時に大阪に着かなければならない。

> 分離動詞は話法の助動詞といっしょに使う場合、分離せずに原形（1語）のまま文末に置きます。

ポイント❸ おもな分離前つづり

> 〈分離前つづり〉は前置詞や副詞と形が共通していることが多い。

ab-	an-	auf-	aus-	ein-	mit-	nach-	vor-	zu-	zurück-
アップ	アン	アオフ	アオス	アイン	ミット	ナーハ	フォーア	ツー	ツリュック

確認問題 （　）の動詞を正しい形に直して、点線部に入れなさい。

① Wir .... morgen in München .... (an\|kommen)

　私たちは明日ミュンヘンに着きます。

② Wann .... der Bus ....? (ab\|fahren)　いつバス囲は出発しますか？

③ .... Sie bitte das Fenster ....! (zu\|machen)　窓囲を閉めてください！

④ .... Sie bitte die Tür ....! (auf\|machen)　ドア囡を開けてください！

非分離動詞　🔊081

Er bekommt heute ein Geschenk.　彼は今日プレゼント⊞をもらう。
エア　ベコムト　　　　　　　　ホイテ　　　アイン　　ゲシェンク

ポイント❶〈非分離前つづり＋基礎動詞〉の形の動詞を非分離動詞といいます。

ポイント❷ 非分離動詞の前つづりは分離しないで、くっついたままです。

verstehen 理解する	
ich **ver**stehe	wir **ver**stehen
du **ver**stehst	ihr **ver**steht
er　**ver**steht	sie **ver**stehen
Sie **ver**stehen	Sie **ver**stehen

Makoto **ver**steht das Buch gut.　　　マコトはこの本⊞をよく理解している。
マコト　　　フェアシュテート　ダス　　ブーフ　　グート
Verstehst du mich?　　　　　　　　君は私の言うことがわかりますか？
フェアシュテースト　ドゥー　ミヒ
Wie **ver**stehst du es denn?　　　　　君はそれをどのように理解しているの？
ヴィー　フェアシュテースト　ドゥー　エス　デン

・非分離動詞の前つづりにアクセントはありません。基礎動詞部分を強く発音します。

　bek<u>o</u>mmen（受け取る）　geh<u>ö</u>ren（…のものである）　verst<u>e</u>hen（理解する）

　　　　　　　　　　　　　　　　　　　　　　　　　│下線部を強く発音します。│

ポイント❸ おもな非分離前つづり

be-　emp-　ent-　er-　ge-　ver-　zer-
ベ　　エムプ　エント　エア　ゲ　　フェア　ツェア

確認問題（　）の動詞を正しい形に直して、点線部に入れなさい。

① Warum ＿＿＿＿＿ du dein Auto? (verkaufen)　なぜ君は自分のクルマ⊞を売るの？

② Er ＿＿＿＿＿ diesen Computer. (benutzen)　彼がこのパソコン男を使っている。

③ Das ＿＿＿＿＿ ich Ihnen. (versprechen)　それを私はあなたに約束します。

④ Der Pullover ＿＿＿＿＿ mir. (gefallen)　私はこのセーター男が気に入りました。

練習問題

1. 下から適切な動詞を選び、正しい形にして点線部に入れなさい。

| ab|nehmen | an|rufen | aus|sehen | ein|kaufen | ein|laden |
| teil|nehmen | unter|gehen | vor|haben | zurück|geben | zurück|kehren |

① Die Sonne .... am Horizont .... 太陽が水平線に沈む。

② .... mir bitte mein Buch ....! 私の本を返してください！

③ .... ihr am Wochenende etwas ....?

君たちは週末に何か予定がありますか？

④ Der Professor .... die Studenten zum Mittagessen ....

教授は学生たちを昼ごはんに招待する。

⑤ Die soziale Lage .... sehr schlecht ....

社会情勢は非常に悪いように見える。

⑥ Sie .... im Supermarkt .... und geht nach Hause.

彼女はスーパーで買い物をして、家に帰ります。

⑦ Wann .... sie aus dem Urlaub ....?

彼らはいつバカンスから戻って来ますか？

⑧ Sie müssen mindestens 10 Kilo ....

あなたは最低でも 10 キロはやせなければならない。

⑨ Wir .... im Sommer am Deutschkurs in München ....

私たちは夏にミュンヘンでドイツ語コースに参加します。

⑩ Ich werde sie heute Abend noch einmal ....

私は彼女に今晩もう一度電話するつもりです。

2.日本語に訳しなさい。

① Wie viele Stunden siehst du täglich fern?

_____

② Er verkauft sein Auto für 10.000 Euro.

_____

③ Die Großmutter erzählt ihren Enkeln ein Märchen.

_____

④ Die Menschen hören der Rede des Kandidaten aufmerksam zu.

_____

3.ドイツ語に訳しなさい。

① 彼はようやく（endlich）仕事（Arbeit 囡）を始める（mit...3格 an|fangen）。

_____

② フリーマーケット（Flohmarkt 男）はいつどこで行われますか（statt|finden）？

_____

③ 彼女は祖父母（Großeltern 覆）を空港（Flughafen 男）に迎えに行きます

（von...3格 ab|holen）。

_____

④ 彼らはシュニッツェル（Schnitzel 中）とワイン（Wein 男）のボトル（Flasche 囡）を

１本注文する（bestellen）。

_____

非人称の es 🔊082

Heute regnet es.
ホイテ　　　　　レーグネット　　　エス
今日は雨が降っている。

ポイント① es は天候、体調、時間などを表す文の主語になります（非人称
の es）。日本語に訳す必要はありません。

ポイント② 天候や自然現象を表す表現

動詞：　regnen 雨が降る　schneien 雪が降る　donnern 雷が鳴る　など
　　　　レーグネン　　　　　シュナイエン　　　　　ドナーン
形容詞：heiß 暑い　warm 暖かい　kalt 寒い
　　　　ハイス　　　ヴァルム　　　　カルト
　　　　sonnig よく晴れた　wolkig 曇った　など
　　　　ゾニヒ　　　　　　　　ヴォルキヒ

Heute **regnet es** sehr stark.　　今日とても強く雨が降っています。
ホイテ　　　レーグネット　エス　ゼーア　シュタルク

Es schneit in der Nacht.　　夜に雪が降る。
エス　シュナイト　　　インデア　ナハト

Es ist heute sehr **heiß**.　　今日はとても暑いです。
エス　イスト　ホイテ　ゼーア　ハイス

ポイント③ 体調や身体状況を表す表現。人は 3 格で表します。

Es tut **mir** weh.　　　　痛いです。
エス　トゥート　ミーア　ヴェー

Wie **geht es** Ihnen?　　調子はいかがですか？
ヴィー　ゲート　エス　イーネン

| es geht 人3格＋形容詞：人3格の調子は…だ |

— **Es geht** mir gut.　　調子はよいです。
エス　ゲート　　ミーア　グート

Es ist **mir** kalt / heiß.　　私は寒い／暑いです。
エス　イスト　ミーア　カルト　　ハイス

→ Mir ist kalt / heiß.
　　ミーア　イスト　カルト　　ハイス

| 「暑い」「寒い」のような生理現象を表す文では、主語の es はよく省略されます。その場合、文頭には mir が来ます。 |

ポイント④ 時間の表現

Wie spät ist **es** jetzt? 今何時ですか？　— **Es** ist elf Uhr.　11時です。
ヴィー　シュペート イスト エス イェッツト　　　　　　　エス　イスト　エルフ　ウーア

| **コラム** 時間の言い方 ☞ 123頁 |

ポイント⑤ es を使う重要な表現

・es gibt ... ^{4格}：…^{4格} がある・存在する

Es gibt verschiedene Kurse in der Schule.　　この学校にはさまざまなコースがあります。
エス　ギープト　フェアシーデネ　　　　クルゼ　インデア　シューレ

・es handelt sich um ... ^{4格} / es geht um ... ^{4格}：…^{4格}がテーマ（問題）となっている

Es handelt sich um die Außenpolitik. / **Es geht um** die Außenpolitik.
エス　ハンデルト　ズィヒ　ウム　ディー　アオセンポリティーク　　　エス　ゲート　　ウム　ディー　アオセンポリティーク

テーマになっているのは外交政策図です。

不定代名詞 man　🔊083

In Österreich spricht man Deutsch.
イン　エーステライヒ　　　シュプリヒト　　マン　　　ドイチュ
　　オーストリアではドイツ語を話す。

ポイント❶ ドイツ語には man（ひとは）を主語にした文がよく出てきます。man は特定の人物ではなく、誰にでも当てはまるようなことを言う場合に使います。動詞は３人称単数の変化です。

In Deutschland isst **man** viel Brot.　　　ドイツではたくさんパン⊞が食べられている。
イン ドイチュラント　　　　イスト マン　　フィール ブロート
Wo spricht **man** Englisch?　　　　　　英語はどこで話されていますか？
ヴォー シュプリヒト マン　　エングリッシュ
Wie sagt **man** das auf Deutsch?　　　それはドイツ語では何というのですか？
ヴィー ザークト マン　　ダス　アオフ ドイチュ
Darf **man** hier fotografieren?　　　　　ここで写真を撮ってもいいですか？
ダルフ　マン　　ヒーア フォトグラフィーレン
So etwas soll **man** nicht sagen.　　　そんなことは言うべきではない。
ゾー エトヴァス ゾル マン　　ニヒト　ザーゲン

・日本語では man は訳さないか、受動表現にすれば自然な感じになります。
・男性名詞の Mann（男性、夫）とは違うので気をつけましょう。
　　　　　　　　マン

確認問題 非人称の es と不定代名詞 man に気をつけて訳しなさい。

① Gibt es hier einen Automaten?

② Es wird morgen sehr kalt.

③ Heute ist es sommerlich in Berlin.

④ Spricht man auch in der Schweiz Deutsch?

⑤ Darf man hier rauchen?

練習問題

1. 日本語に訳しなさい。

① Es ist schon Abend.

② Es tut mir leid, dieser Tisch ist reserviert.

③ Es geht mir nicht schlecht.

④ Es geht nicht um Geld, sondern um unser Leben.

⑤ In Deutschland fährt man rechts.

⑥ So etwas tut man nicht!

2. ドイツ語に訳しなさい。

① 東京は（in Tokyo）きょうは（heute）晴れて（sonnig）暑い（heiß）です。

② もう（schon）遅い（spät）です。そろそろ（langsam）帰りましょう（nach Hause gehen）。

③ この町（Stadt 囡）に博物館（Museum 囲）はありません。

④ ドイツではクリスマスに（zu Weihnachten）何をしますか（machen）？

時間の言い方

「何時ですか？」の言い方には 2 通りあります。どちらでも意味の違いはありません。

Wie spät ist es? ／ Wie viel Uhr ist es?

答えは es を使って言います。

Es ist neun Uhr.	9 時です。
Es ist neun Uhr dreißig.	9 時 30 分です。

「…時…分」の場合は、Uhr（…時）の後ろに、「…分」の数字をつけ加えます。なお「分」を表すドイツ語は Minute ですが、ふつうは言いません。

時刻の言い方には、24 時間制と 12 時間制の 2 種類があります。時報や時刻表、お店の表示などでは 24 時間制が使われます。日常会話では、14 時を 2 時のように、12 時間制で言うのがふつうです。12 時間制では次の表現がよく使われます。「…分過ぎ」の nach、「…分前」の vor、15 分の Viertel、30 分（…時半）の halb。

	24 時間制（公共の場）	12 時間制（日常会話）
14 時	vierzehn Uhr	zwei (Uhr)
14 時 5 分	vierzehn Uhr fünf	fünf nach zwei
14 時 15 分	vierzehn Uhr fünfzehn	Viertel nach zwei
14 時 30 分	vierzehn Uhr dreißig	halb drei
14 時 45 分	vierzehn Uhr fünfundvierzig	Viertel vor drei
14 時 55 分	vierzehn Uhr fünfundfünfzig	fünf vor drei

このうち「30 分」の halb には注意が必要です。日本語の「2 時半」はドイツ語では「3 時に向かって 30 分経過」と考えて、halb drei と言います。日本語の感覚とは違うので、慣れないとよく間違えます。

「…時に…する」と言うときは、時刻の前に前置詞の um をつけます。

Der Unterricht beginnt **um 9 (Uhr)**.	授業は 9 時に始まります。
Um wie viel Uhr beginnt der Unterricht?	授業は何時に始まりますか？

否定文のつくりかた 🔊084

Ich habe keinen Hunger.
イヒ　　ハーベ　　カイネン　　フンガー

私は空腹男ではありません。

Sie kommen nicht aus Amerika.
ズィー　コメン　　　　ニヒト　　アオス　　アメーリカ

彼らはアメリカ出身ではありません。

ポイント① 不定冠詞のついた名詞、無冠詞の名詞は、名詞の前に否定冠詞の kein をつけて否定文をつくります。

> 否定冠詞 kein ☞ 62頁

Das ist ein Bleistift. → Das ist **kein** Bleistift.
ダス　イスト アイン ブライシュティフト　　　ダス　イスト カイン ブライシュティフト

　これは鉛筆田です。　　　　これは鉛筆ではありません。

Das ist Kaffee.　　　→ Das ist **kein** Kaffee.
ダス　イスト　カフェ　　　　　ダス　イスト カイン カフェ

　これはコーヒー男です。　　これはコーヒーではありません。

ポイント② それ以外の場合は、否定詞の nicht を用いて否定文をつくります。ポイントは nicht の位置です。

> 英語の not にあたります。

① nicht の位置 → 原則として、否定したい語や語句の前に置く
　ニヒト

　・A ist B. の文で、B を否定する場合

> 定冠詞、定冠詞類、所有冠詞のついた名詞に kein はつけられないため、これらの否定には nicht を用います。

Ich bin **nicht** müde.　　　　私は眠くありません。
イヒ　ビン ニヒト　ミューデ

Sein Auto ist **nicht** neu.　　彼のクルマ田は新しくない。
ザイン アオト イスト ニヒト ノイ

Das ist **nicht** mein Auto.　　これは私のクルマではありません。
ダス　イスト ニヒト　マイン　アオト

　・動詞と熟語的に結びつく名詞がある場合は、その名詞の前に置く

Naomi spielt **nicht** Klavier.　ナオミはピアノを弾きません。（Klavier spielen: ピアノを弾く）
ナオーミ　　シュピールト ニヒト クラヴィーア

Ich fahre **nicht** Auto.　　　私はクルマを運転しません。（Auto fahren: クルマを運転する）
イヒ　ファーレ　ニヒト　　アオト

　・前つづりや動詞が文末にある場合は、その前に置く。

Er holt mich **nicht** ab.　　　　　彼は私を迎えに来ません。
エア ホールト ミヒ　　ニヒト　　アップ

Er kann morgen **nicht** kommen.　彼はあした来ることができません。
エア カン　モルゲン　ニヒト　　コメン

　・副詞の前

Er kocht **nicht** gut.　　　　彼は料理がうまくありません。
エア コッホト ニヒト　グート

・前置詞句の前

Sie interessiert sich **nicht** für Fußball.　　彼女はサッカーに興味がありません。
ズィー インテレスィーアト　　ズィヒ ニヒト　　フューア フースバル

・場所や行き先を表す語句の前

Wir gehen **nicht** in die Bibliothek.　　私たちは図書館🄬に行きません。
ヴィーア ゲーエン　　ニヒト　　インディー ビブリオテーク

Sie wohnen **nicht** in Tokyo.　　彼らは東京に住んでいません。
ズィー ヴォーネン　　ニヒト　　イントーキョー

②動詞を否定する場合 → nicht は文末に置く

> ①に挙げたような語句
> がない場合は、nicht
> を文末に置くというこ
> とです。

Ich kenne den Mann.　　→　　Ich kenne den Mann **nicht**.
イヒ ケネ　デン　マン　　　　　　　イヒ ケネ　デン　マン　　ニヒト
私はその男性を知っています。　　　私はその男性を知りません。

Diese Jacke gefällt mir.　　→　　Diese Jacke gefällt mir **nicht**.
ディーゼ ヤッケ　グフェルト　ミーア　　ディーゼ ヤッケ　グフェルト　ミーア ニヒト
このジャケット🄬を私は気に入った。　このジャケットを私は気に入らない。

確認問題 日本語に合うように、（　　）の語を並べ替えなさい。（動詞は正しい形に
直すこと）

① 彼は若くありません。（er / jung / nicht / sein）

　　　　　　　　　　　　　　　　　　　　　　　　　　　　　　　　

② 彼女は私の姉妹ではありません。（meine Schwester / nicht / sein / sie）

　　　　　　　　　　　　　　　　　　　　　　　　　　　　　　　　

③ 私は朝食を食べません。（frühstücken / ich / nicht）

　　　　　　　　　　　　　　　　　　　　　　　　　　　　　　　　

④ 彼女はきょう大学に来ません。（heute / kommen / sie / nicht / zur Uni）

否定疑問文　🔊085

Bist du nicht müde?
ビスト　　ドゥー　　ニヒト　　ミューデ

君は疲れてない？

ポイント① 否定詞（nicht や kein など）を加えた疑問文を否定疑問文といいます。「…じゃないの？」「…しないのですか？」のような表現です。

Ist Erika **nicht** seine Freundin?
イスト エーリカ ニヒト ザイネ フロインディン

エリカは彼のガールフレンド囡じゃないの？

Hast du heute **keine** Zeit?
ハスト ドゥー ホイテ カイネ ツァイト

君はきょう時間囡がないの？

> 否定疑問文は、驚き（意外や心外）、確認、同意を求める気持ちなどが強く出た表現です。

ポイント② 否定疑問文への受け答えはふつうの決定疑問文とは異なります。注意が必要です。

答えに否定の語句がある場合 → nein で答える
　　　　　　　　　　　　　　　　ナイン

答えに否定の語句がない場合 → doch で答える
　　　　　　　　　　　　　　　　ドッホ

Hast du **kein** Auto?
ハスト ドゥー カイン アオト

クルマをもっていないのですか？

> neinは相手の否定疑問文を受け入れる返事です。

— **Nein**, ich habe **kein** Auto.
ナイン イヒ ハーベ カイン アオト

はい、もっていません。

— **Doch**, ich habe ein Auto.
ドッホ イヒ ハーベ アイン アオト

いいえ（＝そんなことはありません）、もっています。

Kennen Sie die Nachricht **nicht**?
ケネン ズィー ディー ナーハリヒト ニヒト

あなたはそのニュース囡を知らないのですか？

— **Nein**, ich kenne sie nicht.
ナイン イヒ ケネ ズィー ニヒト

はい、私はそれを知りません。

> dochは相手の否定疑問文を打ち消す返事です。

— **Doch**, ich kenne sie.
ドッホ イヒ ケネ ズィー

いいえ、私はそれを知っています。

確認問題 日本語に合うように、（　　）に doch または nein を入れなさい。

① Liebst du mich nicht?　　—　　（　　　　）, ich liebe dich.

私を愛していないの？　　　　　　いや、愛しているよ。

② Kommt sie nicht zur Uni?　—　　（　　　　）, sie kommt nicht zur Uni.

彼女は大学に来ないのですか？　　はい、彼女は大学に来ません。

③ Hast du keinen Appetit?　—　　（　　　　）, ich habe großen Appetit.

君は食欲團がないの？　　　　　　いえ、すごくあります。

④ Ist das kein Foto?　　　—　　（　　　　）, das ist kein Foto, sondern ein Bild.

これは写真田じゃないの？　　　　はい、写真ではありません。絵田です。

練習問題

1. 次の文を否定文に書き換えなさい。

① Ich habe Interesse an Popmusik.　　私はポップミュージックに興味田があります。

② Makoto geht morgen zur Uni.　　マコトはあした大学に行きます。

③ Das Auto gehört ihm.　　このクルマは彼のです。

2. 日本語に合うように、（　）に ja, doch, nein を入れなさい。

① Kommst du nicht zur Grillparty?　—　（　　　）, ich komme zur Grillparty.

　　バーベキューに行かないの？　　　　　　いや、行くよ。

② Liest du keine Zeitung mehr?　—　（　　　）, ich lese keine Zeitung mehr.

　　もう新聞は読まないの？　　　　　　　はい、もう新聞は読みません。

③ Kann Makoto Deutsch?　—　（　　　）, er kann Deutsch.

　　マコトはドイツ語ができますか？　　　　はい、彼はドイツ語ができます。

3. ドイツ語に訳しなさい。

① 彼女はベジタリアン（Vegetarierin 囡）でお肉（Fleisch 田）を食べません。

② 彼はもうバイオリン（Geige 囡）を弾きません。（もう…ない：否定詞＋mehr）

③ そんなに（so）速く（schnell）運転しないで！（運転する：fahren）

④ あした（morgen）私は残念ながら（leider）来られません。— 問題（Problem 田）あり

　　ません。

否定を表す副詞

nicht や kein のほかに否定を表す語には以下のものがあります。

nie / niemals / keineswegs 決して…ない、一度も…ない
niemand 誰も…ない
nirgends / nirgendwo どこにも…ない
kaum ほとんど…ない　selten めったに…ない　wenig ほとんど…ない

名詞の性について

文法上の性は辞書で調べるしかわかりませんが、以下の名詞はひと目で性がわかります。

| 男性名詞 | 曜日、月、季節、方位（Osten 東　Westen 西　Süden 南　Norden 北） |

| 女性名詞 | -ung / -heit / -keit / -schaft / -tion で終わる名詞 |

Wohnung 住居　Freiheit 自由　Wirklichkeit 現実　Freundschaft 友情
Information 情報

| 中性名詞 | -chen / -lein で終わる名詞 |

Märchen メルヘン　Mädchen 女の子　Röslein 小さいばら

展開編

並列接続詞　🔊086

Sie trinkt Kaffee **und** er trinkt Tee.

彼女はコーヒーを飲みます。そして彼は紅茶を飲みます。

ポイント① 接続詞は、文と文、句と句、語と語をつなげるはたらきをします。
接続詞には〈並列接続詞〉と〈従属接続詞〉の２種類があります。

ポイント② 並列接続詞 →「そして」「しかし」のように、文と文、句と句、
語と語を対等につなげる接続詞。英語の and, but, or のような接続詞にあ
たります。

・おもな並列接続詞

| und そして　　aber しかし　　oder あるいは　　denn というのは…だから |

ポイント③ 並列接続詞が文と文をつなぐ場合、並列接続詞のあとに通常の
語順で次の文が続きます。並列接続詞は次の文の語順にカウントしません。

Ich spiele Klavier **und** sie spielt Geige.

　私はピアノを弾きます。そして彼女はバイオリンを弾きます。

Er mag Hunde, **aber** seine Frau mag keine Hunde.

　彼は犬が好きです。しかし彼の妻は犬が好きではありません。

Kommst du mit **oder** bleibst du?

　いっしょに来ますか、それとも残りますか？

Ich gehe heute nicht aus, **denn** es ist kalt.

　私はきょうは外出しません。寒いからです。

und / aber 🔊087

und
ポイント❶ そして、…と

英語のandにあたります。

Er wohnt in Berlin und **sie** wohnt in München.

　彼はベルリンに住んでいます。そして彼女はミュンヘンに住んでいます。

Erika **und** Makoto gehen ins Kino.　　　　エリカとマコトは映画を見に行きます。

Ich kaufe Äpfel **und** Orangen.　　　　私はリンゴとオレンジを買います。

Sie trinkt gern Kaffee **und** isst gern Schokolade.　彼女はコーヒーとチョコレートが好きです。

> 1番目の文と2番目の文で主語が共通する場合、2番目の文では主語が省略されるのが普通です。

aber
ポイント❷ しかし、でも

英語のbutにあたります。

Er kommt, **aber** sie kommt nicht.　　　　彼は来ます。しかし彼女は来ません。

Der Film ist lang, **aber** interessant.　　　その映画は長いですが、おもしろいです。

> aberの前には原則としてコンマを打ちます。

確認問題 （　）に und あるいは aber を入れなさい。

① Thomas geht einkaufen （　　　） Naomi kocht.

　トーマスは買い物に行きます。そしてナオミは料理します。

② Ich möchte einen Sportwagen, （　　　） er ist zu teuer.

　私はスポーツカーが欲しいです。しかしそれは高すぎます。

③ Ich muss nach Hause （　　　） sofort ins Bett.

　私は家に帰って、すぐに寝なければいけない。

④ Die Nachricht ist unglaublich, （　　　） wahr.

　そのニュースは信じられませんが、本当のことです。

oder / denn 🔊088

oder

ポイント**1** あるいは

英語のorにあたります。

Gehen wir spazieren **oder** bleiben wir zu Hause?

散歩に行きますか、それとも家にいますか？

Sie kommen morgen **oder** übermorgen.

彼らは明日か明後日に来ます。

denn

ポイント**2** （というのは）…だから

前の文に対して判断の根拠をつけ加える場合に用います。

Ich kann nicht kommen, **denn** ich bin krank.

私は来られません。病気だからです。

> dennの前には必ずコン
> マを打ちます。

Er lernt Deutsch, **denn** er hat einen deutschen Freund.

彼はドイツ語を学んでいます。ドイツ人のともだちがいるからです。

確認問題 （　　）に oder あるいは denn を入れなさい。

① Möchten Sie Fleisch （　　　） Fisch?　　　　お肉がいいですか、それとも魚ですか？

② Ich komme mit dem Bus （　　　　） dem Taxi.　私はバスかタクシーで来ます。

③ Wir essen draußen, （　　　） das Wetter ist schön.

私たちは外で食べます。天気がよいからです。

④ Ich gehe sofort ins Bett, （　　　） ich bin müde.

私はすぐに寝ます。疲れているからです。

従属接続詞と副文 🔊089

Wenn er kommt, gehen wir in die Mensa.

彼が来たら、私たちは学食に行きます。

ポイント❶ 従属接続詞 →〈副文〉をつくる接続詞

weiß＜wissen ☞ 81頁

主文　　　副文
Ich weiß, **dass** er krank ist.　　　私は彼が病気だということを知っています。

• 後半の „dass er krank ist"（彼が病気だということを）は独立した文ではなく、前半の „ich weiß"（私は知っています）に従属している文です。この部分を〈主文〉に対して〈副文〉といいます。

例文の青の部分が副文です。

• おもな従属接続詞

• 時	als …した時	während …する間	bevor …する前
	nachdem …した後	bis …するまで	
• 理由	weil なぜなら…だから	da …なので	
• 条件	wenn もし…なら		
• 譲歩	obwohl …にもかかわらず		
• 名詞節をつくる接続詞	dass …ということ	ob …かどうか	

ポイント❷ 副文の語順 → 従属接続詞を先頭に置き、動詞は副文の最後に置きます。（ワク構造）

主文　　　　　副文
Ich bleibe zu Hause, **weil** ich Fieber **habe**.　　私は家にいます。なぜなら熱があるからです。

Wir machen einen Ausflug, **wenn** das Wetter schön **ist**.

もし天気がよければ、私たちはピクニックに行きます。

ポイント❸ 副文から文を始めることもできます。その場合、主文の動詞は副文の直後に置きます。

副文は文全体の1番目の要素として扱われます。したがって主文の動詞は文の前から2番目の位置、つまり副文の直後に置かれるわけです。

副文　　　　　　　　　主文
Wenn das Wetter schön ist, **machen** wir einen Ausflug.

もし天気がよければ、　　　私たちはピクニックに行きます。

「時」を表す接続詞 als / während / bevor / nachdem / bis

🔊090

als

ポイント **1** …したとき（過去の出来事について）

Als ich Kind war, wohnte ich in Deutschland. | seinの過去形 | wohnenの過去形

私は子供のとき、ドイツに住んでいました。

während

ポイント **2** …する間

Während die Mutter kocht, sehen die Kinder fern.

母が料理している間、子供たちはテレビを見ています。

bevor

ポイント **3** …する前

Wasch dir die Hände, **bevor** du isst! 食べる前に手を洗いなさい！

nachdem

ポイント **4** …した後 | 過去完了形 ☞ 212頁 | gehenの過去形

Nachdem wir im Hotel angekommen waren, gingen wir zum Essen.

ホテルに着いた後、私たちは食事に行きました。

bis

ポイント **5** …するまで

| auf｜hören（やむ、終わる）は分離動詞です。分離動詞は副文の中では分離せず、1語のまま使います。

Ich bleibe hier, **bis** der Regen aufhört. 雨がやむまで、私はここにいます。

確認問題 （　　）に適切な従属接続詞を入れなさい。

① （　　　　）ich aus dem Haus gehe, rufe ich dich an. 家を出る前に君に電話します。

② （　　　　）sie 10 Jahre alt war, zog ihre Familie in die USA um.

　　彼女が10歳だった時、彼女の家族はアメリカに引っ越しました。

③ （　　　　）der Professor redet, schlafen die Studenten.

　　教授が話している間、学生たちは寝ています。

④ Ich warte im Café, （　　　　）du kommst. 君が来るまで、私はカフェで待っています。

「理由」を表す接続詞　weil / da　🔊091

weil

ポイント①（なぜなら）…だから

英語の because にあたります。理由や原因を表します。

Ich esse nicht zu Mittag, **weil** ich keinen Hunger habe.

　　私はお昼を食べません。お腹がすいていないからです。

Wir kommen zu spät, **weil** der Zug Verspätung hat.

　　私たちは遅刻します。電車男が遅れているからです。

Warum kommt sie nicht? — **Weil** sie erkältet ist.

　　なぜ彼女は来ないの？　　　カゼだからです。

> Warum（なぜ？）の質問に対して、単独で使うこともできます。

da

ポイント②…なので

weil と同じく理由や原因を表す接続詞です。da は相手も知っているような理由を述べる場合に用います。

> daに導かれる副文は、原則として文頭に置かれます。

Da das Wetter schön ist, essen wir im Park.

　　天気田がよいので、私たちは公園で食事します。

Da heute Sonntag ist, ist die Post geschlossen.

　　今日は日曜なので、郵便局囡は閉まっています。

確認問題　従属接続詞に注意して、日本語に訳しなさい。

① Der Ausflug findet nicht statt, weil das Wetter schlecht ist.

----

② Er lernt intensiv Deutsch, weil er in Deutschland studieren will.

----

③ Da sie eine Prüfung hat, kommt sie nicht auf die Party.

----

④ Da es regnet, gehe ich nicht spazieren.

----

wenn / obwohl 🔊092

wenn
ポイント❶ もし…なら（条件）

英語の if にあたります。

Wenn das Wetter schön ist, jogge ich. 　　天気がよければ、私はジョギングします。

Wenn sie kommt, gehen wir ins Café. 　　彼女が来たら、私たちはカフェに行きます。

Kommen Sie bitte zu uns, **wenn** Sie Zeit haben.

　　時間があれば、私たちのところにお出でください。

ポイント❷ …するとき（時について）

Wenn ich nach Hause komme, rufe ich dich an. 家に帰ったら、君に電話します。

Wenn er in Wien war, ging er oft in die Oper.

　　彼はウィーンに滞在したときは、しばしばオペラを見に行きました。

> 〈wenn＋過去形〉は過去の「習慣」を表します。それに対して als（…した時）は過去の「1回限りの出来事」を表します。

obwohl
ポイント❸ …にもかかわらず（譲歩）

英語の though にあたります。

Sie spielen Fußball, **obwohl** es schneit.

　　雪が降っているにもかかわらず、彼らはサッカーをします。

Obwohl er die Hausaufgaben machen muss, liest er Mangas.

　　宿題をしなければならないにもかかわらず、彼はマンガを読んでいます。

確認問題 従属接続詞に注意して、日本語に訳しなさい。

① Obwohl es regnet, gehen sie spazieren.

_____

② Nehmen Sie bitte ein Taxi, wenn Sie am Bahnhof ankommen.

_____

③ Wenn ich morgen Zeit habe, gehe ich zum Baseballspiel.

_____

名詞節をつくる接続詞　dass / ob 🔊093

dass
ポイント❶ …ということ

英語の接続詞の that にあたります。

> dass の節が動詞 glauben（…だと思う）の目的語のはたらきをしています。このように dass の節は名詞節をつくります。

Ich glaube, **dass** er nicht kommt. 　　私は彼は来ないと思います。

Sie sagt, **dass** er kommt. 　　彼女は彼は来ると言っています。

Wissen Sie, **dass** er keinen Fisch mag? 　　あなたは彼が魚を嫌いなことを知っていますか？

Ich freue mich, **dass** du wieder nach Japan kommst.

君がまた日本に来ることを、私はよろこんでいます。

ob
ポイント❷ …かどうか

英語の whether / if にあたります。

Ich weiß nicht, **ob** Erika heute kommt. 　エリカがきょう来るかどうか、私はわかりません。

Ich frage Makoto, **ob** er ein Auto hat. 　私はマコトにクルマをもっているかどうか尋ねます。

Es ist nicht wichtig, **ob** sie kommen. 　彼らが来るかどうかは重要ではありません。

> この es は形式主語で、後半の ob の節を指しています。

確認問題 従属接続詞に注意して、日本語に訳しなさい。

① Ich glaube, dass er Recht hat.

....

② Ich weiß nicht, ob der Bus zur Uni fährt.

....

③ Weißt du schon, dass eine neue Deutschlehrerin kommt?

....

④ Der Arzt fragt mich, ob ich Husten habe.

....

疑問詞は従属接続詞としても使える 🔊094

Weißt du, was ihr Hobby ist?

君は彼女の趣味⊞が何か知っていますか？

ポイント① 「いつ？」「どこ？」などの疑問詞は、そのまま従属接続詞としても使えます。動詞は文末に置きます。

> 疑問文とは動詞の位置が違うことがポイントです。

疑問文で（動詞は 2 番目）　　　**Wo** wohnt er?　　彼はどこに住んでいますか？

従属接続詞として（動詞は文末）　Ich weiß nicht, **wo** er wohnt. （ワク構造）

私は彼がどこに住んでいるか知りません。

・おもな疑問詞を復習しておきましょう。

was 何	wer 誰が	wann いつ	warum なぜ
wo どこ	wohin どこへ	woher どこから	wie どうやって

Wann kommt sie?　　　　　　　　　彼女はいつ来ますか？

→ Ich weiß nicht, **wann** sie kommt.　私はいつ彼女が来るかわかりません。

Wie komme ich zur Post?　　　　　　郵便局にはどう行きますか？

→ Können Sie mir bitte sagen, **wie** ich zur Post komme?

郵便局にはどう行くか教えていただけますか？

An welcher Uni studiert er?　　　　彼はどの大学に通っていますか？

→ Weißt du, **an welcher Uni** er studiert?　彼がどの大学に通っているか知っていますか？

> 定冠詞類のwelcher（どの?）も従属接続詞として使えます。

確認問題 （　）に適切な疑問詞を入れなさい。

① Ich weiß nicht, （　　　）der Mann ist.　　私はその男性が誰か知りません。

② Wissen Sie, （　　　）er kommt?　　彼がどこの出身かあなたは知っていますか？

③ Weißt du, （　　　）Naomi ist?　　　ナオミがどこにいるかわかりますか？

④ Ich frage sie, （　　　）der Lehrer sich ärgert.

私は彼女になぜ先生が怒っているのか尋ねます。

練習問題

1. （　）の中に適切な接続詞を入れなさい。

① 両親がイタリアへ旅行に行っているあいだ、私は試験の準備をする。

Ich bereite mich für die Prüfung vor, (　　　) die Eltern nach Italien reisen.

② バスが止まる前に、君は立ち上がるべきではない。

(　　　) der Bus hält, sollst du nicht aufstehen.

③ 彼があした来るかどうか、まだ不確かです。

Es ist noch unsicher, (　　　) er morgen kommt.

④ 君は宿題を終えるまで、家にいなければならない。

Du musst zu Hause bleiben, (　　　) du deine Hausaufgaben fertig hast.

2. 指定された接続詞を使って、2つの文を結びつけなさい。a)を主文、b)を副文にしなさい。

① a) Wir gehen heute nicht zur Uni.　　b) Es gibt keinen Unterricht.

授業がないので、私たちはきょう大学には行きません。

_____, weil _____.

② a) Er möchte noch eine Katze haben.　　b) Er hat schon drei Hunde.

彼はすでに3匹犬を飼っているにもかかわらず、彼はさらに猫を1匹飼いたい。

Obwohl _____, _____.

③ a) Wir spielen heute drinnen.　　b) Der Wind ist so stark.

風がとても強いので、私たちはきょうは室内で遊びます。

Da _____, _____.

④ a) Wir gehen aus.　　b) Der Regen hört auf.

雨がやんだら、私たちは外出します。

_____, wenn _____.

3. ドイツ語に訳しなさい。

① 彼はきっと（sicher）病気（krank）です、というのも（denn）彼はきょう（heute）いない（nicht da）からです。

. . . .

② 翻訳（Übersetzen）と通訳（Dolmetschen）のあいだ（zwischen）の違い（Unterschied 男）が何か、君は知っていますか（wissen）？

. . . .

③ 彼女は私に、いつ授業（Unterricht 男）が始まります（beginnen）かと聞きます。

. . . .

④ 私たちは、私たちの推測（Vermutung 女）が正しい（richtig）と信じています（glauben）。

. . . .

コラム

kennen と wissen

kennen と wissen は、日本語ではともに「知っている」と訳されますが、中身に違いがあります。

Ich **kenne** Herrn Sato gut.　　　　私はサトウさんをよく知っています。

Wissen Sie, wo Herr Sato arbeitet?
　サトウさんがどこで働いているか知っていますか？

kennen は人・物・事を直接に経験的に「知っている」という意味で、目的語には4格の代名詞や具体的な名詞が来ます。たとえば、ある人と面識があるという場合は kennen を用います。wissen は情報や事柄を知識として「知っている」という意味で、目的語には副文（従属文）も来ます。他人からの情報、テレビやネット、本などから得た情報・知識には wissen を用います。

Kennst du dieses Buch?　　　　君はこの本を（読んで）知っていますか？

Ich **wusste** nicht, dass er krank ist.　私は彼が病気であることを知らなかった。

なお wissen の現在人称変化は、主語が単数のときに、ich weiß, du weißt, er weiß のように不規則変化します（現在形で母音が変化する動詞 ☞ 81 頁）。注意が必要です。

形容詞の３つの用法 🔊095

Die Blume ist schön.   この花囡は美しい。

Die schöne Blume heißt Vergissmeinnicht.

この美しい花の名前はワスレナグサです。

Die Blume blüht schön.   この花は美しく咲く。

ポイント❶「この花は美しい」→「A は B だ」の文で「B」に形容詞がくることを〈形容詞の述語的用法〉といいます。

Die Blume ist **schön**.   この花囡は美しい。

Das Buch ist **interessant**.   この本田はおもしろい。

Das Wetter ist **gut**.   天気田がよい。

・形容詞はそのままの形で使います。

ポイント❷「美しい花」→ 形容詞が名詞の前に置かれて、名詞を修飾することを〈形容詞の付加語的用法〉といいます。形容詞には格語尾がつきます。

Die **schöne** Blume heißt Vergissmeinnicht.   この美しい花囡の名前はワスレナグサです。

Das ist ein **interessantes** Buch.   これはおもしろい本田です。

Heute haben wir **gutes** Wetter.   今日はよい天気田だ。

・形容詞の格語尾の変化は３パターンあります。詳しくは次ページ以降を見てください。
- ①「定冠詞（類）＋形容詞＋名詞」
- ②「不定冠詞（類）＋形容詞＋名詞」
- ③「無冠詞＋形容詞＋名詞」

ポイント❸「美しく咲く」→ 形容詞はそのままの形で副詞として使えます。〈形容詞の副詞的用法〉といいます。

Die Blume blüht **schön**.   この花は美しく咲く。

Mein Vater kocht **gut**.   私の父は上手に料理する。

Der Lehrer spricht **langsam**.   先生はゆっくり話す。

付加語的用法① 〈定冠詞（類）＋形容詞＋名詞〉 🔊096

Der rote Rock gefällt mir.

この赤いスカート團が気に入りました。

ポイント❶ 形容詞の前に定冠詞および定冠詞類がある場合、男性１格、女性と中性の１格・４格だけ形容詞に **-e** がつきます。あとはすべて **-en** になります。

	團赤いスカート	囡赤いブラウス	囲赤いシャツ	覆赤いクツ
1 格	der rot**e** Rock	die rot**e** Bluse	das rot**e** Hemd	die rot**en** Schuhe
2 格	des rot**en** Rock[e]s	der rot**en** Bluse	des rot**en** Hemd[e]s	der rot**en** Schuhe
3 格	dem rot**en** Rock	der rot**en** Bluse	dem rot**en** Hemd	den rot**en** Schuhen
4 格	den rot**en** Rock	die rot**e** Bluse	das rot**e** Hemd	die rot**en** Schuhe

＊「定冠詞類」というのは次の冠詞のことです：dieser, welcher, jeder, aller など

・形容詞の格語尾を抜き出すとこうなります。

	團	囡	囲	覆
1 格	-e	-e	-e	-en
2 格	-en	-en	-en	-en
3 格	-en	-en	-en	-en
4 格	-en	-e	-e	-en

> 語尾が e になる5か所だけ気をつけてください。

Der **schwarze** Hund heißt Koro.　　この黒い犬團の名前はコロです。

Kaufst du die **graue** Jacke?　　君はこのグレーのジャケット囡を買いますか？

Wir tanzen in dem **großen** Saal.　　私たちはこの大きなホール團で踊ります。

確認問題 形容詞の格語尾を点線部に入れなさい。

① Das schwarz___ Auto ist toll.　　その黒いクルマ囲はかっこいい。

② Er bewundert die schön___ Blume.　　彼はその美しい花囡に感嘆する。

③ Die Tür des blau___ Zuges ist defekt.　　その青い電車團のドアは壊れている。

④ Aus den interessant___ Büchern lernt man viel.

　　それらの興味深い本（ここでは覆）から多くのことを学べる。

付加語的用法② 〈不定冠詞（類）＋形容詞＋名詞〉　🔊097

Das ist ein interessantes Buch.　これはおもしろい本⊞だ。

ポイント❶ 形容詞の前に不定冠詞および不定冠詞類がある場合、男性１格には -er、女性の１格・４格には -e、中性の１格・４格には -es がつきます。あとはすべて -en になります。

	團赤いスカート	囡赤いブラウス	⊞赤いシャツ	圈私の赤いクツ
1 格	ein rot**er** Rock	eine rot**e** Bluse	ein rot**es** Hemd	meine rot**en** Schuhe
2 格	eines rot**en** Rock[e]s	einer rot**en** Bluse	eines rot**en** Hemd[e]s	meiner rot**en** Schuhe
3 格	einem rot**en** Rock	einer rot**en** Bluse	einem rot**en** Hemd	meinen rot**en** Schuhen
4 格	einen rot**en** Rock	eine rot**e** Bluse	ein rot**es** Hemd	meine rot**en** Schuhe

＊不定冠詞類というのは所有冠詞（mein, dein, sein, ihr など）と否定冠詞（kein）のことです。

・形容詞の格語尾を抜き出すとこうなります。

	團	囡	⊞	圈
1 格	-er	-e	-es	-en
2 格	-en	-en	-en	-en
3 格	-en	-en	-en	-en
4 格	-en	-e	-es	-en

> 青の５か所だけ気をつけてください。

> ２つ以上形容詞が並ぶときは同じ格語尾がつきます。

Sie kauft einen **langen** Mantel.　彼女はロングコート團を買う。

Ist das dein **neuer** PC?　これは君の新しいパソコン團ですか？

Ich wünsche Ihnen ein **frohes neues** Jahr.　私はあなたによろこばしい新年⊞を願います。

確認問題 形容詞の格語尾を点線部に入れなさい。

① Das ist ein deutsch____ Restaurant.　これはドイツレストラン⊞です。

② Ich suche eine blau____ Jacke.　私は青いジャケット囡を探しています。

③ Das Hotel gehört einem reich____ Amerikaner.
　このホテルはある金持ちのアメリカ人團のものです。

④ Das sind die Puppen meiner klein____ Kinder.
　これらは私の小さい子供たち圈の人形です。

付加語的用法③ 〈無冠詞＋形容詞＋名詞〉 🔊098

Ich mag heiße Milch. 私はホットミルク囡が好きだ。

☞ 52頁

ポイント① 形容詞の前に冠詞類がない場合、形容詞は定冠詞類の dieser と同じ変化をします。ただし、男性と中性の2格は -en になります。

	圐濃いコーヒー	囡冷たい牛乳	囲お湯（熱い水）	圈赤いリンゴ
1格	stark**er** Kaffee	kalt**e** Milch	heiß**es** Wasser	rot**e** Äpfel
2格	stark**en** Kaffees	kalt**er** Milch	heiß**en** Wassers	rot**er** Äpfel
3格	stark**em** Kaffee	kalt**er** Milch	heiß**em** Wasser	rot**en** Äpfeln
4格	stark**en** Kaffee	kalt**e** Milch	heiß**es** Wasser	rot**e** Äpfel

・形容詞の語尾が冠詞の代わりに性と格を示しています。男性と中性の2格は名詞に [e]s がついており2格であることがわかるので、形容詞の格語尾は **en** となります。

・形容詞の格語尾を抜き出すとこうなります。

	男	囡	囲	圈
1格	-er	-e	-es	-e
2格	-en	-er	-en	-er
3格	-em	-er	-em	-en
4格	-en	-e	-es	-e

Ich trinke gern **starken** Kaffee. 私は濃いコーヒー男を飲むのが好きです。

Frisches Obst ist gesund. 新鮮な果物囲は健康によい。

Ich habe nicht **viel** Zeit. 私はあまり時間囡がありません。 | viel は1格・4格の無冠詞の名詞の前では格語尾がつかないことがあります。

確認問題 形容詞の格語尾を点線部に入れなさい。

① Makoto trinkt gern deutsch___ Wein. マコトはドイツワイン男を飲むのが好きです。

② Frisch___ Luft ist wohltuend. 新鮮な空気囡は気持ちよい。

③ Ich mag roh___ Fisch. 私は生魚男が好きだ。

④ Der Garten ist jetzt voll mit schön___ Blumen.

庭はいま美しい花々圈でいっぱいです。

序数　🔊099

Heute ist der erste April. 　今日は4月男1日です。

ポイント① 「1番目」「2番目」のように順序を表す数を序数といいます。

ポイント② 19までは基数に **-t** をつけます。1と3は形が変わります。

1 **erst-**	2 zweit-	3 **dritt-**	4 viert-
5 fünft-	6 sechst-	7 **siebt-**	8 **acht-**
9 neunt-	10 zehnt-	11 elft-	12 zwölft-
13 dreizehnt-	14 vierzehnt-	15 fünfzehnt-	16 sechzehnt-
17 siebzehnt-	18 achtzehnt-	19 neunzehnt-	

・7と8にも注意が必要です。

ポイント③ 20以上は基数に **-st** をつけます。

20 zwanzigst-	21 einundzwanzigst-	22 zweiundzwanzigst-
30 dreißigst-	31 einunddreißigst-	100 hundertst-
1000 tausendst-		

ポイント④ 序数は通常、定冠詞をつけて名詞の前に置きます。序数には形容詞の格語尾がつきます。数字で書く場合は「5.」のようにピリオドを打ちます。

> Der wievielteの後にTag男が省略されています。「…番目の日」という意味です。

Der wievielte ist heute? 　　今日は何日ですか？

— Heute ist der **23**. (**dreiundzwanzigste**) Juni. 　今日は6月男23日です。

Er kommt **am 12**. (**zwölften**) März in Köln an. 　彼は3月男12日にケルンに到着する。

・「何月何日」と日付を言うとき、「何日」は序数で表します。「何月何日に」と言う場合には、日付の前に **am** をつけます。序数の語尾は **en** です。

確認問題 序数を読みなさい。

① meine 2. Tochter 　　私の次女女　　② am 31. Dezember 　12月男31日に

③ im 21. Jahrhundert 　21世紀中に　　④ die 7. Frage 　　　7番目の質問女

練習問題

1. 点線部に適切な語尾を入れなさい。

① Dort spielen ein weiß........... Hund und eine schwarz........... Katze.

あそこで白い犬圐と黒い猫囡が遊んでいます。

② Sie trägt ein rot........... Kleid und grau........... Schuhe.

彼女は赤いワンピース囲を着て、グレーの靴圀を履いています。

③ Ich suche einen modern........... Stuhl.

私はモダンなイス圐を探しています。

④ Mein alt........... PC funktioniert nicht mehr.

私の古いパソコン圐はもう動かない。

⑤ Deine gestreift........... Krawatte steht dir gut.

君のストライプのネクタイ囡は君に似合っています。

⑥ Der deutsch........... Student fährt mit seiner französisch........... Freundin nach Japan.

そのドイツ人の学生圐はフランス人のガールフレンド囡と日本に行く。

⑦ Heute gibt es keine interessant........... Nachricht.

きょうはおもしろいニュース囡はありません。

⑧ Er dankt der nett........... Verkäuferin.

彼はその親切な店員囡にお礼を言う。

⑨ Meine Großeltern wohnen in einem klein........... Dorf.

私の祖父母は小さい村囲に住んでいます。

⑩ Am nächst........... Samstag eröffnet ein neu........... Stadion.

次の土曜圐に新しいスタジアム囲が開場します。

⑪ Heute haben wir schön........... Wetter.

きょうはいい天気囲です。

⑫ Hier kann man frisch........... Fisch kaufen.

ここでは新鮮な魚圐が買えます。

2. 日本語に訳しなさい。

① Haben Sie eine andere Größe?（衣料品店の店員に）

_____

② Herzlichen Glückwunsch zum Geburtstag!

_____

③ Frohe Weihnachten und einen guten Rutsch ins neue Jahr!

_____

④ In Deutschland muss man Plastik in die gelbe Tonne werfen.

_____

3. ドイツ語に訳しなさい。

① すみません（Entschuldigung）、最寄りの（nächst）ATM（Geldautomat 男）はどこですか？

_____

② この辺で（hier）よい（gut）レストラン（Restaurant 中）をご存じですか（kennen）？

_____

③ 彼はドイツの（deutsch）映画（Filme 複）を見るのが好きです（sehen）。

_____

④ 君は私の新しい（neu）髪型（Frisur 女）をどう思う（finden）？

_____

コラム

年号の読み方

1100 年から 1999 年までは、100（hundert）を単位として読みます。たとえば 1945 年なら、19hundert45 ということで、neunzehnhundertfünfundvierzig と読みます。

1099 年までと 2000 年以後の年は、ふつうの数字の読み方をします。2015 年なら zweitausendfünfzehn です。

文の中で「…年に」と言うときは、年号をそのまま使うか、年号の前に im Jahr(e) をつけます。

Ich bin 1995 geboren.　　私は 1995 年に生まれました。
Der Dreißigjährige Krieg war im Jahr(e) 1648 zu Ende.
　30 年戦争は 1648 年に終わった。

コラム

Was für (ein) ... ?

Was für (ein) ... ? は「どのような…？」を意味します。

Was für ein Mann ist er?　　彼はどのような男性ですか？
Was für Bücher liest du gern?　　君はどのような本を読むのが好きですか？

・この für は前置詞としての 4 格支配は行いません。「…」にくる名詞の格は文全体の役割で決まります。上の文の Mann は sein と結びついた補語なので 1 格です。Bücher は lesen の目的語なので 4 格です。
なおこの Was für (ein) ... は感嘆文でもよく使います。

Was für eine schöne Aussicht ist das!　なんて美しい景色でしょう！

形容詞・副詞の比較表現　🔊100

Thomas ist so alt wie Naomi.　トーマスはナオミと同い年です。

ポイント① 2つの物や人が「同じくらい〜だ」と言うときには〈so 〜 wie ...〉を使います。

Erika ist **so** groß **wie** ihr Vater.　エリカは父親と同じくらい背が高い。

Das Bild ist **so** schön **wie** Mona Lisa.　この絵はモナリザと同じくらい美しい。

・「…ほど〜ではない」は nicht so 〜 wie ...

Er ist **nicht so** fleißig **wie** Thomas.　彼はトーマスほど勤勉ではない。

ポイント② 比較級には -er、最上級には -st をつける。

	原級	比較級	最上級
美しい	schön	schön**er**	schön**st**
小さい	klein	klein**er**	klein**st**

・母音が a, o, u 1つだけの場合、比較級、最上級でウムラウトすることが多いです。

長い	lang	läng**er**	läng**st**
若い	jung	jüng**er**	jüng**st**
大きい	groß	größ**er**	größ**t**

> ウムラウトするかは辞書で確認してください。

> großの最上級には t しかつきません。

・原級の末尾が -d, -t, -ß, -sch, -tz, -z の場合、最上級では口調上の e を挿入します。

親切な	nett	netter	nett**est**
暑い	heiß	heißer	heiß**est**

・不規則な変化をする形容詞・副詞もあります。

よい	gut	besser	best
多い	viel	mehr	meist
高い	hoch	höher	höchst
近い	nah	näher	nächst
好んで副	gern	lieber	liebst

比較級 🔊101

Er ist fleißiger als sie.

彼は彼女より勤勉だ。

Das ist ein älteres Buch als das dort.

これはあそこの本よりも古い本田だ。

Sie kann schneller schwimmen als er.

彼女は彼よりも速く泳げる。

ポイント① 2つの物や人を比べて「…より〜だ」と言うときには比較級を使います。

比較の対象「…よりも」は als（英語の than）で表します。

Erika ist **größer als** er.	エリカは彼より背が高い。
Er ist **älter als** mein Bruder.	彼は私の兄より年上だ。
Ist Deutsch **schwieriger als** Französisch?	ドイツ語はフランス語よりも難しいですか？

ポイント② 「より大きいクルマ」、「より長い川」のように比較級が名詞の前にある場合は（付加語的用法）、比較級に形容詞の格語尾をつけます。

> es は格語尾です。

原級	groß	大きい	→	ein großes Auto	大きいクルマ
比較級	**größer**	より大きい	→	ein **größer**es Auto	より大きいクルマ

Er hat ein **größer**es Auto als ich. 　彼は私より大きいクルマ田をもっている。

Sie hat einen **leichter**en Computer als ich.　　（leicht の比較級）

　彼女は私より軽いパソコン圏をもっている。

Die Donau ist ein **länger**er Fluss als der Rhein.　（lang の比較級）

　ドナウ囡はライン男より長い川圏だ。

＊ viel の比較級 mehr には格語尾をつけません。

Er hat **mehr** Bücher als ich.　　　彼は私よりもたくさん本をもっている。

ポイント❸　比較級は副詞として使えます。

Thomas kann **besser** Fußball spielen als ich.（gut の比較級）

　トーマスは私よりサッカーが上手にできます。

Ich trinke **lieber** Kaffee **als** Tee.　（gern圖の比較級）

　私は紅茶よりコーヒーを好んで飲みます。

> 比較の対象を表す als（…よりも）はワク構造（kann ... spielen）の外側に置かれるのがふつうです。

確認問題　形容詞を比較級に直して、点線部に入れなさい。

① Der Dom ist ＿＿＿＿＿ als das Rathaus.（hoch）　　大聖堂男は市庁舎由より高い。

② Heute ist es ＿＿＿＿ als gestern.（kalt）　　　　今日は昨日よりも寒い。

③ Erika hat ＿＿＿＿ Haare als Naomi.（kurz）

　エリカはナオミよりも髪（ここでは圏）が短い。

④ Sprechen Sie bitte ＿＿＿＿＿.（langsam）　　　　もっとゆっくりお話ください。

コラム

比較級を用いた表現

比較級を用いた以下のような表現があります。

・immer＋比較級：ますます…

　Im Frühling wird es **immer wärmer**.　　　春になるとだんだん暖かくなっていく。

　「比較級＋比較級」も同じ意味を表します。

　Im Frühling wird es **wärmer und wärmer**. 春になるとだんだん暖かくなっていく。

・je＋比較級， desto (umso) ＋比較級：〜すればするほど…

　Je mehr er hat, **desto mehr** will er.

　　彼はもてばもつほど、ますますたくさん欲しがる。

　Je höher man steigt, **desto tiefer** fällt man.

　　人は高く上れば上るほど、より深く落ちる。

　「je＋比較級」の文では動詞は最後に置きます（副文になります）。「desto＋比較級」の文では動詞は2番目（desto＋比較級の後ろ）に置きます。

最上級 ◉102

Thomas ist am größten in der Klasse.

トーマスはクラスでいちばん背が高い。

Das ist das schönste Bild der Welt.

これは世界でいちばん美しい絵⊞だ。

ポイント❶ ある人や物を比べて「いちばん〜だ」と言うときは最上級を使います。最上級の述語的用法にはいくつかの形があります。

① 一般的なのは〈am 最上級 + en〉という形です。

> 前置詞と定冠詞の融合形 am と最上級に en をつけた形です。

Makoto ist **am kleinsten** in der Familie.　マコトは家族でいちばん小さい。

klein → kleinst（最上級）→ am kleinsten

Wer ist **am fleißigsten** in der Klasse?　誰がクラスでいちばんまじめですか？

fleißig → fleißigst（最上級）→ am fleißigsten

② der / die / das 最上級 + e(en) の形。定冠詞と語尾は主語の性・数に合わせます。

Makoto ist **der kleinste** in der Familie.

> 主語が男性名詞のときは der 最上級+e

　マコトは家族でいちばん小さい。

Erika ist **die fleißigste** in der Klasse.

> 主語が女性名詞のときは die 最上級+e

　エリカはクラスでいちばんまじめだ。

Dieses Auto ist **das schnellste**.

> 主語が中性名詞のときは das 最上級+e

　このクルマがいちばん速い。

Wir sind **die glücklichsten** der Welt.

> 主語が複数形のときは die 最上級+en

　私たちは世界でいちばん幸せです。

・ただし他の人や物と比べるのではなく、「自分（主語）が…のときはいちばん〜だ」と言いたい場合はこの形は使いません。必ず「am 最上級 + en」の形を使います。

Ich bin beim Lernen **am glücklichsten**.　私は学んでいるときがいちばん幸せです。

Kyoto ist im Winter **am schönsten**.　　　京都は冬がいちばん美しい。

ポイント② 「いちばん大きいクルマ」のように最上級が名詞の前にある場合（付加語的用法）は、最上級に形容詞の格語尾がつきます（☞ 142 頁）。ふつうは定冠詞とともに使われます。

| 原級 | groß | 大きい | → | das große Auto | この大きいクルマ |

| 最上級 | größt | いちばん大きい | → | das **größt**e Auto | いちばん大きいクルマ |

> e は格語尾です。

Tokyo ist die **größt**e Stadt in Japan.　　　東京は日本でいちばん大きい都市囡だ。

ポイント③ 最上級は副詞として使えます。

Thomas spielt **am besten** Fußball in der Mannschaft.

　　トーマスはチームでいちばんサッカーが上手です。

Ich lese **am liebsten** Fantasy-Romane.　私はファンタジー小説を読むのがいちばん好きだ。

> gern圖の最上級は必ず am liebsten の形で使います。

確認問題 形容詞を最上級に直して、点線部に入れなさい。

① Die Kirche ist am ＿＿＿＿＿ in der Stadt.（schön）

　　この教会がこの町でいちばん美しい。

② Er spricht am ＿＿＿＿＿ Deutsch.（gut）

　　彼がいちばん上手にドイツ語を話す。

③ Der Fuji ist der ＿＿＿＿＿ Berg in Japan.（hoch）

　　富士山は日本でいちばん高い山團です。

④ Ich trinke am ＿＿＿＿＿ Weißwein.（gern）

　　私は白ワインを飲むのがいちばん好きだ。

練習問題

1. 日本語に合うように、（　　）の形容詞・副詞を点線部に入れなさい。語尾変化にも注意しなさい。

① Österreich ist fast so _____ wie Hokkaido. (groß)

　　オーストリアは北海道とほとんど同じ大きさだ。

② Heute ist das Wetter nicht so _____ wie gestern. (schön)

　　きょうは天気がきのうほどよくない。

③ Zeit ist _____ als Geld. (wichtig)

　　時間はお金より大切だ。

④ Ich will _____ Freunde. (viel)

　　私はもっとともだち（ここでは圏）がほしい。

⑤ Dieser Kopfhörer gefällt mir _____. (gut)

　　このヘッドホンが私はいちばん気に入りました。

⑥ Frau Schulze ist die _____ Lehrerin der Schule. (beliebt)

　　シュルツェ先生は学校でいちばん人気がある先生です。

2. ドイツ語に訳しなさい。

① この映画 (Film 圏) は原作 (Original 囲) ほどおもしろくない。（おもしろい：interessant)

-----

② 彼女はマコトより上手に (gut) ドイツ語 (Deutsch) を話します (sprechen)。

-----

③ どうやったら空港へ (zum Flughafen) いちばん早く (schnell) 行けますか (kommen)？

　　（主語は man）

-----

④ 世界 (Welt 囡) でいちばん長い (lang) 川 (Fluss 圏) は何ですか？

過去形　🔊103

Er **lernte** damals Deutsch. 　　　彼は当時ドイツ語を学んでいた。

ポイント① ドイツ語では過去の出来事を表す場合、書き言葉ではおもに過去形が使われ、話し言葉ではおもに現在完了形を使います。

ポイント② 過去形は過去基本形をもとにつくります。規則動詞の過去基本形は〈語幹＋te〉です。

lernen学ぶ：lern（語幹）＋ **te** → lern**te**（過去基本形）

machenする：mach（語幹）＋ **te** → mach**te**（過去基本形）

ポイント③ 不規則動詞は重要な動詞ばかりです。

essen 食べる	→ **aß**	finden 見つける	→ **fand**
fahren（乗り物で）行く	→ **fuhr**	gehen 行く	→ **ging**
kommen 来る	→ **kam**	nehmen 取る	→ **nahm**
sprechen 話す	→ **sprach**	trinken 飲む	→ **trank** など

ポイント④ 過去人称変化は ich と er/sie/es だけが現在人称変化と異なります。

不定形（＊は不規則）		lernen	nehmen*	essen*	finden*	kommen*
過去基本形		lernte	nahm	aß	fand	kam
ich	-	lernte	nahm	aß	fand	kam
du	-**st**	lern**test**	nahm**st**	aß**est**	fand**est**	kam**st**
er / sie / es	-	lernte	nahm	aß	fand	kam
wir	-**(e)n**	lern**ten**	nahm**en**	aß**en**	fand**en**	kam**en**
ihr	-**t**	lern**tet**	nahm**t**	aß**t**	fand**et**	kam**t**
sie	-**(e)n**	lern**ten**	nahm**en**	aß**en**	fand**en**	kam**en**
Sie	-**(e)n**	lern**ten**	nahm**en**	aß**en**	fand**en**	kam**en**

同じ形

口調上の **e** です。

＊1人称単数と3人称単数は語尾がありません。

＊過去基本形がeで終わる語は、主語が1人称複数、3人称複数、2人称敬称で語尾の e を省いて n だけつけます。

過去形のつかいかた／ sein と haben の過去形 ◀))104

Er kaufte einen Ring.　　　彼は指輪を買った。

Wo warst du gestern?　　　君は昨日どこにいたの？

Sie hatte Fieber.　　　彼女は熱がありました。

ポイント① 過去形はおもに書き言葉で使われます。新聞・雑誌や物語はたいていは過去形で書かれています。

Ein Esel **ging** nach Bremen. Er **traf** unterwegs einen Hund,
eine Katze und einen Hahn. Sie **lebten** zusammen glücklich.

> ging＜gehen
> traf＜treffen
> lebten＜leben

あるロバがブレーメンへ向かいました。ロバは途中で犬、猫、にわとりに出会いました。
彼らは一緒に幸せに暮らしました。

ポイント② sein と haben の過去形は書き言葉だけではなく、話し言葉でもつかわれます。過去基本形はそれぞれ war，hatte です。

sein → war （過去基本形）		haben → hatte （過去基本形）	
ich war	wir war**en**	ich hatte	wir hatte**n**
du war**st**	ihr war**t**	du hatte**st**	ihr hatte**t**
er war	sie war**en**	er hatte	sie hatte**n**
Sie war**en**	Sie war**en**	Sie hatte**n**	Sie hatte**n**

Wo **warst** du heute?　　　　　　君はきょうどこにいたの？

— Heute **war** ich in der Bibliothek.　きょう私は図書館にいたよ。

Hattest du letzte Woche eine Erkältung?　先週カゼ囡をひいていたの？

Gestern **hatte** ich keine Arbeit.　　きのう私は仕事がなかった。

確認問題 （　）の動詞を正しい過去形に直して、点線部に入れなさい。

① Der Präsident .... einen Vorschlag.（machen）　大統領はある提案團をした。

② Sie .... ihren Urlaub im August.（nehmen）　彼らは8月に休暇團を取った。

③ Wo .... er dann?（sein）　彼はその時どこにいたの？

④ Ich .... heute Morgen Kopfschmerzen.（haben）　私はけさ頭痛團がしました。

話法の助動詞の過去形　🔊105

Er musste zur Bank gehen.　彼は銀行に行かなければならなかった。

ポイント① 話法の助動詞の過去形は話し言葉でも使われます。

・話法の助動詞の過去基本形です。

können	…できる	→ **konnte**	wollen …するつもりだ	→ **wollte**
müssen	…ねばならない	→ **musste**	sollen …すべきである	→ **sollte**
dürfen	…してよい	→ **durfte**	mögen …かもしれない	→ **mochte**

＊話法の助動詞は過去形ではウムラウトがとれます。

Als Kind **konnte** ich nicht schwimmen.　子供のころ私は泳げなかった。

Ich **wollte** nach Deutschland fahren.　私はドイツに行きたかった。

Sie **musste** auch am Wochenende arbeiten.　彼女は週末も働かなければならなかった。

Ihr **solltet** gestern schon hier sein.　君たちは昨日にもここにいるべきだった。

Damals **durfte** man nichts gegen die Regierung sagen.

当時は政府囚に反することを何も言うことが許されなかった。

Sie **mochten** Recht haben.　彼らは正しかったかもしれません。

確認問題 （　）の助動詞を正しい過去形に直して、点線部に入れなさい。

① Wie ＿＿＿＿ du das machen?（können）

君はどうやってそれができたの？

② Ich ＿＿＿＿ das Versprechen halten.（müssen）

私はその約束田を守らなければならなかった。

③ Warum ＿＿＿＿ er nicht viel sprechen?（wollen）

彼はなぜ多くを話したがらなかったのですか？

④ Leider ＿＿＿＿ wir nicht zusammen gehen.（dürfen）

残念ながら私たちは一緒に行くことが許されなかった。

練習問題

1. ( ) の動詞・助動詞を過去形に直して、点線部に入れなさい。（*は不規則変化）

① Ich .... zu Naomi: „Gute Reise!" (sagen)

　　私はナオミに「よい旅行を！」と言った。

② Beethoven .... 9 Symphonien. (komponieren)

　　ベートーヴェンは交響曲を9つ作曲しました。

③ Großbritannien .... Mitglied der EU. (sein*)

　　イギリスは EU の加盟国だった。

④ Er .... damals nicht so viel Geld. (haben*)

　　彼は当時それほどお金をもっていなかった。

⑤ Meine Schwester .... Fotografin. (werden*)

　　私の姉はカメラマンになった。

⑥ Gestern .... es auf dieser Straße einen Verkehrsunfall. (geben*)

　　昨日この通りで交通事故がありました。

⑦ Ich .... nicht Englisch sprechen. (können*)

　　私は英語が話せませんでした。

2. 次の文を過去形に書き換えなさい。

① Sie sind am Nachmittag in der Bibliothek.　　　彼らは午後、図書館にいます。

-----

② Heute habe ich drei Stunden Unterricht.　　　今日は3時間授業があります。

-----

③ Wir bleiben den ganzen Tag zu Hause.　　　私たちは1日中家にいます。

-----

④ Um wie viel Uhr kommt das Flugzeug in Narita an?

　　その飛行機は何時に成田に着きますか？

-----

3. 過去形を使って、ドイツ語に訳しなさい。（*は不規則動詞）

① その試験（Prüfung 囡）はそれほど（so）難しくなかった（schwer）。

_____

② 10 年（zehn Jahre）前に（vor）彼らはプラハ（Prag）に住んでいました（wohnen）。

_____

③ 私は頭痛（Kopfschmerzen）がしたので（weil）、家に帰りました（nach Hause gehen*）。

_____

④ 君はなぜ（warum）5 時に起きなくてはならなかったのですか（auf|stehen）？

_____

コラム

絶対比較級・絶対最上級
比較級や最上級をほかの人や物と比べることなく使う用法があります。

・絶対比較級「比較的〜である」

Ich wohne in einer **größeren** Stadt.
　私は比較的大きい町囡に住んでいます。（＝まあまあ大きい町に住んでいます）

＊Ich wohne in einer **großen** Stadt.（私は大きい町に住んでいます）のように、原級を使ったときのほうが「大きい」ということに注意です。ein alter Mann（老いた男＝老人）と絶対比較級の ein älterer Mann（比較的年を取った男＝中年の男性）でも絶対比較級のほうが「若い」のです。つまり絶対比較級は形容詞の意味を弱めているのです。

・絶対最上級「きわめて〜である」

Das ist das **kleinste** Problem. それはきわめて小さい問題です。
Er fuhr mit **langsamster** Geschwindigkeit in die Stadt.
　彼はきわめてゆっくりとした速度で街の中へと運転して行った。
Liebster Freund!　　愛する友よ！

＊上の2つの例のように絶対最上級は無冠詞で使われることもよくあります。

現在完了形／過去分詞のつくりかた　🔊106

Er hat gestern Deutsch gelernt.　　彼は昨日ドイツ語の勉強をした。

ポイント① ドイツ語の現在完了形は英語と違い、「…した」「…だった」のように、過去の出来事を表します。過去の出来事を述べる際、会話では過去形ではなく、おもに現在完了形を使います。

ポイント② 現在完了形は〈haben または sein ＋ 過去分詞（文末）〉の形です。その際、haben または sein を主語に合わせて形を変え、過去分詞は文末に置きます。（ワク構造）

①	②		
	haben/sein		過去分詞

Mein Vater **hat** mir ein Fahrrad **gekauft**.　　父は私に自転車を買ってくれました。

Wir **sind** gestern ins Museum **gegangen**.　私たちはきのう美術館に行きました。

ポイント③ 過去分詞のつくりかた

① 規則動詞：ge ＋ 語幹 ＋ t

> ge は弱く発音します。

lernen 勉強する：　　**ge** ＋ lern ＋ **t**　→ **ge**lern**t**

machen する：　　　**ge** ＋ mach ＋ **t** → **ge**mach**t**

arbeiten 仕事をする：　**ge** ＋ arbeit ＋ **t** → **ge**arbeit**et**

> 語幹が d, t で終わる場合、口調上の e を入れます。

② 不規則動詞

sein …です	→ **gewesen**	werden …になる	→ **geworden**
gehen 行く	→ **gegangen**	fahren （乗り物で）行く	→ **gefahren**
kommen 来る	→ **gekommen**	sprechen 話す	→ **gesprochen** など

・不規則動詞の過去分詞は辞書や巻末の変化表（☞ 224 頁）で調べてください。

ポイント④ 過去分詞で注意が必要な動詞

・分離動詞 → 基礎動詞を過去分詞にして、その前に前つづりをくっつけます。

ab|fahren 出発する→**abgefahren**　　　auf|machen 開ける→**aufgemacht**

　（fahren の過去分詞：gefahren）　　　　（machen の過去分詞：gemacht）

＊アクセントは前つづりにあります。

・非分離動詞と -ieren で終わる動詞 → ge- がつかない

besuchen 訪問する　→**besucht**　　　　　　　　　gebesucht とはならない。

　（suchen の過去分詞：gesucht）

verstehen 理解する　→**verstanden**　　　　　　　geverstanden とはならない。

　（stehen の過去分詞：gestanden）

studieren 大学で学ぶ→**studiert**　　　　　　　　gestudiert とはならない。

┈┈┈┈┈┈┈┈┈┈┈┈┈┈┈┈┈┈┈┈┈┈┈┈ コラム ┈┈

動詞の3基本形

動詞の3基本形は過去基本形、過去分詞のつくりかたによって、規則動詞と不規則動詞に分けられます。ここでまとめて見ておきましょう。（〜は動詞の語幹を表します）

	不定形	過去基本形	過去分詞
規則動詞	〜 en	〜 te	ge 〜 t
	lern-en	lern-te	ge-lern-t
不規則動詞①	〜 en	〜*	ge 〜 en [*]
	komm-en	kam	ge-komm-en
不規則動詞②	〜 en	〜* te	ge 〜 t
	bring-en	brach-te	ge-brach-t

＊は母音の変化を示しています。

規則動詞のことを〈弱変化動詞〉、①の不規則動詞は語幹が大きく変化するので〈強変化動詞〉、②の不規則動詞は語幹が変化する点は〈強変化動詞〉と、語尾などの形の点では〈弱変化動詞〉と共通していることから、両者の特徴をあわせもつという意味で〈混合変化動詞〉と呼ばれます。〈混合変化動詞〉は多くありませんが、bringen（運ぶ）、kennen（知っている）など重要な動詞がこのグループに属します。

不規則動詞の変化にはさまざまなパターンがあります。必ず辞書や巻末の変化表で確認してください。

haben を使う現在完了形（haben 支配の動詞） 🔊107

Ich habe gestern einen Film gesehen. 私はきのう映画を見た。

ポイント① ほとんどの動詞の現在完了形は〈haben ＋過去分詞（文末）〉の形です。（ワク構造）

haben を主語に合わせて変化させます。動詞は過去分詞にして文末に置きます。過去分詞はさらに変化することはありません。

| 現在形 | Ich **sehe** heute einen Film. | 私はきょう映画を見る。 |

| 現在完了形 | Ich **habe** heute einen Film **gesehen**. | 私はきょう映画を見た。 |

・ドイツ語の現在完了形は、gestern（きのう）などの過去を表す語句といっしょに使うことができます。

Wir **haben** gestern einen Vortrag **gehört**.（hören） 私たちはきのう講演圏を聞きました。

Hast du gestern das Buch **gelesen**?（lesen） 君はきのうこの本田を読みましたか？

Was **haben** Sie am Wochenende **gemacht**?（machen）

あなたは週末に何をしましたか？

Er **hat** ein Jahr bei der Firma **gearbeitet**.（arbeiten） 彼は1年この会社で働いた。

Ich **habe** vor drei Jahren mit dem Rauchen **aufgehört**.（auf|hören）

私は3年前にたばこをやめました。

確認問題 haben を使って現在完了形の文をつくりなさい。（* は不規則動詞）

① Ich _____ das Buch in Berlin _____.（kaufen）

私はその本をベルリンで買った。

② Wir _____ für unsere Mutter _____.（kochen）

私たちは母親のために料理をした。

③ Wo _____ du ihn _____?（sehen*）

君は彼をどこで見たの？

④ _____ Sie an der Universität Geschichte _____?（studieren）

あなたは大学で歴史囡を専攻したのですか？

sein を使う現在完了形（sein 支配の動詞）　🔊108

Er **ist** heute nach Bonn **gefahren**.　　　彼はきょうボンに行った。

ポイント❶ 一部の自動詞の現在完了形は〈sein ＋過去分詞（文末）〉の形です（ワク構造）。次のような動詞です。

・「場所の移動」を表す自動詞：gehen 行く, kommen 来る, fahren（乗り物で）行く, reisen 旅行する, ab|fahren 出発する, an|kommen 到着する　など

　▌現在形▌ Ich **gehe** heute ins Kino.　　　　　私はきょう映画を見に行く。

　▌現在完了形▌ Ich **bin** heute ins Kino **gegangen**.　私はきょう映画を見に行った。

　Makoto ist zu spät **gekommen**. (kommen)　マコトは遅刻してきた。

　Der Bus ist schon **abgefahren**. (ab|fahren)　バスはすでに出発した。

・「状態の変化」を表す自動詞：werden なる, sterben 死ぬ, wachsen 育つ, passieren 生じる, auf|stehen 起きる, ein|schlafen 寝つく　など

　Sie **ist** Ärztin **geworden**. (werden)　　　　彼女は医者になった。

　Er **ist** heute um 4 Uhr **aufgestanden**. (auf|stehen)　彼はきょう4時に起きた。

・sein（…である）と bleiben（とどまる）

Bist du schon einmal in Deutschland **gewesen**? (sein)

　君はドイツに行ったことがありますか？

> 「…に行ったことがある」というときは、seinの現在完了形をよく使います。

確認問題 sein を使って現在完了形の文をつくりなさい。（* は不規則動詞）

① Sie ＿＿＿＿＿ gestern nach Kamakura ＿＿＿＿＿. (fahren*)

　彼女はきのう鎌倉に行きました。

② Wir ＿＿＿＿＿ heute Morgen in München ＿＿＿＿＿. (an|kommen*)

　私たちはけさミュンヘンに着いた。

③ Letztes Jahr ＿＿＿＿＿ mein Großvater ＿＿＿＿＿. (sterben*)

　去年、私の祖父は亡くなった。

④ Wir ＿＿＿＿＿ im letzten Sommer zu Hause ＿＿＿＿＿. (bleiben*)

　私たちは去年の夏ずっと家にいました。

練習問題

1. habenまたはseinを使って現在完了形の文をつくりなさい。（*は不規則動詞）

① Ich ＿＿＿＿＿ um 20 Uhr nach Hause ＿＿＿＿＿. （kommen*）

私は 20 時に帰宅しました。

② ＿＿＿＿＿ du schon einmal Schach ＿＿＿＿＿? （spielen）

君はチェス囲をしたことがありますか？

③ ＿＿＿＿＿ Sie schon einmal in Berlin ＿＿＿＿＿? （sein*）

あなたはベルリンに行ったことはありますか？

④ Naomi ＿＿＿＿＿ eine gute Lehrerin ＿＿＿＿＿. （werden*）

ナオミはよい先生になりました。

⑤ Wir ＿＿＿＿＿ vor zwei Wochen ＿＿＿＿＿. （heiraten）

私たちは 2 週間前に結婚しました。

⑥ Er ＿＿＿＿＿ ständig auf der Reise seine Kinder ＿＿＿＿＿. （fotografieren）

彼は旅行中ずっと子供たちの写真を撮っていた。

2. 次の文を現在完了形に書き換えなさい。

① Sie fliegen im Dezember nach Deutschland.　　彼らは 12 月にドイツへ行きます。

＿＿＿＿＿＿＿＿＿＿＿＿＿＿＿＿＿＿＿＿＿＿＿＿＿＿＿＿＿

② Der Zug fährt um 10 Uhr von Tokyo ab.　　電車は 10 時に東京を出発します。

＿＿＿＿＿＿＿＿＿＿＿＿＿＿＿＿＿＿＿＿＿＿＿＿＿＿＿＿＿

③ Ich besuche in Deutschland viel Museen.　　私はドイツで多くの美術館を訪れます。

＿＿＿＿＿＿＿＿＿＿＿＿＿＿＿＿＿＿＿＿＿＿＿＿＿＿＿＿＿

④ Arbeitet sie in der Schweiz?　　彼女はスイスで働いているのですか？

＿＿＿＿＿＿＿＿＿＿＿＿＿＿＿＿＿＿＿＿＿＿＿＿＿＿＿＿＿

⑤ Wann beginnt das Konzert?　　コンサートは何時に始まりますか？

＿＿＿＿＿＿＿＿＿＿＿＿＿＿＿＿＿＿＿＿＿＿＿＿＿＿＿＿＿

3. 現在完了形を使って、ドイツ語に訳しなさい。（*は不規則動詞）

① 私たちはクルマ（Auto 🎛）で神戸に行きました（fahren*）。

----

② お昼に（zu Mittag）私はサンドイッチ（Sandwichs）を食べ（essen*）、紅茶（Tee）を
　飲みました（trinken*）。

----

③ 君は夏に（im Sommer）どこかへ（irgendwohin）旅行しましたか（reisen）？

----

④ 君たちは週末に（am Wochenende）何をしましたか（machen）？

受動文 🔊109

In Österreich wird Deutsch gesprochen.

オーストリアではドイツ語が話される。

ポイント① 「…は〜される」という文を受動文といいます。受動文は〈werden ＋ 過去分詞（文末）〉の形です。（ワク構造）

①	②	
	werden	過去分詞

> werden を主語に合わせて変化させます。

Der Supermarkt **wird** um 9 Uhr **geöffnet**. (öffnen)　このスーパーは9時に開けられる。

Das Zimmer **wird** jeden Tag **geputzt**. (putzen)　この部屋は毎日掃除される。

ポイント② 「…によって」は〈von ＋ 3 格〉または〈durch ＋ 4 格〉で表す。

・「…によって」の「…」が人や動物の場合は〈von ＋ 3 格〉。

Ich werde **von ihm** zur Party eingeladen. (ein|laden)　私は彼からパーティーに招かれる。

・「…によって」の「…」が意志をもたない手段・原因（自然災害、戦争、道具など）の場合は〈durch ＋ 4 格〉。

Die Stadt wird **durch den Krieg** zerstört. (zerstören)

　この町は戦争圐によって破壊される。

ポイント③ 能動文と受動文の関係

能動文 Die Lehrerin lobt **ihn**.　　　　　先生が彼をほめる。

受動文 **Er** wird von der Lehrerin gelobt.　彼は先生によってほめられる。

＊能動文の4格目的語が受動文の1格(主語)となります：ihn → er

確認問題 （　）の動詞を使って受動文をつくりなさい。（＊は不規則動詞）

① Die Kinder ＿＿＿＿ immer von der Mutter ＿＿＿＿. (wecken)

　子供たち圐はいつも母親に起こされる。

② Hier ＿＿＿＿ das Theater ＿＿＿＿. (bauen)　ここに劇場が建てられる。

③ Auch in der Schweiz ＿＿＿＿ Deutsch ＿＿＿＿. (sprechen*)

　スイスでもドイツ語は話される。

④ Ich ＿＿＿＿ nie ＿＿＿＿. (verstehen*)　　　私は決して理解されない。

受動文の過去／状態受動 🔊110

Das Bild wurde von Picasso gemalt.
この絵はピカソによって描かれた。

Das Fenster ist geschlossen.
窓は閉まっています。

ポイント① 受動文の過去は、受動の助動詞 werden を過去形にした〈wurde ＋過去分詞（文末）〉の形です。（ワク構造）

Das Gedicht **wurde** von Goethe **geschrieben**.（schreiben）

この詩はゲーテによって書かれた。

Viele Häuser **wurden** durch Bomben **zerstört**.（zerstören）

多くの家が爆弾によって破壊された。

> 主語が3人称複数なので wurden

ポイント② 「窓が閉められる」に対して「窓が閉められた状態にある＝閉まっている」のように、ある動作の結果が続いていることを表すときは〈sein ＋ 過去分詞（文末）〉を使います。これを状態受動といいます。

Das Fenster **ist geschlossen**.（schließen）   窓が閉められている。

Der Supermarkt **ist** bis 20 Uhr **geöffnet**.（öffnen）   このスーパーは20時まで開いている。

Essen und Trinken **sind** hier **verboten**.（verbieten）   飲食はここでは禁止されています。

確認問題 日本語を参考にして受動文をつくりなさい。（＊は不規則動詞）

① Er _____ nach dem Unfall gleich _____.（operieren）

　　彼は事故の後、すぐに手術された。

② Dieses Projekt _____ auf halbem Weg _____.（auf|geben＊）

　　このプロジェクト⊞は途中で断念された。

③ Das Auto _____ schon _____.（reparieren）

　　このクルマはすでに修理されています。（状態受動で）

④ Die Museen _____ montags _____.（schließen＊）

　　これらの美術館は月曜日は閉まっています。（状態受動で）

練習問題

1. （　　）の動詞を使って受動文をつくりなさい。（*は不規則動詞）

① Der Zoo ＿＿＿＿＿ um 9 Uhr ＿＿＿＿＿. (öffnen)

動物園は9時に開けられます。

② Naomi ＿＿＿＿＿ oft mit ihrer Schwester ＿＿＿＿＿. (verwechseln)

ナオミはよくお姉さんと間違われる。

③ Die Kinder ＿＿＿＿＿ mit dem Bus in den Kindergarten ＿＿＿＿＿. (bringen*)

子供たちはバスで幼稚園に通います。

④ Gestern ＿＿＿＿＿ der neue Bürgermeister ＿＿＿＿＿. (wählen)

きのう新しい市長が選ばれた。

⑤ Die neuen Angestellten ＿＿＿＿＿ uns ＿＿＿＿＿. (vor|stellen)

新入社員たちが私たちに紹介されました。

⑥ Der Gipfel des Berges ＿＿＿＿＿ mit Schnee ＿＿＿＿＿. (bedecken)

山の頂上は雪で覆われている。（状態受動で）

⑦ Der Saal ＿＿＿＿＿ schon ＿＿＿＿＿. (füllen)

ホールはすでに埋め尽くされています。（状態受動で）

2. ドイツ語に訳しなさい。（*は不規則動詞）

① その先生（Lehrer 男）は生徒たち（Schüler 複）から質問されます（fragen）。

＿＿＿＿＿＿＿＿＿＿＿＿＿＿＿＿＿＿＿＿＿＿＿＿＿＿

② 京都はたくさんの（viel）観光客（Touristen 複）に訪問されます（besuchen）。

＿＿＿＿＿＿＿＿＿＿＿＿＿＿＿＿＿＿＿＿＿＿＿＿＿＿

③ 君の自転車（Fahrrad 中）はどこで盗まれましたか（stehlen*）？

＿＿＿＿＿＿＿＿＿＿＿＿＿＿＿＿＿＿＿＿＿＿＿＿＿＿

④ このパン屋（Bäckerei 女）は6時から18時まで（von 6 bis 18 Uhr）開いています（öffnen）。（状態受動で）

＿＿＿＿＿＿＿＿＿＿＿＿＿＿＿＿＿＿＿＿＿＿＿＿＿＿

ワク構造

Sie trinkt gern Tee.　　　　　彼女は好んで紅茶を飲みます。

Wir gehen heute ins Kino.　　　私たちはきょう映画を見に行きます。

平叙文の場合、定動詞（定形の動詞のこと）を前から2番目の位置に置きますが、文末には、定動詞と密接に結びつく要素が来ます。

1番目の文を見てください。主語（sie）＋定動詞（trinkt）の次に、残りの gern（好んで）と Tee（紅茶を）のどちらを前に、どちらを後ろに置けばよいでしょうか？その場合、定動詞との結びつきの強さがひとつの判断基準になります。この2語のうち、どちらが定動詞の trinkt（飲む）と結びつきが強いかといえば、それは目的語の Tee ですから、Tee が文末に置かれることになります。2番目の文の場合では、heute（きょう）と ins Kino（映画館へ）で、定動詞の gehen（行く）より結びつきが強いのは行き先を表す ins Kino なので、これを文末に置きます。

このように、「定動詞」と「定動詞と密接に結びつく要素」が文を前後からワクのように取り囲む構造を＜ワク構造＞といいます。ドイツ語の文に共通して見られる形なので、＜ワク構造＞の感覚を身に着けるとあとが楽になります。

	定動詞		定動詞と結びつきの強い要素

＜ワク構造＞を意識すると、助動詞を用いた構文もスムーズに理解できます。

Ich **muss** heute zum Arzt **gehen**.

　私はきょう医者に行かなくてはならない。（話法の助動詞）

Ich **bin** gestern zum Arzt **gegangen**.　私はきのう医者に行った。（現在完了形）

Die Kinder **werden** um 5 **geweckt**.　　子どもたちは5時に起こされる。（受動文）

助動詞の構文で、本動詞や過去分詞が文末に来るのは、＜ワク構造＞をつくるためなのです。これに気がつけば、あとは助動詞と何を組み合わせるかに注意するだけでOK です。

ドイツ語の文では、〈ワク構造〉を意識してください。

短縮語

ドイツ語の文章でよく出てくる短縮語です。読む場合には、短縮されたアルファベットではなく、元の単語のまま読みます。たとえば z. B. は元のまま zum Beispiel と読みます。

z. B. = zum Beispiel　たとえば

d. h. = das heißt　つまり

usw. = und so weiter　など、そのほか

od. = oder　…か、または

bzw. = beziehungsweise　あるいは、もしくは

z. Z. = zur Zeit　今のところ、現在は

sog. = sogenannt　いわゆる

ca. = circa　約、おおよそ

bzgl. = bezüglich　…に関して

u. a. = ① und andere / und anderes　その他の人々、等々

　　 = ② unter anderem / unter anderen　なかでも、とりわけ

vgl. = vergleiche!　参照せよ

zu 不定詞① ◀)111

Es macht mir Spaß, Deutsch zu lernen.

私はドイツ語を学ぶことが楽しいです。

ポイント① 〈zu ＋動詞の原形〉を zu 不定詞といいます。英語の to 不定詞にあたります。

gehen 行く → **zu** gehen　　　spielen 遊ぶ → **zu** spielen

・分離動詞の場合、前つづりと基礎動詞の間に **zu** をはさみます。全体を 1 語でつづります。

auf|stehen 起きる → auf**zu**stehen　wieder|sehen 再会する → wieder**zu**sehen

ポイント② zu 不定詞は、「…すること」「…するために」などの意味を表すことができます。

Es ist interessant, Deutsch **zu lernen**.　ドイツ語を勉強することはおもしろい。

Wir hatten keine Zeit, in die Ausstellung **zu gehen**.

私たちは展覧会に行く時間がありませんでした。

> zu不定詞を含むフレーズの
> 中に主語は不要です。

Ich lerne Deutsch, **um** nach Deutschland **zu reisen**.

私はドイツに旅行するためにドイツ語を学んでいます。

> um+zu不定詞「…するた
> めに」☞ 173頁

ポイント③ zu 不定詞はフレーズの最後に置きます。

Tennis **zu spielen**	テニスをすること
Deutsch **zu lernen**	ドイツ語を学ぶこと
jeden Tag früh **aufzustehen**	毎日早起きすること

> 英語の to play tennis とは逆に、ド
> イツ語の zu不定詞はフレーズの最後
> に置きます。

＊ zu 不定詞を含むフレーズのことを zu 不定詞句といいます。

zu 不定詞② 　名詞的用法「…すること」 　🔊112

Astronaut zu werden ist mein Traum.

宇宙飛行士になることは私の夢男です。

ポイント❶ zu 不定詞は「…すること」という意味で、名詞と同じはたらきをすることができます。文の主語や動詞の目的語になります。

① 主語として

Eine Fremdsprache **zu lernen** ist interessant. 　外国語囡を学ぶことはおもしろい。

Jeden Tag früh **aufzustehen** ist nicht leicht. 　毎日早起きすることは簡単ではない。

> 例文の青の部分が〈zu不定詞句〉です。

・zu不定詞句を文の後半にもっていき、文頭に仮主語のesを置く言い方も可能です。こちらのほうが口語的で、すっきりした言い方です。

Es ist interessant, eine Fremdsprache **zu lernen**. 　外国語を学ぶことはおもしろい。

Es macht Spaß, eine Reise **zu planen**. 　　　　　旅行囡の計画を立てることは楽しい。

・zu 不定詞句の前後は原則としてコンマで区切ります。ただし、最初の2つの例文のように zu 不定詞句が文頭に置かれる場合、コンマは不要です。

② 目的語として

Sie planen, nach Europa **zu reisen**. 　　　彼らはヨーロッパへ旅行することを計画しています。

Ich hoffe, Sie **wiederzusehen**. 　　　　　あなたに再会することを願っています。

確認問題 日本語に合うように（　）の語を並べかえなさい。

① .... ist sein Traum. 　(Fußballspieler / werden / zu)

　サッカー選手になることが彼の夢です。

② Es ist verboten, ... 　(essen / im Museum / zu)

　美術館の中で食べることは禁じられています。

③ Ich freue mich, ... 　(Sie / sehen / zu)

　あなたに会えてうれしいです。

④ Vergiss nicht, ...! 　(mit|nehmen / den Regenschirm / zu)

　カサ男をもって行くことを忘れないように！

zu 不定詞③　付加語的用法／副詞的用法　🔊113

Hast du Lust, mit uns Tennis zu spielen?

私たちといっしょにテニスをする気㊅はありますか？

> これを付加語的用法といいます。

ポイント① zu 不定詞は名詞を修飾・説明するはたらきがあります。

Hast du Zeit, ins Kino **zu gehen**?　　　映画を見にいく時間㊅はありますか？

Sie haben keine Lust, Bücher **zu lesen**.　彼らは読書をする気㊅がない。

Ich hatte keine Zeit **zu frühstücken**.　私は朝ごはんを食べる時間がなかった。

> zu不定詞句が〈zu＋動詞〉しかない場合、コンマは不要です。

ポイント② zu 不定詞は um, ohne, statt といった語と結びついて、熟語としてはたらきます。いずれも動詞を修飾する副詞句の役割をはたします。

- um ＋ zu 不定詞　　「…するために」（目的）
- ohne ＋ zu 不定詞　「…することなしに」
- statt ＋ zu 不定詞　「…する代わりに」

> この場合の um, ohne, statt は前置詞ではありません。

Ich lerne Deutsch, **um** Musik **zu studieren**.

　　私は音楽を専攻するためにドイツ語を学んでいます。

Er ist nach Deutschland gegangen, **ohne** Deutsch **zu lernen**.

　　彼はドイツ語を学ぶことなくドイツへ行きました。

Sie sehen fern, **statt** Hausaufgaben **zu machen**.　彼らは宿題をする代わりにテレビを見る。

確認問題 日本語に合うように（　）の語を並べかえなさい。

① Wer hat Lust, _____?　（gehen / zu / zum Karaoke）

　　カラオケに行く気があるひとはいますか？

② Sie ist nach Okinawa gefahren, _____.　（tauchen / um / zu）

　　彼女はダイビングをするために沖縄に行きました。

③ Ich bin nach Berlin gefahren, _____.　（ein Hotel / ohne / reservieren / zu）

　　私はホテルを予約しないでベルリンへ行きました。

④ Wir haben keine Gelegenheit, _____.　（Deutsche / kennen|lernen / zu）

　　私たちはドイツ人と知り合う機会㊅がありません。

zu 不定詞④　sein/haben ＋ zu 不定詞 🔊114

Dieser PC ist nicht mehr zu reparieren.

このパソコン男はもう修理できません。

ポイント❶ sein ＋ zu 不定詞 →「…されうる」（可能）、「…されるべき」（必要）

> どちらの意味になるかは、文脈によって決まります。

Dieser Artikel **ist** leicht **zu lesen**.　　この記事は読みやすい。（かんたんに読むことができる）

Dieser Patient **ist** sofort **zu operieren**.　この患者はすぐに手術されるべきだ。

ポイント❷ haben ＋ zu 不定詞 →「…しなくてはならない」

Ich **habe** heute noch viel **zu tun**.　　私は今日まだたくさんしなければならないことがある。

Sie **hatten** gestern 12 Stunden **zu arbeiten**.

> 英語の have to にあたる表現です。

　彼らはきのう12時間働かなくてはならなかった。

ポイント❸ brauchen（必要とする）、an|fangen（始める）、auf|hören（やめる）、versuchen（試みる）などの動詞はよく zu 不定詞とともに使われます。

Ihr **braucht** keine Angst **zu haben**.　　君たちは心配する必要はありません。

Er **fängt an**, Klavier **zu spielen**.　　彼はピアノを弾き始めます。

Mein Vater **hört** nicht **auf zu rauchen**.　私の父はタバコをやめません。

Ich habe **versucht**, ihnen **zu helfen**.　　私は彼らを助けようと試みました。

確認問題 日本語に合うように（　）の語を並べかえなさい。

① Die Hitze ist ＿＿＿＿＿＿＿＿＿＿＿＿＿＿＿＿. (ertragen / kaum / zu)

　この暑さ囡はほとんど耐えられません。

② Diese Waren sind ＿＿＿＿＿＿＿＿＿＿＿＿＿＿＿. (behandeln /sorgfältig /zu)

　これらの商品は慎重に取り扱われなければなりません。

③ Wir haben ＿＿＿＿＿＿＿＿＿＿＿＿. (bis morgen / dieses Buch / lesen / zu)

　私たちは明日までにこの本を読まなければなりません。

④ Du brauchst ＿＿＿＿＿＿＿＿＿＿＿＿＿. (nicht / warten / zu)

　君は待つ必要はありません。

練習問題

1. 上の文を zu不定詞句にして、下の文に結びつけなさい。

① Ich treffe ihn. 　　　　　　　　　　私は彼に会う。

　　Ich habe leider keine Zeit, ...

② Er kommt morgen nicht zu spät. 　　彼はあす遅刻しません。

　　Makoto versprach, ...

③ Sie bewirbt sich um ein Stipendium. 　彼女は奨学金に応募する。

　　Sie hat vor, ...

2. 次の文を日本語に訳しなさい。

① Sie sagte nichts, statt ihn zu fragen.

　　...

② Es wird bald aufhören zu schneien.

　　...

③ Ist die Aufgabe sofort zu erledigen?

　　...

3. ドイツ語に訳しなさい。

① 私たちはこの夏（diesen Sommer）ドイツに旅行する（reisen）ことを計画しています
　　（planen）。

　　...

② 彼は語学学校（Sprachkurs 男）に通う（besuchen）ために、ケルン（Köln）に行きました。

　　...

③ 私はきょう授業（Unterricht 男）を受ける（an ...³格 teil|nehmen）気がしません。

　　...

④ 明日あなたは来る必要はありません。（必要とする：brauchen）

　　...

定関係代名詞と関係代名詞文　🔊115

Ich habe einen Freund, der in Deutschland wohnt.

私にはドイツに住んでいる友人團がいます。

ポイント❶ 関係代名詞は代名詞の一種です。前に出てきた名詞の代わりをする語です。名詞の性・数・格に合わせて使います。

・関係代名詞

	團	囡	囲	圈
1格	der	die	das	die
2格	dessen	deren	dessen	deren
3格	dem	der	dem	denen
4格	den	die	das	die

> ・定冠詞とほぼ同じ形です。
> ・2格と複数3格は最後に en をつけた形です。

ポイント❷ 関係代名詞文（関係文）は名詞を修飾するはたらきをします。

```
          先行詞    関係代名詞              動詞
           ↓         ↓                    ↓
Ich habe einen Freund, der in Deutschland wohnt.
└──────主文──────┘ └───────関係代名詞文───────┘
```

私にはドイツに住んでいる友人がいます。

（＝私には友人がいて、その友人はドイツに住んでいます）

・関係代名詞文はたとえば次のように名詞（先行詞）を修飾します。「私にはドイツに住んでいる友人がいます」と言いたい場合、ドイツ語では「私には友人がいて、その友人はドイツに住んでいます」のように、最初に「友人がいる」ことを述べて、そのことについての情報（その友人はドイツに住んでいる）を関係代名詞文で後ろから追加します。

・日本語では名詞を修飾する語句を名詞の前に置きますが、ドイツ語の関係文は名詞の後ろに置きます。日本語とドイツ語では情報の出る順番が逆転するので注意が必要です。

関係文の位置

関係代名詞文のつくりかた ◀116

ポイント① 関係代名詞は関係代名詞文の先頭に置き、動詞は文末に置きます（ワク構造）。関係代名詞文の前後はコンマで区切ります。

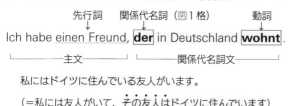

私にはドイツに住んでいる友人がいます。

（=私には友人がいて、その友人はドイツに住んでいます）

・「der in Deutschland wohnt（その友人はドイツに住んでいます）」が関係代名詞文で、これがその直前の名詞（先行詞）「友人（Freund）」について、それがどんな友人なのかを説明しています。

・関係代名詞文は原則として先行詞（説明したい名詞）のすぐあとに置きます。

ポイント② 関係代名詞の性は名詞（先行詞）の性に合わせます。

ここでは1格の例をあげます。格については次ページ以降で説明します。

Ich habe einen Freund, **der** in Deutschland wohnt.

私にはドイツに住んでいる友人男がいます。

（私には友人男がいて、その友人はドイツに住んでいます）

・「友人」が男性名詞なので、男性の関係代名詞 der を使います。

Ich habe eine Freundin, **die** in Deutschland wohnt.

私にはドイツに住んでいる友人女がいます。

（私には友人女がいて、その友人はドイツに住んでいます）

・「友人」が女性名詞なので、女性の関係代名詞 die を使います。

Ich habe Freunde, **die** in Deutschland wohnen.

私にはドイツに住んでいる友人たち複がいます。

（私には友人たち複がいて、その友人たちはドイツに住んでいます）

・「友人たち」が複数形なので、複数の関係代名詞 die を使います。

1格の関係代名詞　�))117

ポイント① 関係代名詞が関係代名詞文の主語なら → 関係代名詞は1格

Ich habe einen Freund, **der** in Deutschland wohnt.

私にはドイツに住んでいる友人男がいます。

（私には友人がいて、[その友人はドイツに住んでいます]）────── [ ] が関係代名詞文です。

① 性：Freund（友人）は男性名詞 → 関係代名詞の性は男性

② 格：関係代名詞文は「その友人はドイツに住んでいます」という意味で、これがどんな「友人」なのかを説明しています。関係代名詞は「その友人は」ということで wohnen（住む）の主語になります。したがって関係代名詞は男1格の der になります。

・関係代名詞文のもとになっている文は Der Freund wohnt in Deutschland.（その友人はドイツに住んでいます）です。der Freund が1格（主語）であることがわかります。

Ich fahre mit dem Zug, **der** um 13 Uhr in Bonn ankommt.

　私は13時にボンに到着する電車男で行きます。

　（私はこの電車で行きますが、[その電車は13時にボンに到着します]）

> 関係代名詞文の中では、分離動詞 (an|kommen) は分離しません。1語のままです。

Dort steht die Kirche, **die** vor 400 Jahren gebaut wurde.

　あそこに400年前に建てられた教会女があります。

　（あそこに教会がありますが、[その教会は400年前に建てられました]）

> 助動詞は関係代名詞文の文末に置きます。（話法の助動詞、完了の助動詞 haben/sein、受動の助動詞 werden など）

Das Kind, **das** dort steht, ist mein Sohn.

　あそこに立っている子供中は私の息子です。

　（あの子供[その子供はあそこに立っていますが]は私の息子です）

> 関係代名詞文の前後はコンマで区切ります。

確認問題 点線部に関係代名詞を入れなさい。

① Wie heißt der Dichter, ＿＿＿＿＿ den Roman geschrieben hat?

　この小説を書いた詩人男の名前はなんですか？

② Meine deutschen Freunde, ＿＿＿＿＿ in Japan wohnen, essen gern japanisches Essen.

　日本に住んでいるドイツ人の友人たち複は、和食を食べるのが好きです。

③ Ich kenne eine Deutsche, ＿＿＿＿＿ sehr gut Japanisch spricht.

　私はとても上手に日本語を話すドイツ人女性を知っている。

4格の関係代名詞 🔊118

ポイント① 4格の関係代名詞

Ich habe einen Freund, **den** ich schon lang kenne.

　　私には長いこと知っている友人㊚がいます。

　　（私には友人㊚がいて、[その友人を私は長いこと知っています]）———[　] が関係代名詞文です。

① 性：Freund（友人）は男性名詞 → 関係代名詞の性は男性
② 格：関係代名詞文は「私はその友人を長いこと知っています」という意味で、これがどんな「友
　　　　人」なのかを説明しています。関係代名詞は「その友人を」ということで kennen（知っ
　　　　ている）の4格目的語になります。したがって関係代名詞は㊚4格の den になります。

・関係代名詞文のもとになっている文はIch kenne den Freund schon lang.（私はその友人
　を長いこと知っています）です。den Freundが4格であることがわかります。

Wo ist das Fahrrad, **das** du gestern gekauft hast?

　　君がきのう買った自転車㊥はどこ？

　　（あの自転車はどこにありますか、[その自転車を君はきのう買ったのだけど]）

Ich möchte die gleiche Tasche, **die** meine Freundin hat.

　　私はともだちがもっているのと同じバッグ㊛がほしい。

　　（私は同じバッグがほしいのですが、[そのバッグを私のともだちはもっています]）

Die Hausaufgaben, **die** ich morgen abgeben muss, habe ich noch nicht gemacht.

　　あした提出しなければいけない宿題（ここでは㊜）を私はまだやっていません。

　　（あの宿題[それらの宿題を私はあした提出しなければいけないのですが]を私はまだやっていません）

確認問題 点線部に関係代名詞を入れなさい。

① Das ist das Theater, ＿＿＿＿ ich oft besuche.

　　あれが私がよく行く劇場㊥です。

② Die Erzählung, ＿＿＿＿ Kafka geschrieben hat, heißt „Die Verwandlung".

　　カフカが書いたその物語㊛の名前は『変身』です。

③ Der Text, ＿＿＿＿ wir heute gelesen haben, war nicht so leicht.

　　私たちがきょう読んだテキスト㊚はそれほど簡単ではなかった。

3格の関係代名詞 🔊119

ポイント① 3格の関係代名詞

Ich habe einen Freund, **dem** ich herzlich danke.
└──=──┘

私には心から感謝している友人男がいます。

（私には友人男がいて、[その友人に私は心から感謝しています]）────[ ] が関係代名詞文です。

① 性：Freund（友人）は男性名詞 → 関係代名詞の性は男性

② 格：関係代名詞文は「その友人に私は心から感謝しています」という意味で、これがどんな「友人」なのかを説明しています。関係代名詞は「その友人に」ということで danken（感謝する）の3格目的語になります。したがって関係代名詞は男3格の dem になります。

・関係代名詞文のもとになっている文は Ich danke dem Freund herzlich.（私は心からその友人に感謝している）です。dem Freund が3格であることがわかります。

Das ist ein Vorbild, **dem** wir folgen müssen.

これは私たちがならうべき手本田です。

（これは手本ですが、[その手本に私たちはならうべきです]）

Die Frau, **der** er den Weg gezeigt hat, war Amerikanerin.

彼が道を教えたその女性はアメリカ人だった。

（その女性[その女性に彼は道を教えましたが]はアメリカ人だった）

Woher kommen die Kinder, **denen** du Japanisch beibringst?

君が日本語を教えている子供たち複はどこの出身ですか？

（子供たちはどこの出身ですか、[その子供たちに君は日本語を教えていますが]）

確認問題 点線部に関係代名詞を入れなさい。

① Dort ist die Frau, ... ich gestern begegnet bin.

あそこに私がきのう出会った女性がいます。

② Der Mann, ... das Auto gehört, ist mein Freund.

このクルマを所有しているあの男性は私の友人です。

③ Die Kinder, ... ich Bonbons gegeben habe, haben sich gefreut.

私があめをあげた子供たち複は喜びました。

2格の関係代名詞　🔊120

ポイント① 2格の関係代名詞は〈関係代名詞＋名詞〉という形で使います。

Ich habe einen Freund, **dessen** Vater in Berlin wohnt.

私にはお父さんがベルリンに住んでいる友人勇がいます。

（私には友人がいて、[その友人のお父さんはベルリンに住んでいます]）[ ] が関係代名詞文です。

① 性：Freund（友人）は男性名詞 → 関係代名詞の性は男性

② 格：関係代名詞文は「その友人のお父さんはベルリンに住んでいます」という意味で、これ
がどんな「友人」なのかを説明しています。関係代名詞は「その友人の」ということで
「お父さん」にかかる2格になります。したがって関係代名詞は勇2格の dessen にな
ります。

・関係代名詞文のもとになっている文は Der Vater des Freundes wohnt in Berlin.（その友
人のお父さんはベルリンに住んでいます）です。des Freundes が2格であることがわかり
ます。これを2格の関係代名詞に置き換え、動詞を最後に置いた **dessen** Vater in Berlin
wohnt が関係代名詞文になります。

> 2格の関係代名詞がついた名詞には冠
> 詞類は不要です。×dessen der
> Vaterとはなりません。

Man darf nicht mit dem Fahrrad fahren, **dessen** Beleuchtung nicht funktioniert.

ライトがつかない自転車田には乗ってはいけません。

（その自転車には乗ってはいけません、[その自転車のライトがつかないような]）

Schüler, **deren** Noten zu schlecht sind, müssen die Klasse wiederholen.

点数が悪すぎる生徒たち複は、その学年をもう一度やらなければならない。

（生徒たち[その生徒たちの点数は悪すぎる]はその学年をもう一度やらなければならない）

確認問題 点線部に関係代名詞を入れなさい。

① Ich lese ein Buch, ＿＿＿＿＿ Autorin Deutsche ist.

私は作者がドイツ人の本田を読んでいます。

② Ist das der Regisseur, ＿＿＿＿＿ Film den Goldenen Bären bekommen hat?

あちらが彼の映画が金熊賞を受賞した映画監督勇ですか？

③ Die Frau, ＿＿＿＿＿ Vater Schauspieler ist, ist auch Schauspielerin.

父親が俳優のこの女性は彼女自身も俳優です。

前置詞＋関係代名詞 🔊121

ポイント① 関係代名詞文の中で関係代名詞を前置詞といっしょに使いたい場合、〈前置詞＋関係代名詞〉の形になります。関係代名詞の格は前置詞によって決まります。

Ich habe einen Freund, **mit dem** ich Tennis spiele.

私には一緒にテニスをする友人がいます。

（私には友人がいて、[その友人と一緒に私はテニスをします]）——— [　] が関係代名詞文です。

① 性：Freund（友人）は男性名詞 → 関係代名詞の性は男性

② 格：関係代名詞文は「その友人と一緒に私はテニスをします」という意味です。関係代名詞は「その友人と一緒に」の「その友人」にあたります。前置詞 mit は 3 格支配なので関係代名詞は男3 格の dem になります。

・関係代名詞文のもとになっている文は Ich spiele mit dem Freund Tennis.（私はその友人と一緒にテニスをします）です。mit は 3 格支配の前置詞なので、dem Freund が 3 格だということがわかります。これを関係代名詞で置き換えた **mit dem** を文頭に移動すると mit dem ich Tennis spiele という関係代名詞文ができます。

> 関係代名詞は「前置詞とのかたまり」ごと前に置くことに注意してください。

Wie heißt die Familie, **bei der** du wohnst?（bei ＋ 3 格）

君がホームステイしている家族囡は何という名前ですか？

（その家族は何という名前ですか、[その家族のもとに君はホームステイしていますが]）

Das ist das Museum, **in dem** Mona Lisa ausgestellt ist.（in ＋ 3 格）

これがモナリザが展示されている美術館囲です。

（これが例の美術館で、[この美術館にモナリザが展示されています]）

確認問題 点線部に関係代名詞を入れなさい。

① Morgen ist die Prüfung, für .... sie seit einem Jahr gelernt hat.

あした彼女が1年間そのために勉強してきた試験囡があります。

② Ist das das Restaurant, in .... ihr gestern gegessen habt?

これが君たちがきのう食事したレストラン囲ですか？

③ Jetzt kommt endlich der Bus, auf .... wir lange gewartet haben.

私たちが長いこと待っていたバス團がようやく来ました。

不定関係代名詞の was と wer　🔊122

Ich verstehe gut, was du sagst.　　　君が言うことはよくわかる。

Wer fleißig lernt, wird die Prüfung bestehen.

コツコツ勉強する人は試験に合格するでしょう。

ポイント1 先行詞がいらない関係代名詞を**不定関係代名詞**といいます。
was「…するもの」と wer「…する人」の2つがあります。

ポイント2 不定関係代名詞の was は「…するもの／こと」
先行詞は不要です。was だけで「…するもの／こと」という意味です。

Was er kauft, ist immer teuer.　　　彼が買うものはいつも高価だ。 | 不定関係代名詞文が、全体の主語となっています。

・alles「すべて」, etwas「何か」, nichts「なにも…ない」などとよく組み合わせて使われます。

Ich gebe dir **alles**, **was** ich habe.　　　私がもっているものをすべて君にあげます。

Gibt es **etwas**, **was** interessant ist?　　　何かおもしろいことはありますか？

Er glaubt **nichts**, **was** Politiker sagen.　　　政治家が言うことを彼は一切信じない。

ポイント3 不定関係代名詞の wer は「…する人」
先行詞は不要です。wer だけで「…する人」という意味です。 | 不定関係代名詞文が、全体の主語となっています。

Wer vor der Vergangenheit die Augen verschließt, wird blind für die Gegenwart.

過去に目を閉ざす人は現在に対して盲目となる。

Wer zuletzt lacht, lacht am besten.　　　最後に笑う人がもっともよく笑う。（ことわざ）

確認問題 点線部に不定関係代名詞の was または wer を入れなさい。

① Hast du verstanden, ... ich gesagt habe?　　　私が言ったことを理解しましたか？

② Hier gibt es nichts, ... ich sehen möchte.　　　ここには私が見たいものは何もない。

③ .... heute kommt, muss nicht morgen kommen.

きょう来る人は、あした来なくてよい。

練習問題

1. 日本語に訳しなさい。

① Ich habe einen Onkel, der in Polen wohnt.

----

② Der PC, den ich gestern gekauft habe, ist super schnell.

----

③ Das Kind, dem ich das Bilderbuch gebe, hat heute Geburtstag.

----

④ Das ist die Uni, an der meine Mutter studiert hat.

----

⑤ Niemand konnte verstehen, was er gesagt hat.

----

2. （　　）に適切な関係代名詞を入れなさい。

① Wer ist der Student, （　　　　）neben dir war?

　君の隣にいた学生團は誰ですか？

② Das ist das Kleid, （　　　　）mir sehr gefällt.

　これは私がとても気に入っているワンピース田です。

③ Ich suche einen Pullover, （　　　）ich in der Maschine waschen kann.

　私は洗濯機で洗えるセーター團を探しています。

④ Es gibt viele Menschen, （　　　）man helfen muss.

　助けなければいけない多くの人たち圏がいます。

⑤ Wie heißt das Land, （　　　）Hauptstadt Stockholm ist?

　首都がストックホルムの国田は何といいますか？

⑥ Wo ist das Hotel, in （　　　）ihr letztes Jahr übernachtet habt?

　君たちが去年泊まったホテル田はどこですか？

3. 後半の文を関係文にして、1文にしなさい。

① Ich habe eine Cousine.　Sie arbeitet in Schweden.

　私は従姉妹がいます。　　　彼女はスウェーデンで働いています。

---

② Gibt es hier kein Kaufhaus?　Das Kaufhaus ist am Wochenende geöffnet.

　この辺にデパート囲はないのですか？　そのデパートは週末に開いています。

---

③ Wie war der Kräutertee?　Ich habe dir den Kräutertee empfohlen.

　そのハーブティー圐はどうでしたか？　私は君にそのハーブティーを薦めました。

---

④ Dort kommt der Bus.　Sie können mit dem Bus zum Flughafen fahren.

　あそこにバス圐が来ます。　あなたはそのバスで空港へ行くことができます。

---

4. ドイツ語に訳しなさい。

① 私はドイツ語 (Deutsch) を話す (sprechen) 日本人 (Japaner 圐) を知っています (kennen)。

---

② 私にはインターネットで (aus dem Internet) 知っている (kennen) 多くの友人 (viele Freunde) がいます。

---

③ 私が買おうと (kaufen) 思った (wollen) チケット (Ticket 囲) はもう (schon) 売り切れ (ausverkauft) だった。

---

④ 私がお昼に (zu Mittag) 食べたカレーソーセージ (Currywurst 囡) はおいしかった (lecker)。

前置詞句・副詞（句）の語順（テカモロ）

ドイツ語の語順では動詞ともっとも結びつきが強い語が文末に来ます。また、情報として新しいもの（未知なもの）が後ろに来ます（定冠詞と不定冠詞がついている名詞がある場合、不定冠詞つきの名詞が後ろに来ます）。それ以外の前置詞句や副詞（句）については、「テカモロ（te-ka-mo-lo)」の語順を覚えておくと便利です。

　1．**te**mporal 時間　2．**ka**usal 理由　3．**mo**dal 様態　4．**lo**kal 場所

私はきのう雨のために急いでカフェに飛び込んだ。
Ich lief gestern wegen des Regens schnell ins Café.
　　　　　時間　　　　　理由　　　　様態　　場所

彼はきょうひとりで家にいます。
Er bleibt heute　allein　zu Hause.
　　　　　時間　　様態　　場所

ただし文脈によっては必ずしもこの語順になるとは限りません。

接続法第2式　🔊123

Wenn ich 100 Millionen Yen hätte, würde ich eine Weltreise machen.

もし1億円あれば、世界一周旅行をするのに。

ポイント❶ 「もし1億円あれば…」「もし私が大統領なら…」のような現実性の低いことがらの表現や、「…していただけますか？」のようなていねいな依頼では、動詞を〈接続法第2式〉に変えます。

Wenn wir keine Prüfungen **hätten**, **wären** wir glücklich.

> hätten＜habenの接続法第2式

もし試験がなければ、私たちは幸せなのに。

Ich **hätte** gern ein Glas Wasser. 水を一杯いただきたいのですが。

> wären＜seinの接続法第2式

ポイント❷ 接続法第2式 → 過去基本形＋語尾 e（不規則動詞では、さらに幹母音がウムラウトします）

> sollen→sollte、wollen→wollteのような例外もあります。

sein	→ **wäre**	haben	→ **hätte**	werden → **würde**		
können	→ **könnte**	müssen	→ **müsste**			

> haben→hatte、können→konnte のように過去基本形が e で終わる場合、接続法第2式で語尾の e は不要です。

ポイント❸ 一般動詞では werden の接続法第2式 würde と組み合わせた〈würde ＋不定形（文末）〉の形が好まれます。

kaufen → **würde … kaufen**　　　　gehen → **würde … gehen**

・接続法第2式の人称変化

不定形		sein	haben	werden	können	kaufen
接続法第2式		wäre	hätte	würde	könnte	würde … kaufen
ich	-	wäre	hätte	würde	könnte	würde … kaufen
du	**-st**	wär[e]**st**	hätte**st**	würde**st**	könnte**st**	würde**st** … kaufen
er / sie / es	-	wäre	hätte	würde	könnte	würde … kaufen
wir	**-(e)n**	wäre**n**	hätte**n**	würde**n**	könne**n**	würde**n** … kaufen
ihr	**-t**	wär[e]**t**	hätte**t**	würde**t**	könne**t**	würde**t** … kaufen
sie	**-(e)n**	wäre**n**	hätte**n**	würde**n**	könne**n**	würde**n** … kaufen
Sie	**-(e)n**	wäre**n**	hätte**n**	würde**n**	könne**n**	würde**n** … kaufen

＊主語に合わせて過去形と同じ語尾（☞ 155頁）をつけます。

非現実話法① 「もし…なら、…なのに／だろう」 ⏵124

Wenn ich eine Zeitmaschine hätte, würde ich in die Zukunft reisen.

もしタイムマシーンがあれば、私は未来へ旅するだろう。

ポイント①　非現実話法 → 「もし…なら、…なのに／だろう」

可能性が低いことがら、現実や事実を度外視した仮定や願望、後悔、あるいは控え目な推測の表現です。

Wenn ich reich **wäre**, **würde** ich einen Porsche **kaufen**.

> 英語の仮定法にあたります。

もし私が金持ちなら、ポルシェを買うだろう。

ポイント②　「もし…なら」は従属接続詞の wenn を使います。

Wenn er fleißiger **wäre**, **hätte** er Erfolg.　　彼がもっと勤勉なら、彼は成功するのに。

Wenn das Wetter schön **wäre**, **würden** wir in den Park **gehen**.

天気がよければ、私たちは公園に出かけるのに。

Es **wäre** besser, **wenn** es keine Steuern **geben würde**.

(= Es **wäre** besser, **wenn** es keine Steuern **gäbe**.)

> geben や gehen、kommen などのよく使われる動詞では、〈würde＋不定形〉の形を使わないこともあります。

税金がなければいいのになあ。

Wenn ich eine Freundin **hätte**!　　　彼女がいればなあ！

> wenn の節だけで主文のない「…ならなあ」という表現もあります。

確認問題　（　）の動詞を接続法第2式に変えて点線部に入れなさい。

① Wenn ich Millionär ＿＿＿＿＿＿(sein), ＿＿＿＿＿＿(werden) ich zum Mond fliegen.

もし私が大金持ちなら、月へ行くだろう。

② Wenn ich ein Stipendium bekommen ＿＿＿＿＿＿(werden), ＿＿＿＿＿＿(werden) ich im Ausland studieren.

奨学金がもらえれば、私は留学するのに。

③ Was ＿＿＿＿＿＿(werden) ihr mitnehmen, wenn ihr auf einer einsamen Insel leben ＿＿＿＿＿＿(müssen)？

無人島で生活しなければならないとすれば、君たちは何をもって行きますか？

④ Wenn ich Klavier spielen ＿＿＿＿＿＿(können)！

ピアノが弾ければなあ！

非現実話法② 🔊125

Wenn das Wetter schön gewesen wäre, wären wir in den Park gegangen. もし天気がよかったら、私たちは公園に出かけたのに。

ポイント❶ wen を使わない非現実話法「…なのに／だろう」

Ohne deine Hilfe **könnte** ich die Hausaufgabe nicht fertig **machen**.

> ohne deine Hilfeが、仮定を表しています。

　君の助けがなければ、私は宿題が終えられないだろう。

An deiner Stelle **würde** ich die Wahrheit **sagen**.　君の立場なら私は真実を話すのに。

Was **würdest** du als Politiker **tun**?

> an deiner Stelle が仮定を表しています。

　君が政治家なら何をしますか？

ポイント❷ 接続法第2式過去 → 〈hätte または wäre ＋ 過去分詞（文末）〉

過去の出来事について、「もし…だったら、…したのになあ／…だったのになあ」と述べる表現です。

Wenn ich fleißiger **gelernt hätte**, **hätte** ich die Prüfung **bestanden**.

　もっとまじめに勉強していたら、私は試験に合格したのに。

Wenn du gestern **gekommen wärest**, **wären** wir zusammen ins Café **gegangen**.

　もし君がきのう来ていたら、私たちはいっしょにカフェに出かけたのに。

> 過去の出来事について述べるので、現在完了形がベースになります。完了の助動詞 haben/sein を接続法第2式の hätte/wäre に置き換えます。

確認問題 日本語に訳しなさい。

① An seiner Stelle würde ich das Auto nicht kaufen.

② Wenn er den Zug um 9 genommen hätte, wäre er nicht zu spät gekommen.

③ Wenn du gestern nicht beschäftigt gewesen wärest, wären wir zusammen ins Konzert gegangen.

ていねいな依頼「…していただけますか？」 🔊126

Könnten Sie das bitte noch einmal sagen?

もう一度言っていただけますか？

ポイント① 接続法第2式を使うと、依頼や希望を伝える際に「…していただけますか？」「…したいのですが」のようなていねいな表現になります。

Könnten Sie mir mal **helfen**?　　　　すこしお手伝いしていただけますか？

Würden Sie bitte zu mir **kommen**?　　私のところへお越しいただけますか？

Ich **hätte** eine Frage.　　　　　　　質問してもよろしいですか。

Ich **wäre** Ihnen sehr dankbar, wenn Sie mir **antworten würden**.

　　お返事をいただけましたら、たいへんありがたく存じます。（手紙・メールなどで）

ポイント② Ich hätte gern ...⁴格 → …⁴格がほしいのですが

買い物やレストランの注文などでよく使われる表現です。

Ich hätte gern eine gestreifte Krawatte.　　　ストライプのネクタイ囡がほしいのですが。

Ich hätte gern ein Schnitzel und einen gemischten Salat.

　　シュニッツェル囲とミックスサラダ囲をお願いします。

Wir hätten gern eine Flasche Weißwein, bitte.

　　私たちは白ワインのボトル囡をいただきたいのですが。

確認問題 日本語に訳しなさい。

① Könnten Sie mir bitte sagen, wie ich zum Bahnhof komme?

　　---

② Hätten Sie jetzt Zeit?

　　---

③ Dürfte ich Sie kurz stören?

　　---

④ Ich hätte gern einen Orangensaft.

練習問題

1.（　　）の動詞を接続法第2式に直して、点線部に入れなさい。

① Wenn ich Jura studiert ＿＿＿＿＿＿, ＿＿＿＿＿＿ ich jetzt Rechtsanwalt.（haben /

sein）　もし私が法律学を専攻していたら、いま私は弁護士だっただろうに。

② ＿＿＿＿＿＿ Sie mir bitte mit dem Koffer helfen?（können）

スーツケースを運ぶのを手伝ってもらえますか？

③ Ich ＿＿＿＿＿＿ gern ein Kilo Kartoffeln.（haben）　ジャガイモを 1 キロほしいのですが。

2. 日本語に訳しなさい。

① Wenn er hierhergekommen wäre, hätten wir zusammen zu Mittag gegessen.

＿＿＿＿＿＿＿＿＿＿＿＿＿＿＿＿＿＿＿＿＿＿＿＿＿＿＿＿＿＿＿＿＿＿＿＿

② Wie wäre es, morgen ans Meer zu gehen?

＿＿＿＿＿＿＿＿＿＿＿＿＿＿＿＿＿＿＿＿＿＿＿＿＿＿＿＿＿＿＿＿＿＿＿＿

③ Dürfte ich Sie um etwas Geduld bitten?

＿＿＿＿＿＿＿＿＿＿＿＿＿＿＿＿＿＿＿＿＿＿＿＿＿＿＿＿＿＿＿＿＿＿＿＿

3. ドイツ語に訳しなさい。

① もしお金（Geld）があれば、私は世界一周旅行（eine Weltreise）をします（machen）。

＿＿＿＿＿＿＿＿＿＿＿＿＿＿＿＿＿＿＿＿＿＿＿＿＿＿＿＿＿＿＿＿＿＿＿＿

② あなたの電話番号（Telefonnummer 囡）をもう一度（noch einmal）言っていただけま

すか？

＿＿＿＿＿＿＿＿＿＿＿＿＿＿＿＿＿＿＿＿＿＿＿＿＿＿＿＿＿＿＿＿＿＿＿＿

③ ドイツ語を流ちょうに（fließend）話せ（sprechen）たらなあ！

＿＿＿＿＿＿＿＿＿＿＿＿＿＿＿＿＿＿＿＿＿＿＿＿＿＿＿＿＿＿＿＿＿＿＿＿

④ あなたの立場でしたら私はこの住居（Wohnung 囡）を借り（mieten）ません。

＿＿＿＿＿＿＿＿＿＿＿＿＿＿＿＿＿＿＿＿＿＿＿＿＿＿＿＿＿＿＿＿＿＿＿＿

コラム

接続法第2式（wenn の省略／ als ob...）

・「もし…なら、…なのに」という非現実話法は接続法第2式を使って表現します。

　Wenn ich 100 Millionen Yen hätte, würde ich eine Weltreise machen.
　　もし1億円あれば、世界一周旅行をするのに。

「もし…なら」には従属接続詞の wenn を用いますが、この wenn を省略した言い方もよく使われます。その場合は動詞を文頭に置きます。

　Hätte ich 100 Millionen Yen, würde ich eine Weltreise machen.
　　もし1億円あれば、世界一周旅行をするのに。

・als ob... 「まるで…のように」
　接続法第2式と組み合わせます。

　Er redet, **als ob** er alles **wüsste**. （wüsste ＜ wissen の接続法第2式）
　　彼はまるで何でも知っているかのような話し方をします。

als ob...は副文なので、動詞は文末に置きます。また als ob の ob を省略した〈als ＋接続法第2式〉の言い方もあります。

　Er redet, **als wüsste** er alles.
　　彼はまるで何でも知っているかのような話し方をします。

中 級 編

副詞的4格 ◻127

Wir haben letzte Woche Kyoto besucht.

私たちは先週囡京都を訪れました。

ポイント① 名詞の4格は「毎日」「今週」「来年」のように〈時〉を表すことができます。副詞のようにはたらくので、これを副詞的4格といいます。

・dieser と → diese Woche（今週）、diesen Monat（今月）、dieses Jahr（今年）など

Ich habe **diesen Freitag** eine Prüfung. 私は今度の金曜日團に試験があります。

Hast du **diesen Sommer** etwas vor? 君はこの夏團に何か予定はありますか？

・letzt囮と → letzte Woche（先週）、letzten Monat（先月）、letztes Jahr（去年）など

Sie ist **letzten Monat** nach München umgezogen.

彼女は先月團ミュンヘンに引っ越しました。

Letztes Jahr habe ich das Abitur gemacht. 去年囲私は大学入学資格試験を受けた。

・nächst囮と → nächste Woche（来週）、nächsten Monat（来月）、nächstes Jahr（来年）など

Nächste Woche feiern sie ihre Goldene Hochzeit. 来週囡彼らは金婚式を祝う。

・jeder と → jeden Tag（毎日）、jeden Abend（毎晩）、jede Woche（毎週）など

Mein Vater joggt **jeden Tag**. 私の父は毎日團ジョギングします。

・その他

Hast du **heute Abend** Zeit? 今晩團時間はありますか？

Ich habe **den ganzen Tag** an dich gedacht. 私は1日中君のことを考えていました。

確認問題 日本語に訳しなさい。

① Sie haben dieses Jahr ein Baby bekommen.

② Jeden Winter fährt sie nach Nagano zum Skilaufen.

③ Wir sind drei Tage zu Hause geblieben.

④ Letzten Dienstag hat es sehr viel geschneit.

所有の3格　🔊128

Makoto, putz dir die Zähne!　　マコト、歯を磨きなさい！

ポイント① waschen（洗う）、putzen（磨く）などの動詞は、「手を洗う」「髪を洗う」「歯を磨く」のように体の部位とともに用いられる場合、ふつう3格の名詞／代名詞によって「手」や「歯」などの持ち主を表します。

> 持ち主を表す3格という意味で「所有の3格」といいます。所有の3格とともに使う場合、体の部位には定冠詞をつけます。

・waschen　洗う

Ich wasche **meinem Sohn** die Haare.	私は息子の髪を洗ってやる。
Ich wasche **mir** die Hände.	私は（自分の）手を洗う。
Makoto wäscht **sich** die Hände.	マコトは（自分の）手を洗う。

> 3格の再帰代名詞 sich が手の持ち主を示しています。再帰代名詞は主語と同じ人や物を示す代名詞です。sich＝マコトですから、マコトが自分の手を洗うという意味になります。☞再帰代名詞（77頁）

・putzen　磨く

| Die Mutter putzt **ihrer Tochter** die Zähne. | 母は娘の歯を磨いてやる。 |
| Ich putze **mir** immer sorgfältig die Zähne. | 私はいつもていねいに歯を磨きます。 |

・その他の例

Naomi kämmt **sich** die langen blonden Haare.	ナオミは長いブロンドの髪をとかします。
Die Friseurin föhnt **mir** die Haare.	美容師が私の髪をドライヤーで乾かします。
Ich habe **mir** beim Fußball das Bein gebrochen.	私はサッカーで足⊞を骨折しました。
Sie hat **mir** leicht auf die Schulter geklopft.	彼女は私の肩⊠をかるくトントン叩いた。

確認問題 日本語に合うように、（　　）に適切な3格の代名詞を入れなさい。

① Sie wäscht（　　　）jeden Morgen die Haare.　　彼女は毎朝髪を洗います。

② Vor dem Essen musst du（　　　）die Hände waschen.
　　食事の前に手を洗わなければダメだよ。

③ Wie oft am Tag putzt ihr（　　　）die Zähne?　　君たちは1日に何回歯を磨きますか？

④ Beim Kochen habe ich（　　　）die Finger verbrannt.
　　料理をしていて私は指をやけどしました。

指示代名詞 🔊129

Welchen Kuchen möchtest du?
— Den nehme ich.

どのケーキ男が欲しいですか？

私はこれにします。

ポイント① 指示代名詞は文頭に置かれ、目の前にある人／物を指して、「これ」「それ」のような意味で使われます。会話でよく使われる表現です。（とくに1格と4格）

	男	女	甲	複
1格	der	die	das	die
2格	dessen	deren	dessen	deren
3格	dem	der	dem	denen
4格	den	die	das	die

＊2格と複数3格以外は定冠詞と同じ形です。（定関係代名詞と同じ形です）

Wohin fährt dieser Zug?

この列車男はどこへ行きますか？

— **Der** fährt nach Hamburg.

これはハンブルク行きです。

Hast du diesen Film schon gesehen?

この映画男をもう見ましたか？

— Nein, **den** habe ich noch nicht gesehen.

いいえ、それを私はまだ見ていません。

Die Tasche ist zu teuer. **Die** kostet 3.000 Euro!

このバッグ女は高すぎます。3000ユーロもします！

確認問題 （　）に適切な指示代名詞を入れなさい。

① Wie findest du dieses Hemd? — （　　　）finde ich schick.

このワイシャツ甲をどう思いますか？　　趣味がよいと思います。

② Was kostet diese Sonnenbrille? — （　　　）kostet 100 Euro.

このサングラス女はいくらですか？　　これは100ユーロです。

③ Kennst du den Mann dort? — Nein, （　　　）kenne ich nicht.

あそこの男性男を知っていますか？　　いいえ、その男性を私は知りません。

定冠詞類の名詞的用法　🔊130

（公園で花囡を見ながら）**Wie heißt diese auf Deutsch?**

これ（この花）はドイツ語で何といいますか？

ポイント① dieser，welcher などの定冠詞類（☞ 52, 53頁）は、後ろの名詞を省略して単独で使うことができます。

目の前にあるスカートを指して「私はこのスカート團が気に入りました」と言う場合、Dieser Rock gefällt mir. と言いますが、スカートは目の前にあり、聞き手もどのスカートのことかわかっているわけですから、Rock（スカート）を省略して、**Dieser** gefällt mir.（私はこれが気に入りました）と言うこともできます。

・目の前にあるパン囲を指して　　**Dieses** (Brot) ist frisch.　　これは（このパンは）焼きたてです。

・写真の男性を見ながら　　　　　**Diesen** (Mann) kenne ich nicht. Wer ist das?
　　　　　　　　　　　　　　　　このひとを（この男性を）私は知りません。これは誰ですか？

・ケーキ團のメニューを見ながら

Welchen (Kuchen) nimmst du?　　　　　君はどれに（どのケーキに）しますか？

— Ich nehme **diesen** (Kuchen mit Äpfeln).　私はこれに（このりんごのケーキに）します。

ポイント② jeder は「各人」、複数形の alle は「すべての人」、単数形の alles は「すべてのもの・こと」の意味で使われることがあります。

Hat **jeder** ein Wörterbuch?　　　　　みなさんそれぞれ團辞書をもっていますか？

Sind **alle** da?　　　　　　　　　　　全員圈いますか？

Das ist **alles**, was ich weiß.　　　　これが私が知っているすべて囲です。

確認問題 日本語に合うように、（　　）に適切な語を入れなさい。

① Welche Jeans gefällt dir? —（　　　）gefällt mir.
　どのジーンズ囡が気に入りましたか？　これがとても気に入りました。

② Welchen Wein möchtest du? —（　　　　）hier aus Italien.
　どのワイン團にしますか？　　　　　　このイタリア産にします。

③（　　　　）ist dein Auto?　　　　どれが君のクルマ囲ですか？

④ Er macht（　　　　）, was sie will.　彼は彼女が望むことはすべて囲します。

不定冠詞・不定冠詞類の名詞的用法　🔊131

Hast du einen Stift?
書くもの團をもっていますか？

― Ja, ich habe einen.
はい、（ひとつ）あります。

ポイント❶ 不定冠詞／不定冠詞類（所有冠詞、否定冠詞 kein）は後ろの名詞を省略して単独で使うことができます。ただし男性1格と中性1・4格は語尾が異なります。

・不定冠詞／不定冠詞類を単独で使う場合の変化表（複数形は57頁の表に記載）

	男		女		中	
1格	einer	meiner	eine	meine	ein[e]s	mein[e]s
2格	eines	meines	einer	meiner	ein[e]s	mein[e]s
3格	einem	meinem	einer	meiner	einem	meinem
4格	einen	meinen	eine	meine	ein[e]s	mein[e]s

・不定冠詞の名詞的用法「ひとり」「ひとつ」

Ich möchte einen Hamburger. Nimmst du auch **einen** (=einen Hamburger)?

　私はハンバーガー團が欲しいです。君もハンバーガーにしますか？

Hast du ein Auto?　　　　　　　　クルマ中をもっていますか？

― Ja, ich habe **eins** (=ein Auto).　はい、1台もっています。

> 中性1・2・4格の ein[e]s では [e] は省略して eins と言うのがふつうです。

・所有冠詞／否定冠詞 kein の名詞的用法

Das ist nicht mein Schirm, sondern **ihrer**.　これは私のカサ團ではなく、彼女のです。

Habt ihr heute Unterricht?　　　君たちはきょう授業團がありますか？

― Nein, wir haben **keinen**.　　いいえ、ありません。

確認問題 日本語に合うように（　）に適切な語を入れなさい。

① Haben Sie noch Fragen? ― Ich habe (　　　).

　まだ質問はありますか？　　　　ひとつ（質問女）あります。

② Das ist deine Karte und das ist (　　　).　これは君のチケット女で、これは私のです。

③ Hast du einen Kuli? ― Nein, ich habe (　　　).

　ボールペン團をもっていますか？　いいえ、もっていません。

相関的な接続詞　🔊132

Sie studiert nicht Physik, sondern Chemie.

彼女は物理ではなく化学を専攻しています。

ポイント① 接続詞のなかには、セットで熟語的に使われるものがあります。

・nicht（kein）A, sondern B　「A ではなく B」

John ist **nicht** Amerikaner, **sondern** Engländer.

　ジョンはアメリカ人ではなくイギリス人です。

Ich nehme **kein** Fleisch, **sondern** Fisch.　　私は肉田ではなく魚囲にします。

・nicht nur A, sondern auch B　「A だけでなく B も」

Er ist **nicht nur** Schauspieler, **sondern auch** Maler.

　彼は俳優であるだけでなく画家でもある。

・entweder A oder B　「A か B のどちらか」

Ich möchte **entweder** einen Porsche **oder** einen Ferrari.

　私はポルシェかフェラーリのどちらかが欲しい。

・sowohl A als (auch) B　「A も B も」

Er spielt **sowohl** Klavier **als** auch Geige.　　彼はピアノもバイオリンも弾きます。

・weder A noch B　「A も B も…ではない」

Ich habe **weder** Zeit **noch** Geld für die Reise.　　私は旅行する時間もお金もありません。

・zwar A, aber B　「たしかに A だが、しかし B だ」

Ich bin **zwar** nicht reich, **aber** glücklich.　　私はたしかに金持ちではないが幸せだ。

確認問題 日本語に訳しなさい。

① Wir sind nicht nach Berlin, sondern nach München gefahren.

② Der Film war nicht nur lang, sondern auch langweilig.

③ Erika kann sowohl Deutsch als auch Französisch.

④ Weder Naomi noch Erika sind auf die Party gekommen.

da(r)＋前置詞 🔊133

Interessieren Sie sich für Jazz?
— Ja, ich interessiere mich sehr dafür.

ジャズ男に興味はありますか？ — はい、私はそれにとても興味があります。

ポイント❶ 「前置詞＋物を指す人称代名詞」には〈da＋前置詞〉という融合形があります。mit なら damit、für なら dafür です。また auf や in のように母音で始まる前置詞は〈dar＋前置詞〉の形になります。

Das ist mein Fahrrad. Ich fahre immer **damit** zur Arbeit.

これは私の自転車田です。私はいつもこれで仕事に行きます。

> 人称代名詞を使って mit ihm とはなりません。融合形の damit を使います。

Hast du dein Auto vor dem Tor abgestellt? — Ja, es ist **davor**.

君はクルマを門田の前に置きましたか？ — はい、それはそこにあります。

Erinnerst du dich an den Vorfall? — Ja, ich erinnere mich gut **daran**.

あの事件男を覚えていますか？ — はい、よく覚えています。

> 母音ではじまる前置詞は、dar＋前置詞の形。

ポイント❷ 人称代名詞が物ではなく人を指す場合は、〈da＋前置詞〉は使いません。mit ihr, an ihn のように前置詞と人称代名詞を使います。

Das ist unsere Freundin Erika. Wir gehen oft **mit ihr** zum Karaoke.

これは私たちのともだちのエリカです。私たちはよく彼女とカラオケに行きます。

Erinnerst du dich an Herrn Müller? — Ja, ich erinnere mich gut **an ihn**.

君はミュラーさんを覚えていますか？　はい、彼のことをよく覚えています。

ポイント❸ da(r)＋前置詞の da(r) が zu 不定詞句を指す場合もあります。

Ich freue mich **darauf**, am Wochenende Kyoto zu besuchen.

私は週末に京都を訪れるのを楽しみにしています。

確認問題 日本語に訳しなさい。

① Sie interessiert sich für Deutsch und beschäftigt sich intensiv damit.

② Dort ist ein Theater, daneben ein Kaffeehaus.

③ Der Wirtschaft geht es immer schlechter. Oft sprechen wir darüber.

wo(r) ＋前置詞　🔊134

Wofür interessieren Sie sich?　　　あなたは何に興味がありますか？

ポイント❶ 「前置詞＋疑問詞の was」は、〈wo ＋前置詞〉という融合形を使います。mit ＋ was なら womit、für ＋ was なら wofür です。また auf や in のように母音で始まる前置詞は〈wor ＋前置詞〉の形になります。

Womit bist du gerade beschäftigt?（mit+was）　　君はいま何が忙しいの？

Wovon sprechen Sie?（von+was）　　何のお話ですか？

Worum geht es in diesem Buch?（um+was）　　この本のテーマは何ですか？

Ich weiß gar nicht, **worin** der Unterschied liegt.（in+was）

　　私は違いがどこにあるかさっぱりわかりません。

> 母音で始まる前置詞は、wor+前置詞の形。

確認問題 日本語に訳しなさい。

① Woran denkst du?

② Worüber haben sie sich gestritten?

③ Worauf warten Sie? — Ich warte auf das Paket.

④ Wofür brauchst du das Geld?

コラム

「もっとも…なひとり／ひとつ」

198頁に不定冠詞の名詞的用法が出てきました。これを複数２格の名詞とともに使う表現があります。〈einer der 最上級＋名詞複数２格〉という形で、「もっとも…なひとり／ひとつ」のような意味です。

Mozart ist einer der berühmtesten Komponisten.

　　モーツァルトはもっとも有名な作曲家のひとりです。

Die Astronomie ist eine der ältesten Wissenschaften.

　　天文学はもっとも古い学問のひとつです。

＊性は後ろの名詞によって決まります。上の文ではKomponist（作曲家）が男性名詞なので男性１格の einer、下の文では Wissenschaft（学問）が女性名詞なので女性１格の eine となります。

形容詞の名詞化① 🔊135

Die Deutschen kommen heute nach Japan.

そのドイツ人たち覆はきょう日本に来ます。

ポイント① 形容詞は頭文字を大文字で書くと、名詞として使うことができます。その場合、それぞれの性・数・格や冠詞に合わせた語尾をつけます。

・形容詞を名詞として使う場合、〈性〉〈数〉によって以下のような意味を表します。

男性名詞として名詞化	→	男のひとを表す
女性名詞として名詞化	→	女のひとを表す
複数形として名詞化	→	複数のひとを表す
中性名詞として名詞化	→	もの・ことを表す

・deutsch（ドイツの）という形容詞の変化を見てみましょう。

	ドイツ人團			ドイツ人囡	
1 格	der Deutsche	ein Deutscher	die Deutsche	eine Deutsche
2 格	des Deutschen	eines Deutschen	der Deutschen	einer Deutschen
3 格	dem Deutschen	einem Deutschen	der Deutschen	einer Deutschen
4 格	den Deutschen	einen Deutschen	die Deutsche	eine Deutsche

	ドイツ人たち覆		ドイツ的なもの⽥	
1 格	die Deutschen	Deutsche	das Deutsche	ein Deutsches
2 格	der Deutschen	Deutscher	des Deutschen	eines Deutschen
3 格	den Deutschen	Deutschen	dem Deutschen	einem Deutschen
4 格	die Deutschen	Deutsche	das Deutsche	ein Deutsches

・「ドイツ人」について

「日本人」は Japaner、「イギリス人」は Engländer のように独立した単語がありますが、「ドイツ人」にはそのような意味での独立した単語はありません。「ドイツ人」は deutsch（ドイツの）という形容詞を名詞化して、「ドイツの男性🧑」「ドイツの女性👩」「ドイツのひとたち🧑」のように表します。

Der Deutsche wohnt seit drei Jahren in Tokyo.

　そのドイツ人男性🧑は3年前から東京に住んでいます。

Ich kenne **eine Deutsche**, die in Kyoto wohnt.

　私は京都に住んでいるドイツ女性👩を知っています。

Ich habe **einer Deutschen** den Weg zum Hotel gezeigt.

　私はあるドイツ人女性👩にホテルへの道を教えました。

An diesem Institut arbeiten viele **Deutsche**.

　この研究所には多くのドイツ人🧑が働いています。

＊男性、女性、複数として名詞化する場合は、形容詞のうしろにそれぞれ Mann（男性）、Frau（女性）、Leute（人々）といった名詞が省略されていると考えればわかりやすくなります。

例）　ein deutscher Mann → ein Deutscher

　　　eine deutsche Frau　→ eine Deutsche

　　　deutsche Leute　　　→ Deutsche

確認問題　点線部に適切な語尾を入れなさい。

① Ein Deutsch＿＿ kommt heute zu unserer Uni.

　ドイツ人🧑がきょう私たちの大学に来ます。

② Wir arbeiten mit einer Deutsch＿＿ zusammen.

　私たちはドイツ人👩といっしょに働いています。

③ Kennt ihr die Deutsch＿＿?

　君たちはそのドイツ人👩を知っていますか？

④ Wir haben die Deutsch＿＿ zur Party eingeladen.

　私たちはそのドイツ人たちを懇親会に招待しました。

形容詞の名詞化② 🔊136

Gibt es etwas Neues? 　何か新しいこと囲はありますか？

ポイント① 形容詞の名詞化で、日常的によく使われる単語を見ておきましょう。ここでは男性１格の例をあげておきます。

der Angestellte / ein Angestellter（会社員）　der Beamte / ein Beamter（公務員）

der Bekannte / ein Bekannter（知人）　　　der Verletzte / ein Verletzter（けが人）

Mein Bekannter aus Wien hat mich neulich besucht.

　　ウィーンの私の知人囲が私を最近訪ねてきました。

Die Verletzte wurde im Krankenhaus behandelt.　そのけが人囡は病院で治療を受けた。

Wie viele Angestellte hat diese Firma?　　　この会社には社員圈が何人いますか？

ポイント② 形容詞を中性名詞として名詞化すると、「…なもの」「…なこと」という意味になります。

Du siehst immer nur **das Negative**.　　　君はいつもネガティブなこと囲しか見ないね。

・中性の名詞化では、etwas（何かある…）、nichts（何も…ない）、alles（全部）などとよくいっしょに用いられます。

Hast du **etwas Interessantes** gehört?　　何かおもしろいこと囲を聞きましたか？

Heute gibt es **nichts Neues** in der Zeitung.　きょうは新聞に新しいこと囲は何もありません。

Alles Gute zum Geburtstag, Erika!　　誕生日おめでとう、エリカ！

確認問題 点線部に適切な語尾を入れなさい。

① Mein Vater ist Angestellt＿＿.　　　私の父は会社員圈です。

② Sie ist eine Bekannt＿＿ von mir.　　彼女は私の知り合い囡です。

③ Das ist das Schönst＿＿, das ich je gesehen habe.

　　これは私がこれまで見たなかでいちばん美しいもの囲です。

④ Ich möchte etwas Warm＿＿ trinken.　　私は何か温かいもの囲が飲みたいです。

現在分詞の用法　🔊137

Das schlafende Baby ist sehr süß.

この眠っている赤ちゃん田はとてもかわいい。

ポイント 1 現在分詞は〈動詞の原形＋ d〉の形です。

kommen	来る	→ kommen**d**	schlafen	眠る	→ schlafen**d**
singen	歌う	→ singen**d**	auf|stehen	起きる	→ aufstehen**d**
sein	…である	→ sei**end**	tun	する	→ tu**end**

> sein と tun は現在分詞の形に注意してください。

ポイント 2 現在分詞は「…している」という意味の形容詞、あるいは「…しながら」という意味の副詞として使います。

① 形容詞として（形容詞の格語尾がつきます）

> 〈定冠詞＋形容詞＋名詞〉、男性1格の格語尾です。

der **singende** Student　　　　　　　　　歌っている学生男

・さらに別の語句をともなうこともあります。

> 〈冠飾句〉といいます。おもに書き言葉で使われます。

der schön **singende** Student　　　　　　　　美しく歌っている学生

der auf der Bühne schön **singende** Student　　舞台の上で美しく歌っている学生

Er braucht dringend das schnell **wirkende** Mittel.　彼には至急すぐ効く薬田が必要です。

② 副詞として（そのままの形で使います）

Das Kind kam **singend** nach Hause.　　　　　子供が歌いながら帰って来た。

確認問題（　　）の動詞を現在分詞にして、必要であれば適切な語尾をつけて点線部に入れなさい。

① Die ＿＿＿＿＿ Mutter hat nichts gesagt.（wüten）

　怒っている母は何も言わなかった。

② Er ist an die Tür ＿＿＿＿＿ ins Zimmer eingetreten.（klopfen）

　彼はドアをノックしながら部屋に入ってきた。

③ Die Regierung konnte gegen den ＿＿＿＿＿ Vulkan nichts tun.（aus\|brechen）

　政府は噴火している火山男に対して何もできなかった。

④ Er isst immer ein Buch ＿＿＿＿＿ zu Mittag.（lesen）

　彼はいつも本を読みながらお昼ごはんを食べます。

過去分詞の用法 🔊138

Der durchgefallene Student beschwerte sich beim Professor.
落第した学生圏が教授に苦情を言った。

ポイント① 過去分詞は「…された」（受動）、あるいは「…した」（完了）の意味の形容詞または副詞としても使えます。

① 形容詞として（形容詞の格語尾がつきます）

・他動詞の過去分詞　→　…された（受動）

kochen　　ゆでる → gekocht → ein **gekocht**es Ei　　ゆで卵囲（ゆでられた卵）

zerstören　壊す　→ zerstört → die **zerstört**e Stadt　破壊された都市囡

・sein 支配の自動詞の過去分詞　→　…した／…してしまった（完了）

ab|fahren出発する → abgefahren → der **abgefahren**e Bus　出発してしまったバス圏

gelingen成功する → gelungen → das **gelungen**e Projekt　　成功したプロジェクト囲

・さらに別の語句をともなうこともあります。———— 〈冠飾句〉といいます。

das eben heute **eröffnet**e Restaurant　ちょうど今日オープンしたレストラン囲

Gestern besuchten wir die vor 400 Jahren **gebaut**e Kirche.　　< eröffnen

　　きのう私たちは400年前に建てられた教会囡を訪れた。　　< bauen

② 副詞として（そのままの形で使います）

Das Kind kam **erfreut** nach Hause.　　子供がよろこんで帰って来た。　　< erfreuen

確認問題 （　　）の動詞を過去分詞にして、必要であれば適切な語尾をつけて点線部に入れなさい。

① Das im Krieg ＿＿＿＿＿＿ Gebäude wurde wieder gebaut. (zerstören)

　戦争で破壊されたこの建物囲は再建された。

② Das sind die von den Fachleuten ＿＿＿＿＿＿ Informationen. (bestätigen)

　これは専門家たちによって確認された情報圏です。

③ Von vielen Journalisten ＿＿＿＿＿＿ war der Politiker in Verlegenheit. (fragen)

　多くの記者に質問されて、その政治家は困惑した。

コラム

未来受動分詞

der leicht **zu lesende** Artikel　　かんたんに読むことができる記事

現在分詞は前に zu を置いた形で、形容詞として使われることがあります。これを未来受動分詞と呼びます。現在分詞には形容詞の格語尾がつきます。意味は sein + zu 不定詞（☞ 174 頁）と同じで、「…されうる」（可能）、「…されるべき」（必要）となります。

das schwer **zu lösende** Problem　　解決するのが難しい問題囲
→ Das Problem ist schwer zu lösen.　この問題は解決するのが難しい。
der sofort **zu operierende** Patient　すぐ手術されるべき患者團
→ Der Patient ist sofort zu operieren.　この患者はすぐに手術されるべきだ。

コラム

人称代名詞の２格

現代ドイツ語ではほとんど使われることはありませんが、人称代名詞には２格もあります。一部の動詞・形容詞と結びついて使われます。

1格	ich	du	er	sie	es	wir	ihr	sie	Sie
2格	meiner	deiner	seiner	ihrer	seiner	unser	euer	ihrer	Ihrer

Gedenke **meiner**!
　私を覚えていて（忘れないで）！（人２格 + gedenken：…を記憶している）
Er war **seiner** selbst nicht mehr mächtig.
　彼は自分自身をもはや自制できなかった。
　（人２格 + mächtig sein：自制できる、コントロールできる）
Er fühlte sich **ihrer** irgendwie nicht würdig.
　彼はどことなく自分が彼女にふさわしくないと感じた。
　（人２格 + würdig：…にふさわしい、…に値する）

使役の助動詞 lassen と知覚動詞　🔊139

Sie lässt ihre Tochter das Zimmer putzen.

彼女は娘に部屋の掃除をさせる。

Ich sehe den Schauspieler tanzen.　　　私は俳優が踊るのを見る。

ポイント❶　「（人に）…させる」、「…してもらう」と言うとき、使役の助動詞 lassen を使います。lassen は動詞の原形といっしょに使います。動詞の原形は文末に置きます。（ワク構造）

	①	②	
	助動詞 lassen		本動詞（原形）

Der Chef **lässt** ihn nach Berlin **fahren**.　　　上司は彼をベルリンに行かせる。

Der Lehrer **lässt** die Schüler den Aufsatz **abschreiben**.

　先生は生徒たちに作文を書き写させる。

・働きかける相手（上の例文では ihn, die Schüler）は 4 格になります。

ポイント❷　sehen（見る）、hören（聞く）、fühlen（感じる）といった知覚を表す動詞は、ほかの動詞といっしょに使って「…（人／物）が…するのを見る、聞く、感じる」という意味になります。動詞の原形は文末に置きます。（ワク構造）

	①		②	
	知覚動詞	人／物 4 格		本動詞（原形）

Er **sieht** den Mann **hierherkommen**.　　　彼はその男性がこっちに来るのを見る。

Hört ihr die Vögel **zwitschern**?　　　君たちは鳥がさえずるのが聞こえますか？

・「A は B が…するのを見る、聞く、感じる」の B の部分（上の例では den Mann, die Vögel）は 4 格になります。

確認問題　日本語に訳しなさい。

① Der Professor lässt uns das Gedicht auswendig lernen.

② Die Polizei lässt die Leute nicht aus dem Gebäude gehen.

③ Sie hört ihn lachen.

④ Wir sahen den Täter fliehen.

話法の助動詞の現在完了形 🔊140

Ich habe gestern zur Uni gehen müssen.

私はきのう大学に行かなければならなかった。

ポイント❶ 話法の助動詞の現在完了形は haben といっしょに作ります。
その際、話法の助動詞の過去分詞は原形と同じ形になります。

①	② haben		本動詞（原形）	話法の助動詞（原形）
現在形	Er **will** in den USA studieren.		彼はアメリカに留学したい。	
現在完了形	Er **hat** in den USA studieren **wollen**.		彼はアメリカに留学したかった。	
現在形	**Darf** man im Restaurant rauchen?		レストランで喫煙してもよいですか？	形は原形と同じですが過去分詞です。
現在完了形	**Hat** man im Restaurant rauchen **dürfen**?		レストランで喫煙してよかったのですか？	

・話法の助動詞を単独で使う場合は、過去分詞は以下の形になります。

können → **gekonnt**	wollen → **gewollt**	müssen → **gemusst**
sollen → **gesollt**	dürfen → **gedurft**	mögen → **gemocht**

現在形	Makoto **muss** gleich darauf nach Hause.
	マコトはそのあとすぐ家に帰らなければならない。
現在完了形	Makoto **hat** gleich darauf nach Hause **gemusst**.
	マコトはそのあとすぐ家に帰らなければならなかった。
現在形	**Willst** du das wirklich? 君はそれを本当に望んでいるの？
現在完了形	**Hast** du das wirklich **gewollt**? 君はそれを本当に望んでいたの？

確認問題 次の文を現在完了形に書き換えなさい。

① Sie sollen das nicht sagen. 　　　　　彼らはそれを言うべきではない。

② Makoto kann nicht Deutsch sprechen. 　マコトはドイツ語を話せません。

③ Makoto kann nicht Deutsch. 　　　　　マコトはドイツ語ができません。

④ Heute muss ich zum Rathaus. 　　　　きょう私は市役所に行かなければならない。

受動文の現在完了形／自動詞の受動　🔊141

Der Student ist vom Lehrer gelobt worden.

その学生は先生にほめられた。

Meiner Mutter wird oft beim Kochen geholfen.

私の母は料理の際によく手伝ってもらう。

ポイント① 受動文の現在完了形は〈sein ＋ ... ＋過去分詞＋ worden（文末）〉の形です。

①	②		過去分詞	worden
	sein			

■現在形■　Ich werde zur Party eingeladen.　　　私はパーティーに招待される。

┌ここが受動を表す┐
現在完了形　Ich **bin** zur Party eingeladen **worden**.　私はパーティーに招待された。
└──── ここが現在完了を表す────┘

Das Zimmer **ist** gestern geputzt **worden**.　　　この部屋はきのう掃除された。

> 受動の助動詞 werden は sein 支配です。過去分詞は worden です。

ポイント② ドイツ語では目的語をとらない「働く」「踊る」などの自動詞も受動文をつくることができます。主語は形式上の es を使います。

「日曜日にもスーパーでは仕事がある」という場合、man を主語にした能動文と自動詞 arbeiten の受動文の両方が可能です。

能動文　Man arbeitet auch am Sonntag im Supermarkt.

受動文　Es **wird** auch am Sonntag im Supermarkt **gearbeitet**.

　　　= Auch am Sonntag **wird** im Supermarkt **gearbeitet**.

> 主語の es は文頭以外では省略されます。

確認問題 日本語に訳しなさい。

① Ein Heilmittel gegen diese Krankheit ist entdeckt worden.

② Die Bücher sind schon ins Japanische übersetzt worden.

③ In Deutschland wird rechts gefahren.

④ Auf der Straße wird jetzt demonstriert.

さまざまな受動表現　🔊142

Makoto bekommt das Fahrrad geschenkt.

マコトはこの自転車をプレゼントされる。

ポイント① 受動表現には werden を用いた表現のほかに、bekommen や lassen を用いるものがあります。

・bekommen を用いた受動表現「…してもらう」

Er schenkt ihr den Ring.（彼は彼女に指輪をプレゼントする）に対して、3格の ihr を主語にして「彼女は彼から指輪をプレゼントされる」という受動表現をつくりたい場合〈bekommen ＋過去分詞（文末）〉という形を使います。

Sie **bekommt** von ihm den Ring **geschenkt**.

> 彼女は彼からその指輪をプレゼントされる。

Morgen **bekomme** ich die Kleidung **geliefert**. (liefern)

> あした私は服を配達してもらいます。

> 「werden+過去分詞」の受動文では4格のRingを主語にした文（指輪はプレゼントされる）しかつくれません。

Ich habe von meinem Lehrer viele Bücher **geschickt bekommen**.　現在完了形

> 私は先生からたくさんの本を送ってもらった。

・lassen を用いた受動表現「されうる」

lassen と「sich⁴ᵍ＋動詞の原形（文末）」の形で「受動＋可能」の意味になります。

Das Problem **lässt sich** leicht **lösen**.　　　この問題は簡単に解決される。

Die Aussage **lässt sich** nicht **widerrufen**.　その発言は取り消されることはできない。

確認問題 日本語に訳しなさい。

① Der Chef bekommt den Computer repariert.

② Er hat das Hemd gebügelt bekommen.

③ Das Gemälde lässt sich schwer restaurieren.

④ Eine Fremdsprache lässt sich nicht mühelos meistern.

過去完了形　🔊143

Der Zug war bereits abgefahren, als ich zum Bahnhof kam.
私が駅に行ったとき、電車はすでに出発していました。

ポイント①「私は駅に行きました」という過去の話をしていて、それに加えて「（そのとき）電車はすでに出発していました」というさらに過去の出来事を述べる場合、**過去完了形**を使います。過去完了形は、現在完了形の助動詞 haben / sein を過去形（hatte / war）にしてつくります。

基準の時点よりも前の出来事（過去完了）　　　この過去形が基準の時点

Der Zug **war** bereits **abgefahren**,　　als ich zum Bahnhof **kam**.

電車はすでに出発していました。　　　　　私が駅に行ったとき、

↓　　　　　　　　↓　　　　　　現在

●　　　　　　　　●　　　　　　●→

現在完了形 Ich habe gestern die Aufgabe beendet.　私はきのう課題を終えた。
過去完了形 Ich **hatte** gestern die Aufgabe beendet.　私はきのう課題を終えていた。
現在完了形 Der Zug ist schon abgefahren.　　　　列車はすでに出発した。
過去完了形 Der Zug **war** schon abgefahren.　　　列車はすでに出発してしまっていた。

Ich arbeitete in Deutschland. Vorher **hatte** ich in Japan **studiert**.

　私はドイツで働いていました。それ以前は日本で大学に通っていました。

Nachdem ich nach Hause **gekommen war**, fing es an zu regnen.

　私が家に帰った後で、雨が降り始めた。

Die Bestellung, die sie gestern im Internet **gemacht hatte**, hat sie storniert.

　きのうインターネットでした注文を彼女は取り消した。

確認問題 日本語に訳しなさい。

① Vor seiner Ankunft war sie schon nach Paris abgereist.

② Als sie ihn besuchte, war er schon zur Arbeit gegangen.

③ Die Prüfung hatte schon begonnen, als ich ins Klassenzimmer eintrat.

④ Die Bücher, die sie schon mehrmals gelesen hatte, verkaufte sie im Antiquariat.

関係副詞 wo / woher / wohin　🔊144

Sie besucht Wien, wo ihr Großvater wohnte.

彼女は祖父が住んでいたウィーンを訪れます。

> 関係副詞は関係文の中で、副詞としてはたらきます。

ポイント① 関係副詞 wo の関係文は、「場所」を表す名詞を後ろから修飾します。動詞は文末に置きます。（ワク構造）

Das ist das Haus, **wo** ich als Kind wohnte.　　これが私が子供のとき住んでいた家です。

・上の例文では wo が「その家に」という場所を示しています。wo を「前置詞＋関係代名詞」で書き換えることもできます。

> 前置詞＋関係代名詞 ☞182頁

Das ist das Haus, **in dem** ich als Kind wohnte.

・先行詞が地名や国名の場合は関係副詞 wo を使います。関係代名詞は使いません。

Heute besucht er London, **wo** er zwei Jahre studierte.

きょう彼は2年間留学していたロンドンを訪れます。

・関係副詞の wo は「場所」だけではなく「時間」も受けることができます。

1989, **wo** die Berliner Mauer geöffnet wurde, bin ich geboren.

ベルリンの壁が開かれた1989年に私は生まれました。

・関係副詞には woher（出発点）、wohin（行き先）もあります。

Er fährt nach Hamburg, **woher** seine Mutter kommt.

彼は母親の出身地のハンブルクへ行く。

Sie wohnt in Frankfurt, **wohin** Makoto fahren will.

マコトが行きたがっているフランクフルトに彼女は住んでいます。

確認問題 日本語に訳しなさい。

① Kennst du irgendeinen Park, wo viele schöne Rosen blühen?

② Diesen Sommer fahre ich nach Salzburg, wo Mozart geboren wurde.

③ Der 10. April, wo ich sie erstmals gesehen habe, wurde ein unvergesslicher Tag.

④ Er hat Würzburg besucht, woher dieser Wein kommt.

接続法第1式（間接話法）　🔊145

Er sagte, er fahre morgen nach Osaka.

あした大阪に行きます、と彼は言いました。

ポイント①「誰かが…と言った」と誰かの発言を間接的に述べるときには動詞を〈接続法第1式〉という形にします。

実際に使われるのは、主語が3人称単数の場合と動詞が sein のときがほとんどです。おもに書き言葉で使われます。

・3人称単数（er/sie/es）の変化 → 語幹＋e

arbeiten	働く	→er arbeit**e**	fahren	乗り物で行く	→ er fahr**e**
geben	与える	→er geb**e**	haben	もっている	→ er hab**e**
lesen	読む	→er les**e**	nehmen	取る	→er nehm**e**

> 接続法第1式の変化は語幹に以下の人称語尾をつけます。ich -e, du -est, er -e, wir -en, ihr -et, sie -en, Sie -en

・sein の接続法第1式 sei の人称変化

ich sei	wir sei**en**
du sei[e]**st**	ihr sei**et**
er sei	sie sei**en**

> ich と er には語尾の e がつきません。

ポイント② 間接話法は他人の発言や意見などを間接的に引用・紹介するときに使います。

（大統領の発言）„Ich bin gegen den Vorschlag." 「私はその提案に反対です」

間接話法　Der Präsident sagte, er **sei** gegen den Vorschlag.

その提案に反対だと大統領は言った。

> 間接話法では引用符はつきません。

・接続法第1式が使われている限り、引用が続いていることになります。

Der Student sagte, er **fühle** sich heute krank. Deswegen **nehme** er am Seminar nicht teil.

その学生は、きょうは調子が悪いです。なのでゼミには参加しませんと言った。

> 現在形であれば、それぞれfühlt, nimmtです。

間接話法 ◎146

Sie sagte, sie habe morgen Prüfung.

あした試験がある、と彼女は言いました。

ポイント❶ 間接話法のポイントは以下のとおりです。

・人称代名詞などは話者の視点に合わせて適切なものに変えます。

（トーマスの発言）„**Mein** Freund kommt heute zu **mir**.〝

「私のともだちがきょう私のところに来るんだ」

間接話法　Thomas sagt, **sein** Freund komme heute zu **ihm**.

トーマスは彼のともだちがきょう彼のところに来ると言っています。

・ドイツ語の間接話法では英語とは異なり「時制の一致」は起こりません。

現在形　Er **sagt**, er **lerne** heute Deutsch. きょうはドイツ語の勉強をする、と彼は言っています。

変化しない

過去形　Er **sagte**, er **lerne** heute Deutsch. きょうはドイツ語の勉強をする、と彼は言った。

・引用文が疑問文の場合、疑問詞があればそれをそのまま使います。決定疑問文の
　場合は ob を使います。いずれの場合も動詞は文末に置きます。

（ナオミの発言）„**Woher** kommst du?〝 「君はどこの出身なの？」

間接話法　Naomi fragte ihn, **woher** er **komme**. ナオミは彼にどこの出身かと尋ねた。

（マコトの発言）„Kommt der Professor morgen zur Uni?〝

「教授はあした大学に来ますか？」

間接話法　Makoto fragte, **ob** der Professor morgen zur Uni **komme**.

マコトは教授があした大学に来るかと質問した。

・間接的に引用する文が過去のことを語っている場合は現在完了形を使い、完了の
　助動詞 haben / sein を接続法第1式にします。

（エリカの発言）„Ich habe gestern Deutsch gelernt.〝

「私はきのうドイツ語の勉強をしました」

間接話法　Erika sagte, sie **habe** gestern Deutsch **gelernt**.

エリカはきのうドイツ語の勉強をしたと言った。

・接続法第1式が現在形と同じ形になる場合、接続法第2式を代用することがあります。具体的には主語が1人称（単数・複数）、2人称敬称（単数・複数）、3人称複数のときです。

（学生たちの発言）„Wir **fahren** morgen nach Prag." 「私たちはあしたプラハに行きます」

間接話法 Die Studenten sagten, sie **führen** morgen nach Prag.

> fahrenの接続法第2式

間接話法 Die Studenten sagten, sie **würden** morgen nach Prag **fahren**.
あしたプラハに行くと学生たちは言った。

> 〈würde＋不定形（文末）〉

確認問題 日本語に訳しなさい。

① Der Kritiker lobt, der Film sei fantastisch.

② Der Student fragte, ob es heute Hausaufgaben gebe.

③ Er fragte mich, wann sie nach Hause gekommen sei.

④ Der Gast hat sich beschwert, das habe er nicht bestellt.

コラム

要求話法

接続法第1式を用いて、3人称の主語に対する要求を表現する形式です。ただし、現在ではおもに決まった表現でしか用いられません。

Gott **sei** Dank!	やれやれ！／ああよかった！（神に感謝あれ！）
Es **lebe** die Freiheit!	自由ばんざい！
Man **nehme** täglich 2 Tabletten.	毎日2錠服用のこと。
Man **tue** das Richtige!	正しいことが行われますように！

・敬称の Sie に対する命令と、Trinken wir Kaffee!（コーヒーを飲みましょう）のような wir を主語にしたひとを誘う表現は、じつは要求話法なのです。（命令文 ☞ 84, 86頁）

基礎編

p.22 ① bin ② Bist ③ ist ④ ist

p.23 ① sind ② Seid ③ Sind ④ sind

p.25 ① trinke ② wohnst ③ kommt ④ lernt

p.26 ① wohnen ② studiert ③ spielen ④ kommen

p.28 ① habe ② Hast ③ hat ④ hat

p.29 ① haben ② Habt ③ haben ④ Haben

p.30 ① wartet ② Arbeitet ③ Reist ④ kostet

p.31-32 **1.** ① bin ② Bist ③ ist ④ ist ⑤ sind ⑥ sind **2.** ① habe ② Hast ③ hat ④ hat ⑤ haben ⑥ Habt **3.** ① studiere ② findest ③ kommen ④ hört ⑤ Wohnst ⑥ fahren ⑦ heißt ⑧ reist **4.** ① Ich trinke morgens Tee. ② Makoto hat Durst und kauft Mineralwasser. ③ Ich bin Makoto. Sie heißt Erika. ④ Er arbeitet als Journalist in Berlin.

p.33 ① Ich wohne in München. ② Heute spielen sie Tennis. ③ Jetzt lernt er Deutsch.

p.34 ① Bist du müde? ② Sind Sie Herr Müller? ③ Wohnt er in Wien? ④ Spielt sie Fußball?

p.35 **1.** ① Ich trinke gern Kaffee. ② Er arbeitet noch im Büro. ③ Hast du Hunger? — Ja, ich habe Hunger. ④ Heute Morgen essen wir im Garten. ⑤ Sind Sie Studenten? — Nein, sie sind Lehrer. ⑥ Die Brücke ist schon alt. ⑦ Lernst du Deutsch oder Französisch? — Ich lerne Deutsch. ⑧ Spielt ihr auch Fußball? ⑨ Sie sprechen sehr gut Deutsch. ⑩ Ist das Buch interessant?

p.36 ① die ② der ③ der ④ das ⑤ die ⑥ das

p.40 ① Das ② Der ③ eine ④ ein

p.41 ① den ② das ③ eine ④ einen

p.42 ① dem ② dem ③ einem ④ einer

p.43 ① des ② der ③ eines

p.44 ① den ② die ③ ein ④ einen

p.45 ① dem ② der ③ dem

p.46-47 **1.** ① Der ② die ③ Das ④ den ⑤ die ⑥ das ⑦ Der, dem ⑧ der, den ⑨ Die, dem ⑩ Das, des **2.** ① ein ② eine ③ ein ④ einen ⑤ eine ⑥ ein ⑦ einem ⑧ einer ⑨ eines ⑩ einer **3.** ① Die Frau kauft ein Buch und eine Zeitschrift. ② Herr Müller hat einen Sohn und eine Tochter. ③ Sie geben dem Kind den Computer. ④ Der Autor des Buch[e]s ist sehr bekannt.

p.48 ① die Hunde ② die Katzen ③ die Bücher ④ die Brüder ⑤ die Jobs ⑥ die Firmen

p.50 ① siebzehn ② achtunddreißig ③ einundsechzig ④ (ein)hundertvierundzwanzig ⑤ fünftausendneunhundert ⑥ (ein)hundertzwanzigtausend

p.51 **1.** ① Kinder ② Bundesländer ③ Elefanten ④ Freunden **2.** ① Die Kameras sind teuer. ② Die Vögel singen schön. ③ Wann kommen die Gäste? ④ Ich kaufe Bücher. **3.** ① Die Schuhe kosten 80(achtzig) Euro. ② Naomi kauft zwei Äpfel und fünf Orangen. ③ Wir brauchen drei Sofas und zwei Schränke. ④ Die Großmutter erzählt den Enkeln eine Geschichte.

p.52 ① Dieser ② dieses ③ diese ④ diesen

p.53 ① Welche ② Alle ③ Jeder ④ jedes

p.54-55 **1.** ① Dieser ② Welches ③ Alle ④ Jeder, dieses ⑤ diese ⑥ allen ⑦ Welche ⑧ alle ⑨ dieses ⑩ diesem **2.** ① Ich liebe diesen Beruf. ② Welchen

Kuchen empfehlen Sie?　③ Alle Gäste trinken Wein.　④ Jede Arbeit ist sehr wichtig.

p.57 ① mein× ② meine ③ mein<u>em</u> ④ mein<u>en</u>

p.58 ① dein× ② dein<u>en</u> ③ Dein<u>e</u> ④ dein×

p.59 ① Sein<u>e</u> ② Ihr× ③ sein<u>en</u> ④ ihr<u>er</u>

p.60 ① Unser<u>e</u> ② unser<u>en</u> ③ euer× ④ Ihr<u>e</u>

p.61 ① Ihre ② Ihr<u>e</u> ③ Ihr× ④ Ihr<u>em</u>

p.62 ① keine ② kein ③ keinen ④ keine

p.63 **1.** ① dein ② meine ③ Unser ④ Seine ⑤ Ihre ⑥ Ihr　**2.** ① Eu[e]re ② keine ③ seiner ④ meines ⑤ ihre ⑥ deinen　**3.** ① Meine Katze hat heute keinen Appetit. ② Er besucht im Sommer seine Heimat. ③ Sie schenkt ihrem Freund eine Krawatte. ④ Ist das Ihr Mantel?

p.64 ① Was trinkst du?　② Was steht dort?

p.65 ① Wer ② Wen ③ Wann ④ Warum/Wieso

p.66 ① Wohin ② Wo ③ Woher

p.67 ① viel ② lange ③ hoch

p.68 **1.** ① Was ② Wo ③ Woher ④ Wohin ⑤ Wer ⑥ Was ⑦ Wie ⑧ Wann ⑨ Wie ⑩ Warum/Wieso ⑪ Wem ⑫ Wie　**2.** ① Wo ist das Klassenzimmer? ② Wohin reist ihr im Sommer? ③ Was bedeutet dieses Wort? ④ Wie findest du den Film?

p.71 ① Ich ② uns ③ mir ④ mich

p.72 ① Sie ② ihr ③ dich ④ Ihnen

p.73 ① sie ② ihm ③ sie ④ ihr

p.74 ① Was kostet er?　② Ich finde sie praktisch. ③ Ich kaufe ihm Schokolade. ④ Wir schenken ihn ihr.

p.75-76 **1.** ① ihm ② uns ③ dir ④ ihr ⑤ Ihnen　⑥ Er　⑦ ihn　⑧ sie　**2.** ① Wie findest du es?　② Er schreibt sie ins Heft. ③ Naomi hat ihn nicht dabei. ④ Sie schenkt sie ihm.　**3.** ① Ich kenne sie gut. ② Der Lehrer sucht euch gerade. ③ Thomas zeigt ihr die Stadt. ④ Entschuldigung, wo ist die Friedrichstraße? – Sie ist dort drüben.

p.78 ① sich ② dich ③ sich ④ uns

p.79 **1.** ① mir ② ihm ③ sich ④ mich ⑤ sich　**2.** ① uns, über ② sich, auf ③ sich, an　④ mich　**3.** ① Er setzt sich auf das Sofa. ② Der Schauspieler stellt sich vor den Spiegel. ③ Interessierst du dich für Geschichte? ④ Sie freuen sich auf die Winterferien.

p.81 ① fährst ② gefällt ③ hilft ④ liest ⑤ wird ⑥ Weißt

p.82 **1.** ① Naomi isst gern Schokolade. ② Er schläft zehn Stunden. ③ Siehst du die Kirche dort? ④ Er trägt einen Koffer. ⑤ Makoto wird bald 20(zwanzig). ⑥ Ich weiß ihre Telefonnummer nicht.　⑦ Er gibt den Kindern Taschengeld.　**2.** ① Wohin fährst du in den Sommerferien? ② Ich spreche Deutsch und meine Freundin spricht Französisch.　③ Liest du gern Krimis?　④ Er nimmt oft ein Taxi.

p.84 ① Helfen ② Lesen ③ Geht ④ sprecht

p.85 ① Geh[e] ② Nimm ③ Lies ④ Schlaf

p.86 ① Sei ② Seien ③ Fahren ④ Machen

p.87 **1.** ① Fahr[e] ② Gehen ③ Gib ④ Nehmen ⑤ Essen ⑥ Macht ⑦ Arbeite ⑧ Sei　⑨ hilf　**2.** ① Iss viel Gemüse! ② Warten Sie bitte einen Moment. ③ Beeil[e] dich! Der Bus kommt bald. ④ Seid leise in der Bibliothek!

p.89 ① aus ② aus ③ bei ④ mit ⑤ mit

p.90 ① zu ② Nach ③ nach ④ seit ⑤ von

p.91 ① durch ② für ③ ohne ④ um

p.93 ① der ② die ③ der ④ den

p.94 ① der ② den ③ dem ④ den

p.95 ① dem ② die ③ den ④ dem

p.96 ① dem ② das ③ den ④ den, das

p.97 ① Wegen ② Während ③ Trotz ④ statt

p.98 ① im ② zum ③ zur ④ am

p.99 ① nach ② zu ③ am ④ Im

p.100 ① nach ② zur ③ zu ④ in

p.102-103 1. ① Seit ② bei uns ③ durch den ④ Mit ihr ⑤ aus der ⑥ zu mir ⑦ für ⑧ Während der ⑨ um die ⑩ von　2. ① auf dem ② auf den ③ vor das ④ an die ⑤ in der ⑥ Neben der ⑦ unter den ⑧ Zwischen den　3. ① beim ② vom, zum ③ im ④ am ⑤ ins　4. ① Ich warte vor dem Kino auf dich.　② Fährst du mit dem Fahrrad zur Arbeit?　③ Im Urlaub reisen sie nach Spanien.　④ Nach der Uni gehe ich mit ihr ins Museum.

p.105 ① Könnt ② kann ③ Kannst ④ kann

p.106 ① will ② wollt ③ Wollen ④ will

p.107 ① muss ② musst ③ müssen ④ muss

p.108 ① Soll ② sollst ③ soll

p.109 ① darf ② dürfen ③ darf

p.110 ① mag ② mögen ③ Mag ④ mag

p.111 ① möchte ② möchtest ③ Möchtet ④ möchten

p.112 ① werde ② wird ③ wirst

p.113-114 1. ① Ich muss auch am Wochenende arbeiten. ② Sie will Pilotin werden. ③ Welche Sprachen kannst du sprechen? ④ Der Staat muss neutral gegenüber Religionen sein. ⑤ Möchtest du den Wein probieren? ⑥ Du sollst für die Prüfung lernen. ⑦ Darf ich Sie nach Hause begleiten? ⑧ Der Professor mag etwa 50 Jahre alt sein.　2. ① きょう私はこれ以上食べるつもりはありません。　② それを君は二度としてはいけません！　③ 東京はひょっとすると雪が降るかもしれません。　3. ① Kann(Soll) ich Ihnen helfen? ② In Wien musst du unbedingt in die Oper gehen.　③ Ich will in Heidelberg Germanistik studieren. ④ Das Flugzeug wird bald in Zürich ankommen.

p.116 ① kommen, an ② fährt, ab ③ Machen, zu ④ Machen, auf

p.117 ① verkaufst ② benutzt ③ verspreche ④ gefällt

p.118-119 1. ① geht, unter ② Gib, zurück ③ Habt, vor ④ lädt, ein ⑤ sieht, aus ⑥ kauft, ein ⑦ kehrt, zurück ⑧ abnehmen ⑨ nehmen, teil ⑩ anrufen　2. ① 君は毎日何時間テレビを見ますか？ ② 彼は自分のクルマを 10,000 ユーロで売ります。　③ 祖母は孫たちにメルヘンを物語ります。　④ 人々は候補者の演説に熱心に耳を傾けている。　3. ① Er fängt endlich mit der Arbeit an. ② Wann und wo findet der Flohmarkt statt?　③ Sie holt ihre Großeltern vom Flughafen ab. ④ Sie bestellen Schnitzel und eine Flasche Wein.

p.121 ① ここに自動販売機はありますか？ ② 明日はとても寒くなります。 ③ 今日はベルリンは夏らしい陽気です。 ④ スイスでもドイツ語は話されていますか？ ⑤ ここでタバコを吸ってもいいですか？

p.122 1. ① もう夕方だよ。 ② 申し訳ありません。この席は予約済みです。 ③ 私は調子が悪くない。 ④ お金ではなく、私たちのいのちの問題です。 ⑤ ドイツは右側通行です。 ⑥ そんなことをするものではない！　2. ① In Tokyo ist es heute sonnig und heiß. ② Es ist schon spät. Gehen wir langsam nach Hause.　③ In dieser Stadt gibt es kein Museum.　④ Was macht man in Deutschland zu Weihnachten?

p.125 ① Er ist nicht jung. ② Sie ist nicht meine Schwester.　③ Ich frühstücke nicht. ④ Sie kommt heute nicht zur Uni.

p.126 ① Doch ② Nein ③ Doch ④ Nein

p.127 **1.** ① Ich habe kein Interesse an Popmusik.　② Makoto geht morgen nicht zur Uni.　③ Das Auto gehört ihm nicht. **2.** ① Doch ② Nein ③ Ja **3.** ① Sie ist Vegetarierin und isst kein Fleisch. ② Er spielt nicht mehr Geige.　③ Fahr[e] nicht so schnell!　④ Morgen kann ich leider nicht kommen. — Kein Problem.

展開編

p.131 ① und ② aber ③ und ④ aber

p.132 ① oder ② oder ③ denn ④ denn

p.134 ① Bevor ② Als ③ Während ④ bis

p.135 ① 遠足は行われません。なぜなら天気が悪いからです。　② 彼は集中的にドイツ語を勉強しています。なぜならドイツに留学するつもりだからです。　③ 試験があるので、彼女はパーティーに来ません。　④ 雨が降っているので、私は散歩しません。

p.136 ① 雨が降っているにもかかわらず、彼らは散歩します。② 駅に着いたらタクシーに乗ってください。③ あした時間があれば、私は野球を見に行きます。

p.137 ① 彼は正しいと私は思います。　② このバスが大学へ行くかどうか、私はわかりません。　③ 新しいドイツ語の先生が来ることを君はもう知っていますか？ ④ 医者は私に咳が出るかどうか尋ねます。

p.138 ① wer ② woher ③ wo ④ warum / wieso

p.139-140 **1.** ① während ② Bevor ③ ob

④ bis　**2.** ① Wir gehen heute nicht zur Uni, weil es keinen Unterricht gibt.
② Obwohl er schon drei Hunde hat, möchte er noch eine Katze haben.
③ Da der Wind so stark ist, spielen wir heute drinnen. ④ Wir gehen aus, wenn der Regen aufhört.　**3.** ① Er ist sicher krank, denn er ist heute nicht da.
② Weißt du, was der Unterschied zwischen Übersetzen und Dolmetschen ist?　③ Sie fragt mich, wann der Unterricht beginnt.　④ Wir glauben, dass uns[e]re Vermutung richtig ist.

p.142 ① schwarze ② schöne ③ blauen ④ interessanten

p.143 ① deutsches ② blaue ③ reichen ④ kleinen

p.144 ① deutschen ② Frische ③ rohen ④ schönen

p.145 ① zweite ② einunddreißigsten ③ einundzwanzigsten ④ siebte

p.146-147 **1.** ① weißer, schwarze　② rotes, graue　③ modernen　④ alter　⑤ gestreifte ⑥ deutsche, französischen ⑦ interessante　⑧ netten　⑨ kleinen　⑩ nächsten, neues ⑪ schönes ⑫ frischen **2.** ① ほかのサイズはありますか？ ② 誕生日おめでとう！ ③ メリークリスマス、そしてよいお年を！ ④ ドイツではプラスチックは黄色い収集容器に捨てなければいけません。 **3.** ① Entschuldigung, wo ist der nächste Geldautomat?　② Kennen Sie hier ein gutes Restaurant?　③ Er sieht gern deutsche Filme.　④ Wie findest du meine neue Frisur?

p.151　① höher　② kälter　③ kürzere　④ langsamer

p.153　① schönsten　② besten　③ höchste　④ liebsten

p.154 1. ① groß ② schön ③ wichtiger ④ mehr ⑤ am besten ⑥ beliebteste 2. ① Dieser Film ist nicht so interessant wie das Original.　② Sie spricht besser Deutsch als Makoto.　③ Wie kommt man am schnellsten zum Flughafen? ④ Was ist der längste Fluss der Welt?

p.156 ① machte ② nahmen ③ war ④ hatte

p.157 ① konntest ② musste ③ wollte ④ durften

p.158-159 1. ① sagte ② komponierte ③ war ④ hatte ⑤ wurde ⑥ gab ⑦ konnte 2. ① Sie waren am Nachmittag in der Bibliothek.　② Heute hatte ich drei Stunden Unterricht. ③ Wir blieben den ganzen Tag zu Hause.　④ Um wie viel Uhr kam das Flugzeug in Narita an? 3. ① Die Prüfung war nicht so schwer. ② Vor zehn Jahren wohnten sie in Prag. ③ Ich ging nach Hause, weil ich Kopfschmerzen hatte. ④ Warum(Wieso) musstest du um 5 Uhr aufstehen?

p.162 ① habe, gekauft ② haben, gekocht ③ hast, gesehen ④ Haben, studiert

p.163 ① ist, gefahren ② sind, angekommen ③ ist, gestorben ④ sind, geblieben

p.164-165 1. ① bin, gekommen ② Hast, gespielt ③ Sind, gewesen ④ ist, geworden ⑤ haben, geheiratet ⑥ hat, fotografiert 2. ① Sie sind im Dezember nach Deutschland geflogen. ② Der Zug ist um 10 Uhr von Tokyo abgefahren. ③ Ich habe in Deutschland viel Museen besucht.　④ Hat sie in der Schweiz gearbeitet?　⑤ Wann hat das Konzert begonnen? 3. ① Wir sind mit dem Auto nach Kobe gefahren. ② Zu Mittag habe ich Sandwichs gegessen und Tee getrunken.　③ Bist du im Sommer irgendwohin gereist?　④ Was habt ihr am Wochenende gemacht?

p.166 ① werden, geweckt ② wird, gebaut ③ wird, gesprochen　④ werde, verstanden

p.167 ① wurde, operiert ② wurde, aufgegeben ③ ist, repariert ④ sind, geschlossen

p.168 1. ① wird, geöffnet　② wird, verwechselt ③ werden, gebracht　④ wurde, gewählt ⑤ wurden, vorgestellt ⑥ ist, bedeckt ⑦ ist, gefüllt 2. ① Der Lehrer wird von den Schülern gefragt. ② Kyoto wird von vielen Touristen besucht.　③ Wo wurde dein Fahrrad gestohlen? ④ Die Bäckerei ist von 6 bis 18 Uhr geöffnet.

p.172 ① Fußballspieler zu werden ② im Museum zu essen ③ Sie zu sehen ④ den Regenschirm mitzunehmen

p.173 ① zum Karaoke zu gehen ② um zu tauchen ③ ohne ein Hotel zu reservieren ④ Deutsche kennenzulernen

p.174 ① kaum zu ertragen ② sorgfältig zu behandeln ③ bis morgen dieses Buch zu lesen ④ nicht zu warten

p.175 1. ① Ich habe leider keine Zeit, <u>ihn zu treffen</u>.　② Makoto versprach, <u>morgen nicht zu spät zu kommen</u>.　③ Sie hat vor, <u>sich um ein Stipendium zu bewerben</u>. 2. ① 彼女は彼に質問するかわりに何も言わなかった。　② もうすぐ雪はやむだろう。　③ その課題はすぐにやってしまわなければなりませんか？ 3. ① Wir planen, diesen Sommer nach Deutschland zu reisen. ② Er ist nach Köln gefahren (Er fuhr nach Köln), um den Sprachkurs zu besuchen.　③ Ich habe heute keine Lust, am Unterricht teilzunehmen. ④ Sie brauchen morgen nicht zu kommen.

p.178 ① der ② die ③ die

p.179 ① das ② die ③ den

p.180 ① der ② dem ③ denen

p.181 ① dessen ② dessen ③ deren

p.182 ① die ② dem ③ den

p.183 ① was ② was ③ Wer

p.184-185　1. ① 私はポーランドに住んでいるおじがいます。 ② 私がきのう買ったパソコンはものすごく速い。 ③ 私が絵本をあげた子供は今日が誕生日です。 ④ これは私の母が学んだ大学です。 ⑤ だれも彼が言ったことを理解できなかった。　**2.** ① der ② das ③ den ④ denen ⑤ dessen ⑥ dem　**3.** ① Ich habe eine Cousine, die in Schweden arbeitet. ② Gibt es hier kein Kaufhaus, das am Wochenende geöffnet ist? ③ Wie war der Kräutertee, den ich dir empfohlen habe? ④ Dort kommt der Bus, mit dem Sie zum Flughafen fahren können. **4.** ① Ich kenne einen Japaner, der Deutsch spricht. ② Ich habe viele Freunde, die ich aus dem Internet kenne. ③ Das Ticket, das ich kaufen wollte, war schon ausverkauft. ④ Die Currywurst, die ich zu Mittag gegessen habe, war lecker.

p.188 ① wäre, würde ② würde, würde ③ würdet, müsstet ④ könnte

p.189 ① 彼の立場なら私はそのクルマを買いません。 ② 9時の電車に乗っていれば、彼は遅刻しなかったのに。 ③ 君がきのう忙しくなかったら、私たちはいっしょにコンサートに行ったのになあ。

p.190 ① 駅にはどう行けばよいか教えていただけますか？ ② いまお時間はございますか？ ③ ちょっとお邪魔してもよろしいですか？ ④ オレンジジュースがほしいのですが。

p.191　1. ① hätte, wäre ② Könnten ③ hätte　**2.** ① 彼がここに来ていたら、私たちはいっしょにお昼を食べたのに。 ② あした海に行くのはいかがですか？ ③ 少々お待ちいただいてもよろしいでしょうか？　**3.** ① Wenn ich Geld hätte, würde ich eine Weltreise machen. ② Könnten Sie bitte noch einmal Ihre Telefonnummer sagen? ③ Wenn ich fließend Deutsch sprechen könnte! ④ An Ihrer Stelle würde ich diese Wohnung nicht mieten.

中級編

p.194 ① 彼らは今年赤ちゃんが生まれた。 ② 毎年冬に彼女は長野へスキーに行く。 ③ 私たちは3日間家にいた。 ④ この前の火曜日は大雪だった。

p.195 ① sich ② dir ③ euch ④ mir

p.196 ① Das ② Die ③ den

p.197 ① Diese ② Diesen ③ Welches ④ alles

p.198 ① eine ② meine ③ keinen

p.199 ① 私たちはベルリンではなくミュンヘンに行った。 ② この映画は長いだけでなく退屈でもあった。 ③ エリカはドイツ語もフランス語もできる。 ④ ナオミもエリカもパーティーに来なかった。

p.200 ① 彼女はドイツ語に興味があり、集中的に（ドイツ語に）取り組んでいます。 ② あそこに劇場があり、その隣にカフェがあります。 ③ 経済はどんどん悪くなっています。よく私たちはそれについて話します。

p.201 ① 君は何のことを考えていますか？ ② 彼らは何について論争していたのですか？ ③

あなたは何を待っているのですか？ － 私は小包を待っています。 ④ 君は何のためにこのお金が必要なのですか？

p.203 ① Deutscher ② Deutsch<u>en</u> ③ Deutsch<u>e</u> ④ Deutsch<u>en</u>

p.204 ① Angestell<u>ter</u> ② Bekann<u>te</u> ③ Schöns<u>te</u> ④ Warm<u>es</u>

p.205 ① wütende ② klopfend ③ ausbrechenden ④ lesend

p.206 ① zerstörte ② bestätigten ③ gefragt

p.208 ① 教授は私たちにその詩を暗記させる。 ② 警察は人々が建物から出ないようにする。 ③ 彼女は彼が笑うのを聞く。 ④ 私たちは犯人が逃げるのを見た。

p.209 ① Sie haben das nicht sagen sollen. ② Makoto hat nicht Deutsch sprechen können. ③ Makoto hat nicht Deutsch gekonnt. ④ Heute habe ich zum Rathaus gemusst.

p.210 ① この病気に対する治療薬が見つかった。 ② これらの本はすでに日本語に翻訳されている。 ③ ドイツは右側通行です。 ④ 通りでいまデモが行われている。

p.211 ① 上司はパソコンを修理してもらう。 ② 彼はシャツにアイロンをかけてもらった。 ③ この絵は修復がむずかしい。 ④ 外国語は努力なしにマスターできない。

p.212 ① 彼が到着する前に彼女はもうパリへ旅立っていた。 ② 彼女が彼を訪ねたとき、彼はもう仕事に出かけていた。 ③ 私が教室に入ったとき、試験はもう始まっていた。 ④ 彼女はすでに何度も読んだ本を古本屋で売った。

p.213 ① 君はきれいなバラがたくさん咲いている公園をどこか知りませんか？ ② この夏に私はモーツァルトが生まれたザルツブルクへ行きます。 ③ 私が彼女にはじめて会った4月10日は忘れられない日になった。 ④ 彼はこのワインの産地であるヴュルツブルクを訪れた。

p.216 ① その評論家はその映画はすばらしいと褒める。 ② その学生はきょうは宿題があるかどうか尋ねた。 ③ 彼は私に彼女がいつ帰宅したか尋ねた。 ④ 客はそれを自分は注文していないと苦情を言った。

おもな不規則動詞

不定形	直説法現在	過去基本形	過去分詞	接続法第2式
backen 焼く		**backte**	**gebacken**	backte
befehlen 命令する	*du* befiehlst *er* befiehlt	**befahl**	**befohlen**	beföhle / befähle
beginnen 始まる、始める		**begann**	**begonnen**	begänne
beißen かむ	*du* beißt	**biss**	**gebissen**	bisse
biegen 曲げる		**bog**	**gebogen**	böge
bieten 提供する		**bot**	**geboten**	böte
binden 結ぶ		**band**	**gebunden**	bände
bitten 頼む		**bat**	**gebeten**	bäte
blasen 吹く	*du* bläst *er* bläst	**blies**	**geblasen**	bliese
bleiben とどまる (s)		**blieb**	**geblieben**	bliebe
braten 焼く	*du* brätst *er* brät	**briet**	**gebraten**	briete
brechen 折る	*du* brichst *er* bricht	**brach**	**gebrochen**	bräche
brennen 燃える		**brannte**	**gebrannt**	brennte
bringen 持ってくる		**brachte**	**gebracht**	brächte
denken 考える		**dachte**	**gedacht**	dächte
dringen 突き進む (s)		**drang**	**gedrungen**	dränge
dürfen …してもよい	*ich* darf *du* darfst *er* darf	**durfte**	**gedurft / dürfen**	dürfte
empfehlen 薦める	*du* empfiehlst *er* empfiehlt	**empfahl**	**empfohlen**	empföhle / empfähle
erschrecken 驚く	*du* erschrickst *er* erschrickt	**erschrak**	**erschrocken**	erschräke
essen 食べる	*du* isst *er* isst	**aß**	**gegessen**	äße
fahren (乗り物 で)行く (s)	*du* fährst *er* fährt	**fuhr**	**gefahren**	führe
fallen 落ちる (s)	*du* fällst *er* fällt	**fiel**	**gefallen**	fiele
fangen つかまえる	*du* fängst *er* fängt	**fing**	**gefangen**	finge
finden 見つける		**fand**	**gefunden**	fände

不定形	直説法現在	過去基本形	過去分詞	接続法第2式
fliegen 飛ぶ(s)		**flog**	**geflogen**	flöge
fliehen 逃げる(s)		**floh**	**geflohen**	flöhe
fließen 流れる(s)	*du* fließt	**floss**	**geflossen**	flösse
fressen (動物が)食う	*du* frisst *er* frisst	**fraß**	**gefressen**	fräße
frieren 凍える(h)、凍る(s)		**fror**	**gefroren**	fröre
geben 与える	*du* gibst *er* gibt	**gab**	**gegeben**	gäbe
gehen 行く(s)		**ging**	**gegangen**	ginge
gelingen 成功する(s)	*es* gelingt	**gelang**	**gelungen**	gelänge
gelten 有効である	*du* giltst *er* gilt	**galt**	**gegolten**	gälte / gölte
genießen 楽しむ	*du* genießt	**genoss**	**genossen**	genösse
geschehen 起こる(s)	*es* geschieht	**geschah**	**geschehen**	geschähe
gewinnen 勝つ		**gewann**	**gewonnen**	gewänne / gewönne
gießen 注ぐ	*du* gießt	**goss**	**gegossen**	gösse
gleichen 似ている		**glich**	**geglichen**	gliche
graben 掘る	*du* gräbst *er* gräbt	**grub**	**gegraben**	grübe
greifen つかむ		**griff**	**gegriffen**	griffe
haben もっている	*du* hast *er* hat	**hatte**	**gehabt**	hätte
halten 保つ	*du* hältst *er* hält	**hielt**	**gehalten**	hielte
hängen 掛かっている		**hing**	**gehangen**	hinge
heben 持ち上げる		**hob**	**gehoben**	höbe
heißen …という名前である	*du* heißt	**hieß**	**geheißen**	hieße
helfen 助ける	*du* hilfst *er* hilft	**half**	**geholfen**	hülfe
kennen 知っている		**kannte**	**gekannt**	kennte

不定形	直説法現在	過去基本形	過去分詞	接続法第２式
klingen 鳴る		**klang**	**geklungen**	klänge
kommen 来る(s)		**kam**	**gekommen**	käme
können …できる	*ich* kann *du* kannst *er* kann	**konnte**	**gekonnt / können**	könnte
kriechen はう(s)		**kroch**	**gekrochen**	kröche
laden 積む	*du* lädst *er* lädt	**lud**	**geladen**	lüde
lassen …させる	*du* lässt *er* lässt	**ließ**	**gelassen / lassen**	ließe
laufen 走る(s)	*du* läufst *er* läuft	**lief**	**gelaufen**	liefe
leiden 苦しむ		**litt**	**gelitten**	litte
leihen 貸す、借りる		**lieh**	**geliehen**	liehe
lesen 読む	*du* liest *er* liest	**las**	**gelesen**	läse
liegen 横たわっている		**lag**	**gelegen**	läge
lügen うそをつく		**log**	**gelogen**	löge
meiden 避ける		**mied**	**gemieden**	miede
messen はかる	*du* misst *er* misst	**maß**	**gemessen**	mäße
mögen …かもしれない、 好む	*ich* mag *du* magst *er* mag	**mochte**	**gemocht / mögen**	möchte
müssen …しなければなら ない	*ich* muss *du* musst *er* muss	**musste**	**gemusst / müssen**	müsste
nehmen 取る	*du* nimmst *er* nimmt	**nahm**	**genommen**	nähme
nennen 名づける		**nannte**	**genannt**	nennte
preisen ほめる	*du* preist	**pries**	**gepriesen**	priese
raten アドバイスする	*du* rätst *er* rät	**riet**	**geraten**	riete
reißen 裂く	*du* reißt	**riss**	**gerissen**	risse
reiten 馬で行く(s)		**ritt**	**geritten**	ritte
rennen 走る(s)		**rannte**	**gerannt**	rennte

不定形	直説法現在	過去基本形	過去分詞	接続法第2式
riechen においがする		**roch**	**gerochen**	röche
rufen 呼ぶ		**rief**	**gerufen**	riefe
schaffen 創造する		**schuf**	**geschaffen**	schüfe
scheiden 分ける		**schied**	**geschieden**	schiede
scheinen 輝く		**schien**	**geschienen**	schiene
schelten しかる	*du* schiltst *er* schilt	**schalt**	**gescholten**	schölte
schieben 押す		**schob**	**geschoben**	schöbe
schießen 撃つ	*du* schießt	**schoss**	**geschossen**	schösse
schlafen 眠っている	*du* schläfst *er* schläft	**schlief**	**geschlafen**	schliefe
schlagen 打つ	*du* schlägst *er* schlägt	**schlug**	**geschlagen**	schlüge
schließen 閉める	*du* schließt	**schloss**	**geschlossen**	schlösse
schneiden 切る		**schnitt**	**geschnitten**	schnitte
schreiben 書く		**schrieb**	**geschrieben**	schriebe
schreien 叫ぶ		**schrie**	**geschrien**	schriee
schreiten 歩く(s)		**schritt**	**geschritten**	schritte
schweigen 黙っている		**schwieg**	**geschwiegen**	schwiege
schwimmen 泳ぐ(s, h)		**schwamm**	**geschwommen**	schwömme / schwämme
schwinden 消える(s)		**schwand**	**geschwunden**	schwände
schwören 誓う		**schwor**	**geschworen**	schwüre
sehen 見る	*du* siehst *er* sieht	**sah**	**gesehen**	sähe
sein …である	*ich* bin *wir* sind *du* bist *ihr* seid *er* ist *sie* sind	**war**	**gewesen**	wäre
senden 送る、放送する		**sandte / sendete**	**gesandt / gesendet**	sendete
singen 歌う		**sang**	**gesungen**	sänge
sinken 沈む(s)		**sank**	**gesunken**	sänke
sitzen 座っている	*du* sitzt	**saß**	**gesessen**	säße

不定形	直説法現在	過去基本形	過去分詞	接続法第2式
sollen …すべきだ	*ich* soll *du* sollst *er* soll	**sollte**	**gesollt / sollen**	sollte
sprechen 話す	*du* sprichst *er* spricht	**sprach**	**gesprochen**	spräche
springen 跳ぶ(s, h)		**sprang**	**gesprungen**	spränge
stechen 刺す	*du* stichst *er* sticht	**stach**	**gestochen**	stäche
stehen 立っている		**stand**	**gestanden**	stünde / stände
stehlen 盗む	*du* stiehlst *er* stiehlt	**stahl**	**gestohlen**	stähle
steigen のぼる(s)		**stieg**	**gestiegen**	stiege
sterben 死ぬ(s)	*du* stirbst *er* stirbt	**starb**	**gestorben**	stürbe
stoßen 突く(h)、 ぶつかる(s)	*du* stößt *er* stößt	**stieß**	**gestoßen**	stieße
streichen なでる		**strich**	**gestrichen**	striche
streiten けんかする		**stritt**	**gestritten**	stritte
tragen 運ぶ	*du* trägst *er* trägt	**trug**	**getragen**	trüge
treffen 会う	*du* triffst *er* trifft	**traf**	**getroffen**	träfe
treiben 駆り立てる		**trieb**	**getrieben**	triebe
treten 歩む(s)	*du* trittst *er* tritt	**trat**	**getreten**	träte
trinken 飲む		**trank**	**getrunken**	tränke
tun する	*ich* tue *du* tust *er* tut	**tat**	**getan**	täte
verderben だめになる(s)	*du* verdirbst *er* verdirbt	**verdarb**	**verdorben**	verdürbe
vergessen 忘れる	*du* vergisst *er* vergisst	**vergaß**	**vergessen**	vergäße
verlieren 失う		**verlor**	**verloren**	verlöre
verschwinden 消える(s)		**verschwand**	**verschwunden**	verschwände
verzeihen 許す		**verzieh**	**verziehen**	verziehe

不定形	直説法現在	過去基本形	過去分詞	接続法第2式
wachsen 成長する(s)	*du* wächst *er* wächst	**wuchs**	**gewachsen**	wüchse
waschen 洗う	*du* wäschst *er* wäscht	**wusch**	**gewaschen**	wüsche
weisen 指示する	*du* weist	**wies**	**gewiesen**	wiese
wenden 向きを変える		**wandte / wendete**	**gewandt / gewendet**	wendete
werben 募集する	*du* wirbst *er* wirbt	**warb**	**geworben**	würbe
werden …になる(s)	*du* wirst *er* wird	**wurde**	**geworden / worden**	würde
werfen 投げる	*du* wirfst *er* wirft	**warf**	**geworfen**	würfe
wiegen 重さを量る		**wog**	**gewogen**	wöge
wissen 知っている	*ich* weiß *du* weißt *er* weiß	**wusste**	**gewusst**	wüsste
wollen …するつもり	*ich* will *du* willst *er* will	**wollte**	**gewollt / wollen**	wollte
ziehen 引く(h)、移動する(s)		**zog**	**gezogen**	zöge
zwingen 強制する		**zwang**	**gezwungen**	zwänge

索引

日本語索引

あ
あいさつ…17
アルファベット…12

か
格…38-45
　──述語としての1格…54
過去完了形…212
過去基本形…155-157, 161
過去形…155-157
過去分詞…160, 161, 206
数えられない名詞…49
関係代名詞…176-183
　──前置詞＋関係代名詞…182
関係代名詞文…176, 177
関係副詞…213
関係文…176
冠飾句…205, 206
間接話法…214-216
勧誘文（ひとを誘う表現）…86
基数…50
規則動詞の現在人称変化…25, 26
疑問詞…64-67, 138
　──疑問詞は従属接続詞としても使える…138
口調上のe…30
敬称Sie…20, 72
形容詞…141-144
　──形容詞の名詞化…202-204
決定疑問文…34
現在完了形…160-163, 209, 210
現在進行形…114
現在人称変化…24-26
現在分詞…205
合成語…58
語順…33, 34, 74, 130, 133, 169, 186
　──語順（テカモロ）…186
　──平叙文の語順…33
　──名詞・代名詞の3格と4格の語順…74

さ
再帰代名詞…77
再帰動詞…78
最上級…149, **152**, **153**, 159, 201
3基本形…155, 160, 161
時間の言い方…123
指示代名詞…196
受動文…**166**, 167, 210, 211
　──さまざまな受動表現…211
　──自動詞の受動…210
主文…133
状態受動…167
序数…145
女性形…47
助動詞…104-112, 208, 209
　──使役の助動詞lassen…208
　──未来・推量の助動詞werden…112
　──話法の助動詞…104-111, 157, 209
所有冠詞…56-61, 198
所有の3格…195
親称du / ihr…20, 72
接続詞…130-138, 199
　──従属接続詞…130, 133-138
　──相関的な接続詞…199
　──並列接続詞…130-132
接続法第1式…214-216
接続法第2式…**187-190**, 192, 216
　──ていねいな依頼…190
絶対比較級・絶対最上級…159
前置詞…**88-100**, 200, 201
　──3格支配の前置詞…89, 90
　──3・4格支配の前置詞…92-96
　──前置詞と定冠詞の融合形…98
　──前置詞を用いた「行き先」の表現…100
　──前置詞を用いたイディオム…99
　──前置詞を用いた時間表現…99
　──2格支配の前置詞…97
　──4格支配の前置詞…91

た
他動詞…44

短縮語…170
男性形…47
男性弱変化名詞…76
知覚動詞…208
定関係代名詞…176
定冠詞…36-43, 48, 101
定冠詞類…52, 53, 197
　　──定冠詞類の名詞的用法…197
動詞
　　──規則動詞の現在人称変化…25, 26
　　──人称変化で注意が必要な動詞…30
　　──不規則動詞…80, 81, 155, 160, 161

な

人称代名詞…20, 70-74, 207
　　──1人称の人称代名詞…71
　　──3人称の人称代名詞…72
　　──2人称の人称代名詞…73
　　──人称代名詞の2格…207
年号の読み方…148

は

発音…13-16
比較級…149-151, 159
非現実話法…188, 189, 192
否定冠詞kein…**62**, 124, 126
否定疑問文…126
否定文…124-126
非人称のes…120
非分離動詞…115, 117
不規則動詞…80, 81, 161
副詞的4格…194
複数形…48
副文…133-138
不定関係代名詞のwasとwer…183
不定冠詞…37, 39-43, 198
　　──不定冠詞・不定冠詞類の名詞的用法…198,
　201
不定冠詞類…56-62, 198
不定形…21, 24
分離動詞…115, 116

補足疑問文…64-67

ま

前つづり…115-117
未来受動分詞…207
名詞の性…36, 128
　　──名詞の性について…128
命令文…84-86

や

要求話法…216
曜日・月・季節…101

わ

ワク構造…104, 112, 116, 133, 138, 160, 162,
　163, 166, 167, **169**, 177, 208, 213
話法の助動詞…104-111, 157, 209
　　──話法の助動詞の過去形…157
　　──話法の助動詞の現在完了形…209

ドイツ語索引

als ob…192
da(r)＋前置詞…200
Das ist … …55
haben…**27**-29, 156, 160, 162
lassen…208, 211
man…121
sein（動詞）…**21**-23, 54, 156, 160, 163, 167
Was für (ein) … ? …148
werden…54, **81**, 112, 166
wo(r)＋前置詞…201
zu不定詞…171-174
　　──haben＋zu不定詞…174
　　──sein＋zu不定詞…174

著者紹介

荻原耕平（おぎわら・こうへい）
　1975 年生まれ。東京都立大学非常勤講師。
　著書に『独検対応 クラウン ドイツ語単語 1600』（共著、三省堂）
　など。訳書にヴィトゲンシュタイン『小学生のための正書法辞典』
　（共訳、講談社学術文庫）など。

畠山　寛（はたけやま・ひろし）
　1973 年生まれ。駒澤大学総合教育研究部教授。
　著書に『ドイツ文学の道しるべ：ニーベルンゲンから多和田葉子
　まで』（共編著、ミネルヴァ書房）、『ドイツ文化 55 のキーワード』
　（共編著、ミネルヴァ書房）など。

1 日 15 分で基礎から中級までわかる
みんなのドイツ語

2021 年 8 月 10 日　第 1 刷発行
2024 年 4 月 20 日　第 5 刷発行

著　者 ©　　荻　原　耕　平
　　　　　　畠　山　　　寛
発行者　　　岩　堀　雅　己
印刷所　　　株式会社三秀舎

発行所　　101-0052 東京都千代田区神田小川町 3 の 24
　　　　　電話 03-3291-7811（営業部），7821（編集部）　株式会社　白水社
　　　　　www.hakusuisha.co.jp
　　　　　乱丁・落丁本は送料小社負担にてお取り替えいたします。

振替 00190-5-33228　　Printed in Japan　　　　　加瀬製本

ISBN 978-4-560-08905-7